普通高等院校汽车工程类系列教材

汽车电器与电子技术

储　军　龙江启　主　编
李　强　王术新　副主编

清华大学出版社
北京

内 容 简 介

本书全面系统地介绍了汽车电器与电子系统的基本组成、工作原理和工作特性,同时增加了与课程相关的思政元素和学生科技竞赛案例。全书共分八章,内容包括:绪论、汽车电池、交流发电机、起动系统与驱动电机、汽车点火系统、照明与信号系统、仪表显示系统、汽车附属电器和汽车电器电路分析。通过对本书的学习,读者能够系统地了解汽车电器电子技术的基本知识和应用。

本书可作为高等院校车辆工程、汽车服务工程等专业本科生教材,也可作为高等职业院校汽车电子技术、汽车运用与维修技术等专业的教学用书,还可供汽车相关专业工程技术人员阅读参考。

图书在版编目(CIP)数据

汽车电器与电子技术/储军,龙江启主编.—北京:清华大学出版社,2023.12
普通高等院校汽车工程类系列教材
ISBN 978-7-302-64972-4

Ⅰ.①汽… Ⅱ.①储…②龙… Ⅲ.①汽车-电器-高等学校-教材②汽车-电子技术-高等学校-教材 Ⅳ.①U463.6

中国国家版本馆 CIP 数据核字(2023)第 243404 号

责任编辑:许　龙
封面设计:傅瑞学
责任校对:薄军霞
责任印制:沈　露

出版发行:清华大学出版社
　　　网　　　址:https://www.tup.com.cn,https://www.wqxuetang.com
　　　地　　　址:北京清华大学学研大厦 A 座　　　邮　　编:100084
　　　社 总 机:010-83470000　　　邮　　购:010-62786544
　　　投稿与读者服务:010-62776969,c-service@tup.tsinghua.edu.cn
　　　质量反馈:010-62772015,zhiliang@tup.tsinghua.edu.cn
印 装 者:三河市龙大印装有限公司
经　　销:全国新华书店
开　　本:185mm×260mm　　　印　张:12.25　　　字　数:294 千字
版　　次:2023 年 12 月第 1 版　　　印　次:2023 年 12 月第 1 次印刷
定　　价:39.80 元

产品编号:100461-01

前　言

汽车电器是汽车的重要组成部分之一,其性能直接影响汽车的动力、经济、安全、舒适等各项性能。随着汽车工业的迅速发展,汽车电器与电子技术也在不断改进、发展,现代汽车已经发展成为机、电、智、控、云交叉融合的复杂系统,这就对汽车类专业人才培养质量提出了更高的要求。汽车电子化是现代汽车技术发展的主要表现特征,预计到2030年汽车电子产品将超过汽车总成本的50%,汽车电器与电子技术在汽车产业发展中扮演着越来越重要的角色。

为了满足车辆工程及汽车相关专业培养高素质应用型人才的教学需求,编者在总结多年教学经验的基础上组织编写了本书。本书借鉴国内外汽车专业教学体系及教材,结合汽车产业及技术发展的现状,对当前汽车上应用的主要电器设备与电子控制技术进行了梳理,重点阐述目前车辆所涵盖的电器电子技术和未来研究发展的方向,并对内容进行了优化组合。

本书在章节结构、内容安排和习题等方面,吸收和借鉴了相关经典或特色教材,同时总结了编者近年来从事教学工作的成果和经验。从普通高等院校的教学实际出发,将汽车电器的结构、原理与性能、电子电路等内容有机结合,并在多个章节中增加了与课程相关的思政元素和学生科技竞赛案例,以增强学生对教材内容的理解,突出教材的应用性;注重"以学生为主导"的思想,以提高学生学习的递进性与兴趣性。本书知识体系完整,注重汽车电器电子技术的理论性和实践性,内容由浅入深、循序渐进,符合认知规律,既可满足读者理论学习深度上的要求,又可满足掌握实践技能的需要。

本书由温州大学车辆工程专业储军、龙江启主编,温州大学李强、上海中侨职业技术大学王术新任副主编。其中,第一章由王术新编写,第二章和第三章第五节由李强编写,第六章和第七章由龙江启编写,其余部分由储军编写。

本书在编写过程中,得到了相关高校老师、企业技术人员的大力支持,参考和引用了大量的技术资料,在此一并表示衷心的感谢。

由于汽车电器与电子技术的发展日新月异,新技术和新产品不断推出,加上编者水平有限,书中难免有疏漏和不妥之处,敬请读者批评指正。

作　者

2023 年 5 月

目　录

绪　论

一、汽车电器与电子控制系统的发展概况

汽车由动力装置(发动机或动力电池与驱动电机)、底盘、车身和电器四部分组成。

汽车电器与电子控制系统是汽车的重要组成部分之一,其性能的好坏直接影响汽车的动力性、经济性、可靠性、安全性、排气净化及舒适性,借助汽车电器与电子技术,可以制造更安全、更清洁、更节能的汽车。例如,现代汽车需要采用电力起动机保证发动机可靠起动;为使汽车发动机获得最高的经济性,需要点火系统在最适当的时刻点火;为保证汽车工作可靠、行驶安全,则有赖于各种指示仪表、信号装置和照明灯具等电器的正常工作。从 20 世纪 70 年代开始,汽车电子燃油喷射系统、电子制动控制系统的发展,使得汽车的燃油经济性、安全性得到了很大的提升;新能源汽车更是将电池的电能完全取代了发动机的动力源;智能网络汽车云端数据的应用,让交通更便捷、更通畅、更安全。如今传统汽车的电子电气系统的成本大约会占一辆普通轿车制造成本的 1/3 甚至更高,电动汽车仅动力电池组的成本就约占整车成本的一半。

汽车电器与电子技术的发展主要经历了以下几个阶段:

(1)应用电子装置在 20 世纪 50—70 年代逐步代替传统的机械部件,例如,发电机集成电路电压调节器、电子点火器等。

(2)专用的独立电子系统在 20 世纪七八十年代得到了发展,解决了汽车上机械系统不能实现的复杂控制的问题,例如电子控制燃油喷射系统、ABS 系统等。

(3)各种功能的综合系统及各种车辆整体系统的微机控制在 20 世纪末期逐步被开发出来。例如,动力传动控制系统、新能源汽车能源管理系统、底盘稳定性控制系统、汽车安全系统等。

(4)车辆的智能控制技术在 21 世纪初期开始快速发展,例如汽车自动驾驶、导航系统等。

未来的汽车电子与电气系统在网联化和智能化等方面将有较大的发展,大量的汽车电子新技术在辅助驾驶系统上涌现,如停车辅助系统和电子导航系统等。汽车工程师们的目标是设计"有感觉的汽车",由传感器和网络信息通信等电子设备感知车辆四周的环境,借助超声波、雷达和视频成像技术,在一定程度上辅助驾驶员操控汽车,例如循迹驾驶和辅助控制车距等。

(1)网联化。汽车网联化,即车联网,是以物联网技术为基础,实现了车内网、车际网和车载移动设备互通互信;实现了车与车之间、车与人之间、车与路之间,以及车与云端平台之间互联互通;是实现智能动态信息服务、智能化交通信息管理和车辆智能化控制的一体化网络;是在交通系统领域典型物联网技术的应用。尤其是 5G 网络的到来,解决了车联网带宽与网速的瓶颈问题,这一技术必将得到迅速发展。

(2)智能化。"智能汽车"是在普通车辆的基础上增加如雷达、摄像等先进的传感器硬

件装置,再加上自动驾驶技术、人工智能技术、执行器等技术,通过车载传感系统和信息终端实现人与车、车与路、车与云之间的信息交换,使车辆能够自动分析车辆行驶的状态和及时处理突发状况,通过 AI 替代人为操作,并实现车辆按照人的意愿到达目的地。

随着未来汽车智能化和网联化技术的发展,汽车芯片的应用和需求量近年来快速增长,成为汽车工业生产中的核心竞争产品。

 **课程思政**

2021 年汽车工业芯片短缺的历史事件告诉我们:核心技术是买不来的,自主创新在任何时期都有其必要性和重要性。

芯片作为国家高度重视的新兴产业,一度成为我国通信电子、汽车工业等最为关键的"卡脖子"技术,对我国经济实现转型升级,迈入制造强国具有极其重要的战略意义。随着我国经济的快速增长,近年来美国等西方国家对中国企业的芯片制裁,对国内企业既是一种挑战,也是一种机遇。

长期以来,中国都是世界上规模最大的汽车市场,近年来我国的汽车市场规模基本保持在全球的 1/3。然而,我国的汽车芯片产业规模大概只占世界市场份额的 10%。相比较而言,目前世界前十大汽车芯片厂商的产量占全球汽车芯片产业规模的 70% 以上。其中,对车辆正常驾驶功能有重要影响的高端复杂芯片很少是我国自主研制的,国内厂商产品更多地集中于车身电子等所使用的芯片产品。综观国内芯片企业的现状:芯片的设计能力还比较薄弱;基本不具备复杂芯片的流片生产能力;缺乏芯片的测试标准体系,因此,较难得到车企的认可和市场应用。

2021 年,由于晶圆厂火灾、新冠疫情、工人罢工和芯片需求量的增加等一系列影响因素,导致全球范围内的汽车芯片短缺现象。由于芯片生产的投资周期长、投资成本大,国外垄断企业在短期内也很难通过扩大产能满足市场需求,这给零散而弱小的中国芯片企业带来了市场商机。2023 年上海车展,国产汽车芯片在智能驾驶环境感知、线控底盘和域控制器等新赛道上已经悄然赶上,国产汽车芯片的替代步伐正在加速。

虽然突如其来的市场需求能推动企业自主创新、产品研发,但青年学者们应该将眼光放得更长远,居安思危。客观上我们越是接近于全面建成社会主义现代化强国、实现中华民族伟大复兴的奋斗目标,越是遭遇欧美西方国家对我国日趋激烈的围堵打压,越是处在历史发展紧要和重要的关头,我们遇到的矛盾难题、障碍阻力、风险挑战就会越多、越大、越严峻,就越需要青年学者们保持良好的精神状态,全面贯彻新时代中国特色社会主义思想,自信自强、守正创新,踔厉奋发、勇毅前行。无论在逆境还是顺境中都要坚持自主创新,持续基础研究,抓住关键核心技术,才能在世界的浪潮中立于不败之地。

二、汽车电器与电子控制系统的组成

(一)汽车电气系统

电动汽车与传统汽车的动力驱动系统有着较大的区别,因而它们的电气系统组成也不相同。传统汽车电气系统包括电源系统、起动系统、点火系统、照明与信号系统、仪表与显示系统、空调系统、电动助力转向系统和附属电器等。电动汽车因为取消了发动机,不再需要起动系统和点火系统,其电源系统也有着较大的区别;另外,由于电动汽车的动力源为电力

驱动装置,因此相比于传统汽车,电气系统增加了功率变换器、控制器和驱动电机,如图 0-1
所示。

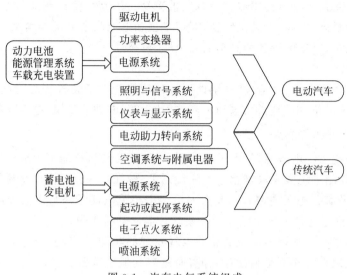

图 0-1 汽车电气系统组成

1. 电源系统

传统汽车的电源系统由蓄电池和发电机两部分组成,其作用是为全车用电设备提供电
能,除起动外,车辆运行时主要由发电机供电。新能源汽车的电源系统则主要包括动力电池
和能源管理系统,以及相应的车载充电装置。

2. 功率变换器

功率变换器也称功率电子或电力电子器件,主要功能是控制动力电源与电机之间的功
率流,确保电能与机械能之间合理、有效的转换。

3. 起动或起停系统

起动系统的作用是产生转矩,带动飞轮转动,使发动机从停止状态至自动运转状态。车
辆在非驻车状态下停止时,起停系统会自动暂停发动机工作;直到检测到驾驶员有再度起
动车辆的意图时,系统通过起动机重新快速起动发动机,从而减少发动机在怠速时的燃油
消耗。

4. 驱动电机

驱动电机是电动汽车的核心装置,是实现电源电能与车辆机械能相互转换的部件。驱
动电机的类型较多,包括直流电机、交流异步电机、永磁同步电机、开关磁阻电机和轮毂电机
等。目前主流的电动汽车用驱动电机是交流异步电机和永磁同步电机两种。

5. 电子点火系统

电子点火系统主要由火花塞、点火线圈、传感器、微控制器等组成,其作用是将低压直流
电转变为高压电,并根据发动机的需求,依次按时传递至各缸火花塞,产生电火花,点燃气缸
中的可燃混合气。

6. 照明与信号系统

照明与信号系统主要由前照灯、信号灯、声音报警装置、开关及控制电路组成,其作用是

为驾驶员提供良好的行车视野以及告示行人车辆引起注意。

7. 仪表与显示系统

仪表与显示系统主要由传感器、指示灯、报警灯、仪表盘、微控制器等组成,其作用是实时显示汽车运行状态,例如,发动机转速、车速里程和电池剩余电量等信息;报警实时故障,并及时提醒驾驶员,以确保行驶和停车的安全性、可靠性。

8. 附属电器

为了提高车辆便捷性、舒适性、安全性等各种功能的电子装置统称附属电器,例如电动雨刮器、空调系统设备、中控门锁、电动车窗、电动天窗、电动后视镜、电动座椅等。

(二)汽车电子控制系统

汽车电子控制系统由传感器、电子控制器、电器开关和执行器等组成。汽车电器设备与电子技术、电子控制系统大多数是相互关联且不可分割的。例如,汽车交流发电机的整流电路板、电压调节器都是电子电路;汽车点火系统由相关电器元件与点火控制器共同作用来实现功能;现代汽车起动系统由起停控制模块控制起动机工作。

为了更好地发挥汽车用电设备及相关电气系统的功能,汽车上大量引入了电子控制系统。汽车电子控制系统并不是独立存在的,而是与其他系统紧密关联的。按照汽车的总体结构,汽车电子控制系统可以分为动力驱动电子控制系统、底盘电子控制系统、车身电子控制系统三个部分。

传统汽车的动力驱动系统为发动机,发动机电子控制系统包括燃油喷射系统(EFI)、电子点火控制系统(ESA)、可变进气系统(VVT 或 VTEC)、废气再循环控制系统(VGR)等。新能源汽车的动力驱动系统为动力电池和驱动电机,相应的电子控制系统包括能源管理系统(EMS)、功率变换器和驱动电机控制系统等。

底盘电子控制系统包括车辆制动及驱动控制系统(ABS/ASR/ESP/EBD/TCS/CCS/4WD/AWD···)、转向控制系统(EPS/EHPAS/ECHPS/4WS···)、自动控制变速器(AT/AMT/DCT/DST/CVT···)以及电控悬架(TEMS/CDC/AAS/Airmatic/TPMS···)等。

车身电子控制系统包括自适应前照灯控制系统(AFS)、倒车报警系统(RVAS)、中央门锁控制系统(RKE/CL)、安全气囊控制系统(SRS)等。

对于智能网联汽车,整个车辆的操纵和控制都是自动完成的,它所包含的电子控制系统就更加广泛,以先进驾驶辅助系统(ADAS)为基础,包括自动制动辅助系统(AEB)、车道保持系统(LKA)、车道偏离预警系统(LDW)、自动泊车系统(APS)等。

三、汽车用电设备的电路特点

1. 电源

在传统汽车电气系统中,采用两个电源(蓄电池和交流发电机),两者互相配合,协同工作。

2. 电压

传统汽车电源系统的额定电压为 12V 与 24V 两种。汽油机一般采用 12V 供电系统,柴油机常采用 24V 供电系统(由两个 12V 蓄电池串联而成)。需要说明的是,汽车运行中的实际工作电压,一般 12V 系统为 14V 左右,24V 系统为 28V 左右。

对于新能源汽车,其动力电池电源系统的电压从几十伏至几百伏不等,属于高压电的范畴。

在现代汽车中,用电设备越来越多,电器负荷越来越大,这就要求汽车电源系统提供更多的电能,电压升级已经成为汽车电气系统的发展趋势。学术界曾提出的汽车电压升级方案有两种,一种是全车42V单电压方案,另一种是14V/42V双电压方案。

相同功率下,如果将电压提高3倍,电流减小65%。因此,提高汽车电压等级有以下三个方面的优势:

(1) 减少线束截面积;

(2) 减小电机体积;

(3) 提高使用功率。

3. 直流

汽车发动机是靠电力起动机起动的,起动机由蓄电池供电,汽车电源系统为直流系统。蓄电池与发电机两个电源均为直流供电,其中交流发电机需要整流电路将产生的交流电转变成直流电。

新能源汽车中动力电池是直流供电的,如果采用交流发电机,就需要有相应的功率转换器,实现大功率直流电与交流电之间的转换。通常动力电池的直流电转变成交流电机所需的交流电,需要用到逆变器;而交流电机给动力电池充电时,则需要整流器。

4. 单线制与负极搭铁

单线连接是汽车电器电路的突出特点之一。传统汽车上所有用电设备的正极均采用导线相互连接,而负极(往往是用电设备的外壳)则直接或间接通过导线与金属车架或车身相连,即负极搭铁。从电源到用电设备只用一根导线连接,而用发动机缸体、底盘、车架等金属件作为另一根公用导线。这使得汽车任何一个用电设备电路中的电流都是从电源的正极出发,经导线流入用电设备后,再由用电设备自身或负极搭铁,通过车架或车身流回电源负极而形成回路。

采用单线制导线不需每个用电设备负极与电源负极相连接,大大减少了导线数目,线路清晰,接线方便,因此被广泛使用。

新能源汽车因为既有高压电路,也有低压电路,所以电路连接方式并不是单一的。通常情况下高压电路采用双线制或需要单独搭铁,而低压电路往往与传统汽车一样采用单线制。

5. 并联连接

类似于我们家用电器电路的连接方式,汽车各用电设备均采用并联连接,汽车上的两个电源(蓄电池与发电机)之间以及所有用电设备之间,都是正极接正极,负极接负极,并联连接。

由于采用并联连接,所以汽车在使用中,当某一支路用电设备损坏时,并不影响其他支路用电设备的正常工作。

6. 汽车线路有颜色和编号特征

为了便于区别各线路的连接以及维修线路故障,汽车上所有低压导线均要进行编号,且必须使用不同颜色的单色或者双色线进行标识。

7. 设有保险装置

为了防止因为电路短路或者电路过载烧坏正在工作的用电设备,电路中一般设有保护装置,如断路器、熔断器、易熔线等。

第一章 汽车电池

本章学习目标

1. 能够识别和描述汽车起动用蓄电池的结构和工作原理,阐述它在现代汽车中的主要作用及地位;

2. 能够解释说明汽车蓄电池的主要性能参数及充放电特性,分析影响蓄电池性能指标的因素;

3. 能够描述正确使用和维护蓄电池的方法;

4. 能够对比分析各类常见车用动力电池的性能特点、适用场合,以及技术发展的动态和趋势。

第一节 汽车电源系统概述

汽车的电池通常都是二次电池,即可以充电、储存和放电循环使用的电池。按照其功能主要分为两大类:一类是传统汽车中作为起动和辅助电源的蓄电池,以铅酸蓄电池应用最为广泛;另一类是新能源汽车中作为车辆动力驱动源的动力电池,其种类较多,目前以锂离子电池应用最多。由于电池的主要性能、参数以及影响因素相类似,本章以汽车电池中应用最为广泛且技术相对最为成熟的铅酸蓄电池为主,前几节分别介绍其结构、原理、性能参数、影响因素、充放电方式及工作特性;最后一节以锂离子电池为主,重点介绍汽车动力电池。

一、汽车电源系统的概念

汽车电源系统的作用是向汽车中所有用电设备提供低压直流电源(通常汽油车为 12V,柴油车为 24V),使汽车各用电设备正常工作。它包括蓄电池和发电机两个部分,并且蓄电池、发电机与汽车用电设备都是并联连接的,如图 1-1 所示。

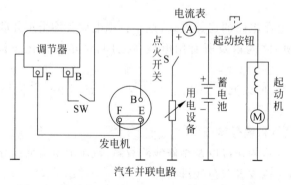

图 1-1 蓄电池、发电机与汽车用电设备的连接关系

F—发电机输出端;B—蓄电池输出端;E—接地端

汽车的两套电源系统中，发电机为主要电源，蓄电池为辅助电源。它们之间的关系如下：

（1）发动机正常工作时，发电机向汽车用电设备供电，并适时对蓄电池充电。

（2）起动发动机时，蓄电池向起动机和其他必要的用电设备供电，主要包括点火系统、燃油喷射系统、发电机励磁绕组、仪表显示系统。

（3）图 1-1 中起动机单独位于蓄电池一侧，表示起动机单独由蓄电池供电。起动机通过电缆和起动按钮直接与蓄电池连接，降低电阻值，以便能够提供起动时所需要的大电流。

（4）电流表用来指示蓄电池的充放电状况，起动时蓄电池一定对外放电。发电机和其他用电设备的正极一样，都连接在电流表的同一端。发电机在运行时，这些用电设备可以直接从发电机获得电流，而不需要流经电流表；而当发电机没有运行或过载时，这些用电设备需要从蓄电池获得电流，电流表会显示蓄电池放电的电流方向。发电机和其他用电设备的负极直接搭铁接地。

电压调节器是发电机的一部分，它使发电机在转速变化时，能保持其输出电压恒定。当发电机输出电流大于用电设备所需电流与最大容许充电电流之和时，电压调节器会限制蓄电池的充电电压，使其保持在容许范围内。

发电机和蓄电池之间的连接线路会产生压降，直接测量蓄电池端电压作为电压调节器的控制电压，有利于精确调节电压。发电机、蓄电池和用电设备的布置会影响充电线路上的电压降，进而影响充电电压。如果所有的用电设备都与蓄电池端相连，线路压降高，充电电压会明显下降；如果所有的用电设备都与发电机端相连，线路压降低，充电电压会提高，但可能会损害或干扰对电压峰值和脉动敏感的用电设备。因此，对电压不敏感的较大功率的用电设备应靠近发电机端布置，而对电压敏感的小功率用电设备则应靠近蓄电池端布置。

二、蓄电池的分类

我们通常所说的电池主要分为三类：化学电池、物理电池和生物电池。

化学电池是利用活性物质的化学反应产生电能，蓄电池是一种典型的化学电池，又称二次电池，它的主要特点是一次放电后可继续采用充电的方式使活性物质复原。

物理电池的工作原理是利用光、热、物理吸附等物理能量进行发电，如常见的太阳能电池、超级电容器等。

生物电池的原理是利用生物化学反应发电，如酶电池、生物太阳电池等。

蓄电池是一种将化学能转变为电能的装置，属于可逆的直流电源。应用最广泛的汽车蓄电池是铅酸蓄电池，它容量大、内阻小、有足够的起动能力，满足起动用电池的基本需求。蓄电池最主要的作用是起动发动机时向起动机和点火装置供电。起动发动机时，蓄电池在 $5\sim15s$ 内，要向起动机连续供给强大电流，通常汽油机起动电流为 $200\sim600A$，柴油机起动电流为 $800\sim1000A$。图 1-2 是常见品牌的免维护型铅酸蓄电池外形。

三、蓄电池的主要功能

蓄电池是整车电气系统中的电能储存装置，其主要功能包括：

（1）起动供电：在起动发动机时，向起动系统、点火系统、燃油喷射系统和其他用电设

图 1-2　铅酸蓄电池外形

备供电,例如给发电机提供励磁电流。起动供电是蓄电池消耗最大的部分,起动时,蓄电池端电压会因为较高的起动电流而下降,为保障各类控制系统的正常工作,蓄电池端电压不得低于一定的电压值。

（2）备用供电:当发电机电压低于蓄电池电压时,向用电设备和发电机磁场绕组供电。

（3）独立供电:当发动机停止工作时,向仪表、音响、灯光及防盗报警系统,甚至空调等供电。

（4）协同供电:发电机过载时,协助发电机向用电设备供电。

（5）充电:当发动机高速运转时,将发电机剩余电能储存起来。

（6）稳压:蓄电池相当于一个大电容器,能吸收电路中出现的瞬时过电压,保护电子元件,保持汽车电气系统的电压稳定。

第二节　铅酸蓄电池的构造与型号

铅酸蓄电池由正极板、负极板、隔板、电解液和电池外壳等组成,如图 1-3 所示。汽车用起动型铅酸蓄电池一般由 6 个电池单体串联而成,每个单体的标称电压为 2V,蓄电池整体的标称电压为 12V。

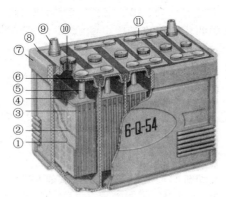

图 1-3　铅酸蓄电池的结构组成

一、铅酸蓄电池的构造

1. 极板组

极板组是蓄电池的核心部分,极板分正极板、负极板两种。蓄电池的充放电过程是靠极板上的活性物质与电解液的电化学反应来实现的。极板由栅架及铅膏涂料组成,其形状如图 1-4 所示。

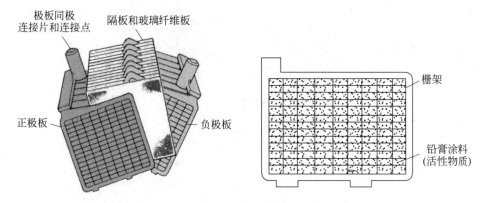

图 1-4　铅酸蓄电池的栅架结构及活性物质

栅架的作用是容纳活性物质并使极板成形。整个架体的平面内构成许多大小相同、分布均匀的长方形空格,下部有凸筋,上部的一角有板耳。

栅架的材料多为铅锑合金。加锑是为了提高浇铸性能和机械强度。锑的质量分数一般为 5%～7%。但锑有副作用,会加速氢的析出,产生自放电,加速电解液的消耗,缩短蓄电池的使用寿命。为了避免这些缺点,栅架的制作技术将向锑质量分数不超过 3% 的低锑和不含锑的铅钙锡合金发展。

活性物质是进行电化学反应的主要成分。经过化成处理(正、负极板上的活性物质的转化过程称为化成处理,也就是将涂膏后的生极板首先经过热风干燥,然后再置于稀硫酸中进行充电和保护性放电的过程)后,正极板上的活性物质为细小结晶形、多孔性二氧化铅(PbO_2),呈红棕色,负极板上的活性物质为海绵状纯铅(Pb),呈青灰色。

国产负极板的厚度约为 1.8mm,正极板的厚度约为 2.2mm。国外薄型极板的厚度达到 1.1～1.5mm。薄型极板对提高蓄电池的比容量(极板单位尺寸所提供的容量)和改善起动性能非常有利。

把正、负极板各一片浸入电解液中,就可获得 2V 电动势,但是为了增大蓄电池的容量,常做成正、负极板组,装在单格电池内。数片正极板(一般为 4～13 片)焊接在同一横板上构成极板组;数片负极板(一般为 5～14 片)焊接在另一横板上。正、负极板相间布置,负极板的数量总比正极板多一片。这样正极板都处于负极板之间,使其两侧放电均匀,否则,由于正极板的机械强度差,单面工作会使两侧活性物质体积变化不一致而造成极板拱曲变形,活性物质就容易脱落。

2. 隔板

正、负极板应尽量靠近,但彼此又不能接触以免造成短路,故在相邻的正、负极板之间加有绝缘隔板。隔板具有多孔性,以便电解液渗透,且化学性能稳定,并具有良好的耐酸性和抗氧化性。常用的隔板材料有木质、微孔橡胶、微孔塑料、玻璃纤维纸张、玻璃丝棉等。

隔板一面平滑,一面带槽。安装时,槽面应朝正极板,槽上下方向,如图 1-5 所示。正极板在充放电过程中化学反应剧烈,沟槽能使电解液较顺利地上下流通。采用微孔塑料套袋可以将正极板紧紧地套装在里面,以防活性物质脱落。

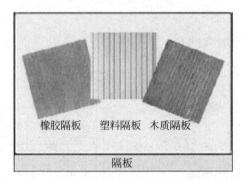

图 1-5   铅酸蓄电池的隔板结构
注:沟槽应垂直放置,并朝向正极板。

3. 电解液

电解液又称电解质,俗称电水。它的作用是形成电离,促使极板上的活性物质电离产生电化学反应。电解液是以蓄电池专用的密度为 $1.84g/cm^3$ 的纯硫酸和蒸馏水按一定的比例配制而成的。一般电解液的密度为 $1.24\sim1.31g/cm^3$,气温低时用高密度电解液,可用来防冻。

配制电解液时,必须使用耐酸耐热的器皿,因硫酸的比热比水的比热小得多,受热时温升很快,易产生气泡,造成飞溅现象,所以配制电解液时切记只能将硫酸徐徐倒入蒸馏水中,并不断搅拌。

电解液的密度对蓄电池的工作有重要影响。密度增大,可以减少结冰的危险并提高其容量;但密度过大,由于黏度增加,反而会降低蓄电池的容量。电解液的密度、温度和纯度都会影响蓄电池的性能、寿命和还原系数。一般工业用硫酸和普通水因含铁、铜等有害杂质,绝对不能加入蓄电池中。

电解液密度还与充放电状态直接相关,在介绍蓄电池充放电特性时再做分析。

【安全防护】

电解液腐蚀性极强,如果皮肤接触了酸液,要立即用苏打水冲洗,酸液溅到眼睛里要立即用凉水或医用冲眼器冲洗,然后请医生处置。

4. 外壳

蓄电池外壳是由电池槽和电池盖组成的整体式结构的容器,极板、隔板和电解液均装入外壳内。车用起动蓄电池内有 6 个电池单体,壳内也由间壁分成 6 个互不相通的单格。外壳应耐酸、耐热、耐寒、抗震动,并具有足够的机械强度。免维护蓄电池普遍采用聚丙烯透明塑料壳体,电池槽与电池盖之间采用热压工艺黏合为整体结构,壳壁轻薄(厚度约 2mm),易于热封合,外形美观、成本低廉、生产效率高。

蓄电池的外壳要设有一通气小孔,用于在蓄电池充电时及时排出因电解水而产生的氢气和氧气,以防止气体聚集而使其内部压力升高,造成容器胀裂甚至产生爆炸事故。为有效地避免水分损失,免维护蓄电池壳体通气孔还设有安全装置以及收集水蒸气和硫酸蒸气的集气室,待蒸气冷却后变成液体重新流回电解液内。通气孔中还有催化剂钯,可使氢气和氧气合成水蒸气,冷却后再返回电解液内。

5. 连接条

蓄电池各单格电池之间采用铅质连接条串联连接,以提高整个蓄电池的端电压,普遍采用穿壁式点焊连接,如图1-6所示,能有效提高比能量和端电压,降低连接条功耗,避免氧化腐蚀。

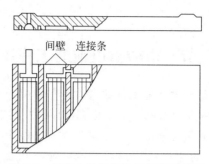

图1-6　单格电池间穿壁连接的示意图

二、蓄电池的型号

按照JB/T 2599—2012《铅酸蓄电池名称、型号编制与命名办法》的规定,国产蓄电池型号的含义分成如下三段:

Ⅰ	Ⅱ	Ⅲ
串联单格电池数	蓄电池用途、蓄电池结构特征代号	蓄电池额定容量

其中:Ⅰ——串联单格电池数,指一个整体壳体内所包含的单格电池数,用阿拉伯数字表示。

Ⅱ——蓄电池用途,根据蓄电池的主要用途划分,用汉语拼音的首字母表示,如起动型蓄电池用字母"Q"表示;蓄电池结构特征代号为附加说明,在同类用途的产品中具有某种特征需要在型号中加以区别时采用,特征代号也以汉语拼音字母表示,如字母"W"表示免维护。

Ⅲ——蓄电池额定容量,指20h放电率的额定容量,用阿拉伯数字表示,单位为安培·小时(A·h)。

例如,6-Q-105即6个单格电池,额定电压12V,额定容量105A·h的起动型蓄电池。

蓄电池的额定容量要与发动机的排量和功率相匹配。额定容量过大,车辆正常行驶时可能导致蓄电池长期充电不足;额定容量过小,可能导致车辆起动困难。

通常小型轿车的蓄电池容量为45A·h及以下,中级轿车的蓄电池容量为60~80A·h,高级轿车的蓄电池容量为80A·h及以上。例如,东风悦达千里马1.3L蓄电池型号:6-QW-45;千里马1.6L蓄电池型号:6-QW-55;北京现代伊兰特蓄电池型号:6-QW-60;别克荣御蓄电池型号:6-QW-75;天籁蓄电池型号:6-QW-80L。末位字母L或R表示电池正极在左侧或右侧。

除常规的铅酸蓄电池外,目前常用于汽车起停系统的蓄电池还包括AGM(absorbent glass mat,吸附式超细玻璃纤维电池)和EFB(enhanced flooded battery,增强型富液蓄电池)。

　　AGM 电池的产品设计和制造工艺与常规蓄电池完全不同,其隔板为吸附式玻璃纤维,将内部电解液牢牢吸附在隔板周围,无流动酸液。AGM 电池的充放电能力、深度循环能力和安全性等方面有了革命性的提升,广泛应用在中高端车型上,在后续的汽车起停系统中还会做较详细的介绍。EFB 电池则主要通过优化和改善普通铅酸蓄电池的材质工艺来提高深度循环耐受性和放电能力。

第三节　铅酸蓄电池的工作原理

　　蓄电池的基本工作状态是放电和充电。放电就是在使用时把化学能转变为电能向用电设备供电;充电就是把外面输入的电能转变为化学能储存在蓄电池中的过程。

　　蓄电池中发生的化学反应是可逆的。一般认为双极硫酸盐化理论(简称双硫化理论)能较确切地说明铅酸蓄电池中的化学反应过程。蓄电池正极板上的活性物质是二氧化铅(PbO_2),负极板上的活性物质是海绵状纯铅(Pb),电解液是硫酸水溶液(H_2SO_4)。根据双硫化理论,接通用电设备时,蓄电池可以放出电流,而放电后又以相反的方向通过电流,可以使极板上的活性物质恢复到原来的状态。在正常合理的使用条件下,蓄电池能反复进行充、放电循环,发挥供电和储电的特殊功能,因而又被称为二次电池或再生电池。国产蓄电池一般满负荷充放电循环寿命为 $250\sim500$ 次。

　　蓄电池放电时参与化学反应的物质,正极板上是 PbO_2,负极板上是 Pb,电解液是硫酸水溶液。蓄电池放电时,正极板上的 PbO_2 和负极板上的 Pb 都变成 $PbSO_4$ 水溶液,电解液中的 H_2SO_4 减少,相对密度下降。蓄电池充电时,则按相反的方向变化。

　　蓄电池的化学反应方程式为

$$PbO_2 + 2H_2SO_4 + Pb \underset{充电}{\overset{放电}{\rightleftharpoons}} PbSO_4 + 2H_2O + PbSO_4$$

$$\text{正极}\quad\text{电解液}\quad\text{负极}\qquad\text{正极}\quad\text{电解液}\quad\text{负极}$$

一、电解液中的电离过程和电离平衡

　　铅酸蓄电池的电解液是硫酸水溶液,依靠带电离子导电。H_2O 是一种极性分子,显示一定的电性,它可与其他极性分子作用。H_2SO_4 是一种具有极性键的分子,可与 H_2O 作用。所以硫酸多以氢离子和酸式硫酸根离子或氢离子和硫酸根离子的形式存在。

　　硫酸在水分子的作用下离解为氢离子(阳离子)和酸式硫酸根离子(阴离子):

$$H_2SO_4 \rightleftharpoons H^+ + HSO_4^-$$

酸式硫酸根离子又可离解为氢离子和硫酸根离子,但比较困难:

$$HSO_4^- \rightleftharpoons H^+ + SO_4^{2-}$$

水可电离为 H^+ 和 OH^-:

$$H_2O \rightleftharpoons H^+ + OH^-$$

电离是可逆的,在一定条件下,当电离速度和离子结合成分子的速度相等时,则建立起动态的电离平衡。

二、电势的建立

　　当极板浸入电解液时,在负极板处,铅受到两方面的作用,一方面它有被电解液溶解的

倾向,少量铅溶于电解液中,生成 Pb^{2+},在极板上留下两个电子,使极板带负电(图1-7):

$$Pb - 2e \longrightarrow Pb^{2+}$$

另一方面,由于正、负电荷的吸引,Pb^{2+} 有附着于极板表面的倾向。当两种作用达到平衡时,溶解停止,使负极板具有负电位,约为 $-0.1V$。

正极板上,少量的 PbO_2 溶于电解液,与水生成 $Pb(OH)_4$,再离解成 Pb^{4+} 和氢氧根离子,即

$$PbO_2 + 2H_2O \longrightarrow Pb(OH)_4$$

$$Pb(OH)_4 \longrightarrow Pb^{4+} + 4OH^-$$

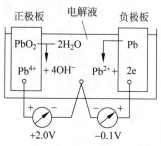

图 1-7　蓄电池电动势的建立

Pb^{4+} 有附着于极板的倾向且大于溶解的倾向,因而在正极板上使极板呈正电位,当达到平衡时,约为 $+2.0V$。因此,当外电路未接通,反应达到相对平衡时,蓄电池的静止电动势 E_s 约为

$$E_s = +2.0V - (-0.1)V = 2.1V$$

三、铅酸蓄电池的放电过程

铅酸蓄电池的放电过程就是化学能转变为电能的过程。蓄电池接上负载,在电动势的作用下,电流从正极经负载流向负极,即电子从负极板经外电路,流向正极板,使正极电位降低,负极电位升高,同时形成放电电流。放电时的化学反应过程如图1-8所示。

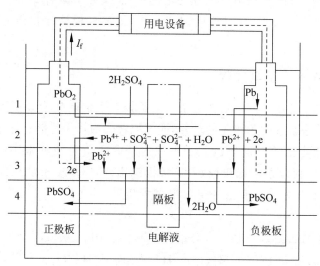

图 1-8　蓄电池的放电过程

1—充电状态；2—溶解电离；3—接入负载；4—放电状态

在负极,Pb 首先被电离成 Pb^{2+} 和两个电子。Pb^{2+} 与电解液中的 SO_4^{2-} 结合,生成 $PbSO_4$ 附着在负极板上。

负极板的电化学反应式如下:

$$Pb \longrightarrow Pb^{2+} + 2e^-$$

$$H_2SO_4 \longrightarrow 2H^+ + SO_4^{2-}$$

$$Pb^{2+} + SO_4^{2-} \longrightarrow PbSO_4$$

$$Pb + H_2SO_4 \longrightarrow PbSO_4 + 2H^+ + 2e^-$$

在正极,首先是 PbO_2 和 H_2O 生成不稳定的 $Pb(OH)_4$,当 Pb^{4+} 遇到由负极来的两个电子后立即变为 Pb^{2+}。然后,Pb^{2+} 再与 SO_4^{2-} 反应生成 $PbSO_4$ 附着在正极板上。与此同时,正极板附近的 H^+ 也与氧离子化合生成水。

正极板的电化学反应式如下:

$$PbO_2 + 2H_2O \longrightarrow Pb(OH)_4 \longrightarrow Pb^{4+} + 4OH^-$$

$$Pb^{4+} + 2e^- \longrightarrow Pb^{2+}$$

$$H_2SO_4 \longrightarrow 2H^+ + SO_4^{2-}$$

$$Pb^{2+} + SO_4^{2-} \longrightarrow PbSO_4$$

$$PbO_2 + H_2SO_4 + 2e^- \longrightarrow PbSO_4 + 2OH^-$$

放电过程总的反应为

$$PbO_2 + Pb + 2H_2SO_4 \longrightarrow 2PbSO_4 + 2H_2O$$

在放电过程中,正极板上的 PbO_2 和负极板上的 Pb 都逐渐转变为 $PbSO_4$,电解液中 H_2SO_4 逐渐减少而水逐渐增多,所以电解液密度是不断下降的。

理论上,放电过程应进行到极板上的活性物质全部变为硫酸铅为止,但由于电解液不能渗透到活性物质的最内层,使用中所谓放完电的电池,实际上只有 20%～30% 的活性物质变成了硫酸铅。因此,采用薄型极板,增加多孔率,提高极板活性物质的利用率是发展的方向。

四、铅酸蓄电池的充电过程

所谓充电过程,就是在外加电场作用下,正、负极板上的硫酸铅分别还原为二氧化铅和海绵状纯铅,电解液中水转变为硫酸的过程,即电能转变为化学能储存起来的过程。

充电时,应将蓄电池接直流电源。当电源电压高于蓄电池的电动势时,在电场力的作用下,充电电流 I_c 流入蓄电池正极,再从负极流出,即驱使电子从正极经外电路流入负极。此时,正、负极板发生的反应正好与放电过程相反,其充电时的化学反应过程如图 1-9 所示。

在负极,先是硫酸铅溶解并电离为 Pb^{2+} 和 SO_4^{2-}。Pb^{2+} 获得两个电子,还原为铅原子附着在负极板上,而 SO_4^{2-} 则与电解液中的 H^+ 结合生成 H_2SO_4。

负极的反应式为

$$PbSO_4 \longrightarrow Pb^{2+} + SO_4^{2-}$$

$$Pb^{2+} + 2e^- \longrightarrow Pb$$

$$2H^+ + SO_4^{2-} \longrightarrow H_2SO_4$$

$$PbSO_4 + 2H^+ + 2e^- \longrightarrow Pb + H_2SO_4$$

在正极,少量的 $PbSO_4$ 溶于电解液中,被离解为 Pb^{2+} 和 SO_4^{2-}。而 Pb^{2+} 在外加电场作用下被氧化,失去两个电子变为 Pb^{4+},并与电解液中的 OH^- 结合,生成 $Pb(OH)_4$,

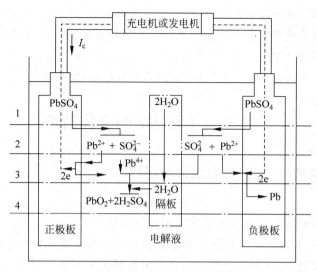

图 1-9　蓄电池的充电过程
1—放电状态；2—溶解电离；3—通入电流；4—充电状态

$Pb(OH)_4$ 又分解为 PbO_2 附着在极板上，同时生成水。其反应式如下：

$$PbSO_4 \longrightarrow Pb^{2+} + SO_4^{2-}$$

$$Pb^{2+} - 2e^- \longrightarrow Pb^{4+}$$

$$4H_2O \longrightarrow 4H^+ + 4OH^-$$

$$Pb^{4+} + 4OH^- \longrightarrow Pb(OH)_4$$

$$Pb(OH)_4 \longrightarrow PbO_2 + 2H_2O$$

$$4H^+ + 2SO_4^{2-} \longrightarrow 2H_2SO_4$$

$$PbSO_4 + 2H_2O + SO_4^{2-} - 2e^- \longrightarrow PbO_2 + 2H_2SO_4$$

在充电过程中，消耗了水，正、负极板上的 $PbSO_4$ 逐渐还原为 PbO_2 和海绵状纯铅，并生成 H_2SO_4，电解液的密度是上升的。

蓄电池在充放电过程中，其内部活性物质处于化合和分解的平衡运动中，略去中间的化学反应，充放电的化学反应过程为

$$\begin{matrix} 正极板 & 负极板 & 电解液 & & 正、负极板 & 电解液 \\ PbO_2 & + \quad Pb & + \quad 2H_2SO_4 & \longleftrightarrow & 2PbSO_4 & + \quad 2H_2O \end{matrix}$$

当充电接近终了时，充电电流会使水分解生成 O_2 和 H_2，产生大量气泡从电解液中逸出。水的分解反应式为

$$2H_2O \longrightarrow 2H_2 \uparrow + O_2 \uparrow$$

五、蓄电池充放电过程小结

（1）蓄电池在放电时，电解液中的硫酸将逐渐减少，而水将逐渐增多，电解液相对密度下降。

（2）蓄电池在充电时，电解液中的硫酸将逐渐增多，而水将逐渐减少，电解液相对密度增加。

（3）在充放电时，电解液浓度发生变化，主要是由于正极板的活性物质发生化学反应的结果，因此要求正极板处的电解液流动性要好。在装配蓄电池时，应将隔板有沟槽的一面对着正极板，以便电解液流通。

（4）充电后期，会因电解水产生气体，应注意排气畅通，以防爆炸。

第四节　汽车电池的工作特性

一、汽车电池的电动势、内电阻及端电压

1. 电动势

根据汽车电池的工况，有静止电动势和瞬时电动势之分。

（1）静止电动势。汽车电池在静止状态和标准相对密度下，单格电池两电极之间的电位差值，称静止电动势，也称开路电压。铅酸蓄电池静止电动势的大小取决于电解液的密度和温度，一般规定其单体额定开路电压为 2.0V。温度为 25℃ 时开路电压的经验公式为

$$E_s = 0.85 + \rho_{25℃} \quad (V) \tag{1-1}$$

$$\rho_{25℃} = \rho_T + 0.00075(t - 25) \tag{1-2}$$

式中：E_s——静止电动势（V）；

　　　0.85——温度换算系数；

　　　0.00075——密度换算系数，含义为：电解液温升 1℃，密度下降 0.00075g/cm³；

　　　$\rho_{25℃}$——25℃ 时的电解液密度（g/cm³）；

　　　ρ_T——实测密度（g/cm³）；

　　　T——实测温度（℃）。

（2）瞬时电动势。瞬时电动势是指汽车电池在充、放电过程中，即进行电化学反应时，正、负极板上产生的电极电位差值。通常，在放电时，瞬时电动势低于静止电动势；在充电时，瞬时电动势高于静止电动势。如无特别说明，其值可以按静止电动势公式计算。

2. 内电阻

汽车电池的内电阻 R_0 是指极板电阻、电解液电阻、隔板电阻、连接条和极柱电阻的总和。铅酸蓄电池的内阻很小，为几十毫欧，充满电的铅酸蓄电池在温度为 20℃ 时，内阻 R_0 可按下述经验公式计算其近似值：

$$R_0 = \frac{u_e}{17.1Q_e} \tag{1-3}$$

式中：u_e——蓄电池额定电压（V）；

　　　Q_e——蓄电池额定容量（A·h）。

电解液的电阻随其相对密度和温度不同而变化，通常随温度的降低而增大；电阻与电解液相对密度变化的关系曲线如图 1-10 所示。总之，汽车电池的内电阻通常都是很小的，因而能输出较大的电流，适应起动或大功率输出的需要。

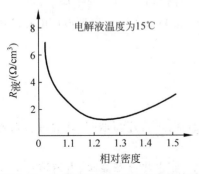

图 1-10　电解液电阻与相对密度的关系

3. 端电压

汽车电池的端电压 u 就是用直流电压表测得的正、负极桩之间的电压,其大小随充、放电程度的不同而变化。

放电时端电压逐渐下降,并且总是低于瞬时电动势。它们之间的关系为

$$u = e - I_f R_0 \tag{1-4}$$

式中:e——瞬时电动势(V);

$\quad I_f$——放电电流(A)。

充电时,端电压逐渐升高,且总是高于瞬时电动势,它们之间的关系为

$$u = e + I_c R_0 \tag{1-5}$$

式中:I_c——充电电流(A)。

综上所述,电动势的大小在电解液相对密度一定时,变化很小。汽车电池在充、放电过程中,内电阻是一个变量,其值虽小,但直接影响端电压的大小。端电压是衡量任何一种电源供电质量的主要指标之一,因此,需要了解端电压在充、放电过程中的变化规律。汽油发动机车辆使用过程中,铅酸蓄电池端电压随其工作状态的变化规律如下:

(1)开路电压:在发电机未正常工作时测量的蓄电池端电压为开路电压,一般为12V。

(2)充电电压:在发电机正常工作时测量的蓄电池端电压为充电电压,一般为14V。

(3)放电电压:起动发动机时测量的蓄电池端电压为放电电压,为8~11V。实际测量时可以采用高率放电计模拟起动状态。

二、汽车电池的放电特性

汽车电池的放电特性是指恒流放电过程中,电池的端电压和电解液相对密度随放电时间变化的规律。以汽车铅酸蓄电池的测试实验为例,以20h放电率恒流放电,保持放电电流稳定不变,$I_f = 0.05C_{20}$。每隔一定的时间,测量端电压和电解液密度,得到如图1-11所示的放电特性曲线。

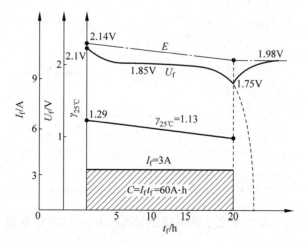

图1-11 铅酸蓄电池单体的放电特性曲线

单格电池电压变化规律:

(1)开始放电阶段:端电压由2.14V迅速下降至2.1V。

极板孔隙内硫酸迅速消耗,电解液密度迅速下降,浓差极化增大,端电压迅速下降。

(2) 相对稳定阶段:端电压缓慢下降至 1.85V。

向极板孔隙扩散的硫酸与孔隙内消耗的硫酸达到动态平衡,孔内外电解液密度一起缓慢下降,所以端电压缓慢下降。

(3) 迅速下降阶段:端电压由 1.85V 迅速下降至 1.75V,电解液密度达最小值 $\rho_{15℃}=1.11g/cm^3$。

放电接近终了时,电化学极化、浓差极化、欧姆极化显著增大,端电压迅速下降。

(4) 蓄电池放电终了的特征

① 终止电压:允许的放电终止电压与放电电流大小有关,放电电流越大,则放电时间越短,允许的放电终止电压越低。放电电流与终止电压的关系如表 1-1 所示。

② 电解液密度 $\rho_{15℃}=1.11g/cm^3$。

表 1-1　放电电流与终止电压的关系

放电电流/A	$0.05C_{20}$	$0.1C_{20}$	$0.25C_{20}$	$1C_{20}$	$3C_{20}$
连续放电时间	20h	10h	3h	30min	5min
单格电池终止电压/V	1.75	1.70	1.65	1.55	1.50

三、汽车电池的充电特性

汽车电池的充电特性是指在恒流充电过程中,电池的端电压与电解液相对密度随时间而变化的规律。同样以汽车铅酸蓄电池的测试实验为例,以 20h 充电率恒流充电,保持充电电流稳定不变,$I_c=0.05C_{20}$。每隔一定的时间,测量端电压和电解液密度,得到如图 1-12 所示的充电特性曲线。

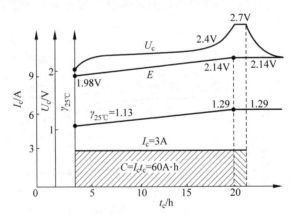

图 1-12　铅酸蓄电池单体的充电特性曲线

因为充电电压必须克服汽车电池的电动势和内阻电压降,才能在电路中形成电流,所以充电电压始终高于电动势,即

$$U_c = E + I_c R_0 \tag{1-6}$$

单格电池电压变化规律:

(1) 充电开始阶段：端电压迅速上升至 2.1V。

开始充电时，孔隙内迅速生成硫酸，浓差极化增大，端电压迅速上升。

(2) 稳定上升阶段：端电压缓慢上升至 2.4V 左右，并开始产生气泡。

孔隙内生成的硫酸向孔隙外扩散，当硫酸生成的速度与扩散速度达到平衡时，端电压随整个容器内电解液密度变化而缓慢上升。

(3) 充电末期：电压迅速上升至 2.7V 左右，且稳定不变，电解液呈沸腾状态。

活性物质还原反应结束后的充电称过充电。过充电电流主要用于电解水，应避免长时间过充电。切断电源后，单格电压迅速降至 2.11V。

蓄电池充足电的特征如下：

(1) 端电压上升到最大值 2.7V，并在 2～3h 内不再增加。

(2) 电解液密度上升到最大值 $1.27g/cm^3$ 并在 2～3h 内不再增加。

(3) 蓄电池内产生大量气泡，电解液沸腾；停充 1h 后再接通充电电源时，蓄电池电解液仍会立刻沸腾。

第五节　汽车电池的容量及影响因素

一、汽车电池的容量

汽车电池的容量标志着蓄电池对外供电的能力，是衡量蓄电池性能优劣及选用蓄电池的最主要的性能参数，用字母 C 表示，通常分为额定容量、起动容量和储备容量等。一般的标称容量，是指在一定条件下，充足电的蓄电池按恒定大小的电流连续放电，其端电压降至放电终止电压时所输出的电量，其大小受放电温度、放电电流、放电终止电压影响。标称容量的大小可以用恒定放电电流与放电时间的乘积来表达：

$$C = I_f T_f \tag{1-7}$$

式中：C——蓄电池的容量（A·h）；

　　I_f——放电电流（A）；

　　T_f——放电时间（h）。

1. 额定容量

GB 5008.1—1991《起动用铅酸蓄电池技术条件》规定：将完全充足电的新蓄电池在电解液温度为 (25±5)℃、密度为 (1.28±0.01) g/cm^3 的条件下，以 20h 放电率（放电电流为 $0.05C_{20}$）连续放至单格终止电压为 1.75V 时为止，蓄电池输出的电量称为 20h 率额定容量，记为 C_{20}，单位为安培·小时（A·h）。

例如，6QA60 型铅酸蓄电池，在电解液初始温度为 25℃ 时，以 3A 的放电电流连续放电 20h，单格电压降到 1.75V，其 20h 率额定容量为：$C_{20} = 3A \times 20h = 60A \cdot h$。

额定容量是检验新蓄电池质量和衡量旧蓄电池能否继续使用的重要指标。新蓄电池达不到额定容量为不合格产品；旧蓄电池的实际容量与其额定容量之差超过某一限值时，则应报废。

2. 储备容量

GB/T 5008.1—2013《起动用铅酸蓄电池第 1 部分：技术条件和试验方法》规定，储备容量是指完全充足电的蓄电池,当电解液温度为 25℃ 时,以 25A 恒定电流连续放电到单格电池电压降至 1.75V 时所持续的时间,单位为 min,用符号 C_N 表示。蓄电池的储备容量说明当汽车充电系统失效时,蓄电池尚能持续提供 25A 电流的能力。

储备容量与额定容量有如下换算关系:

$$C_{20} = \sqrt{17778 + 208.3C_m} - 133.3 \tag{1-8}$$

在 $C_{20} \geqslant 200A \cdot h$ 或 $C_m \geqslant 480min$ 时,式(1-8)不适用。

3. 起动容量

对于汽车起动用蓄电池来说,起动容量表示蓄电池在发动机起动时的供电能力。通常分为常温起动容量和低温起动容量。

(1) 常温起动容量:电解液初始温度为 25℃ 时,以 5min 放电率的电流(3 倍额定容量电流)连续放电至蓄电池单格电压降至 1.5V 时,所输出的电量,其连续放电时间应小于 5min。

例如,6-QA-90 型蓄电池,$C_{20} = 90A \cdot h$,当电流初始温度为 25℃ 时,以 $3C_{20} = 3 \times 90A = 270A$ 的电流连续放电至单格电压降至 1.5V 时,历时 5min,则其起动容量为 $270 \times 5/60 = 22.5A \cdot h$。

(2) 低温起动容量:电解液初始温度为 -18℃ 时,以 5min 放电率的电流连续放电至单格电压降至 1V 时所输出的电量,其放电时间应小于 2.5min。

例如,6-QA-90 型蓄电池,在电解液初始温度为 -18℃ 时,以 $3C_{20} = 3 \times 90A = 270A$ 的电流连续放电至单格电压降至 1V 时,历时 2.5min,其起动容量为 $270 \times 2.5/60A \cdot h = 11.25A \cdot h$。

由上述两例可以发现,同样型号的蓄电池,其额定容量相同,但低温起动容量只有常温起动容量的一半左右。

二、影响汽车电池容量的因素

汽车电池的容量越大,可提供的电能就越多。电池的容量与放电电流、电池内部温度、极板的结构等多个因素有关,铅酸蓄电池的容量还受到电解液密度和电解液纯度的影响。

1. 放电电流

放电电流对汽车电池的实际放电量有较大的影响,一般放电电流越大,实际能放出的电量越小,表现为电池的容量降低。

以铅酸蓄电池为例,在放电过程中,正、负极板上的活性物质会不断转变为 $PbSO_4$。而 $PbSO_4$ 的体积比 PbO_2 大 1.86 倍,比 Pb 大 2.68 倍,所以随着 $PbSO_4$ 的不断产生,极板孔隙会逐渐减小,使硫酸渗透困难。放电电流越大,单位时间内产生的 $PbSO_4$ 越多,堵塞极板孔隙的作用越明显,使极板内层活性物质不能参加反应。同时,放电电流越大,硫酸的需求量也越大,这就必将导致孔隙内电解液密度急剧下降,于是端电压也迅速降低,从而缩短了放电时间。

图 1-13 是放电电流与容量之间的关系。放电电流越大,极板上用于参加电化学反应的活性物质越少,容量越低。

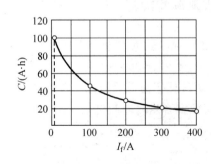

图 1-13   放电电流与蓄电池容量的关系

图 1-14 是 6-Q135 型蓄电池在不同放电电流情况下的放电特性,从图中可以看出,放电电流越大,端电压下降得越快,越早出现终止电压而影响蓄电池的使用寿命。因此必须严格控制起动时间,每次起动的时间不得超过 5s,而且相邻两次起动之间的时间间隔应为 15s。

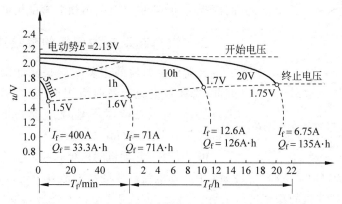

图 1-14　蓄电池在不同放电电流情况下的放电特性

2. 电池内部温度

电池内部温度降低,容量通常减小,这也是纯电动汽车在冬季续航里程减小的主要原因。铅酸蓄电池内部温度主要由电解液温度表示,当电解液温度降低时,电解液黏度增大,渗入极板的能力降低,活性物质利用率降低;同时电解液内电阻增大,蓄电池内阻增加,使端电压下降,因此容量减小,如图 1-15 所示。实验证明,电解液温度每下降 1℃,缓慢放电时铅酸蓄电池容量约减少 1%,迅速放电时铅酸蓄电池容量约减少 2%。因此在冬季应注意汽车电池的保温工作。

3. 极板的结构

极板面积越大,正、负极板的数量越多,则参加反应的活性物质也越多,电池的容量越大。提高极板活性物质表面积的方法主要有两个:一是增加极板的片数;二是提高活性物质的孔率。

极板越薄,活性物质的多孔性越好,电解液渗透越容易,活性物质的利用率越高,增加了反应深度,容量也就越大。

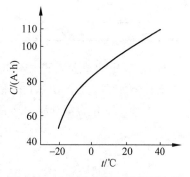

图 1-15　电解液温度与铅酸蓄电池容量的关系

国产铅酸蓄电池面积已统一,每对极板面的容量为 7.5A·h,所以极板数与容量的关系可用下式计算:

$$C = 7.5(N_z - 1) \tag{1-9}$$

式中:C——蓄电池的容量(A·h);

　　　N_z——正、负极板的总片数。

4. 电解液相对密度

铅酸蓄电池电解液的相对密度过低时,由于 H^+、HSO_4^- 离子数量少而导致容量下降。因此,适当增加电解液的相对密度,可以提高电解液的渗透速度和蓄电池的电动势,并减小内阻,使蓄电池的容量增大。但相对密度超过一定数值时,由于电解液黏度增大使渗透速度降低,内阻和极板硫化增加,又会使蓄电池的容量减小。图1-16为电解液的相对密度与铅酸蓄电池容量的关系。

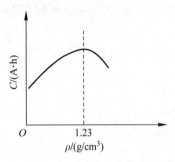

图1-16 电解液相对密度与铅酸蓄电池容量的关系

实践证明,电解液相对密度偏低有利于提高放电电流和容量,延长蓄电池的使用寿命,冬季在电解液不结冰的前提下,也应尽可能采用相对密度稍低的电解液。

三、汽车起动电池容量的参数选型

起动型蓄电池的主要功能是保证发动机正常起动,因此,选择蓄电池容量时应先根据起动机的扭矩或功率进行估算,再结合使用环境,尤其是最低起动温度、储备容量等其他因素进行调整。

可以先按照起动机的扭矩和起动转速估算所需的起动电流,然后直接根据GB-T 5008.2—2013中起动电流对应的蓄电池容量进行选型。

也可以根据起动机的功率进行估算,设起动机额定功率为$P(\mathrm{kW})$,额定电压为$U(\mathrm{V})$,通常汽油发动机的额定电压为12V,可根据经验公式(1-10)计算蓄电池的容量C_{20},再从常用的蓄电池容量中进行选型。

$$C_{20} = 5487(n/g)(P/U) \tag{1-10}$$

式中:n/g——短路电流的变化系数。针对不同条件,n、g参数的取值见表1-2。

表 1-2 n、g 参数的取值

参　　数	温　　度			
	$+20℃$	$0℃$	$-15℃$	$-35℃$
n	2	1.88	1.80	1.70
g	20	15.1	11.8	5.9
Q	$Q=549P/U$	$Q=683P/U$	$Q=837P/U$	$Q=1580P/U$

例如,额定功率为0.95kW、电压为12V的起动机,在20℃时计算容量约为43.5A·h,可以选择额定容量为45A·h的蓄电池;但在0℃时计算容量约为54A·h,则需要选择额定容量为60A·h的蓄电池。通常在非恶劣环境下,可直接用式(1-11)计算。

$$C_{20} = (600 \sim 800)(P/U) \tag{1-11}$$

第六节　汽车电池的使用与维护

一、汽车电池的充电方法

汽车电池的充电必须根据不同情况选择适当的充电方法,并且正确地使用充电设备,这样才能提高工作效率,延长蓄电池及充电设备的使用寿命。通常蓄电池的充电方法有恒流充电、恒压充电和快速脉冲充电。

恒流充电的充电电流可任意选择,有益于延长蓄电池寿命。但通常充电时间较长,且需要调整充电电流。例如,在第一阶段用较大电流充电,当单格电池电压升到2.4V时,电解液开始产生气泡；将充电电流减小一半进行第二阶段恒流充电，直到蓄电池完全充足电为止。恒流充电适合于蓄电池的初充电、去硫充电和补充充电。

恒压充电指在充电过程中，充电电压恒定不变。这是汽车发电机对蓄电池充电的方法。恒压充电速度快，操作方便，充电电流会随着电动势的上升而逐渐减小到零，使充电自动停止，不必人为地调整和干预。但是恒压充电的充电电流无法调整，不能保证蓄电池彻底充足电；而且初期充电电流大，温升快，极板易弯曲，活性物质易脱落，影响蓄电池的寿命。

20 世纪 60 年代中期，美国科学家马斯提出了以最低出气率为前提的蓄电池最佳充电曲线，即马斯定律，指出在蓄电池充电过程中，若实际充电电流无限接近最佳充电曲线，充电速度和质量将明显提高，电池寿命也会得到延长。因此，可以采用间歇正负脉冲充电方法，如图 1-17 所示，通过对蓄电池温度、荷电状态和析气点电压的检测分析，来控制间歇时间、负脉冲放电时间及放电脉冲的宽度。还可以采用脉冲大电流充电来实现快速充电的方法，如图 1-18 所示，但脉冲快速充电易导致活性物质脱落，影响蓄电池寿命。

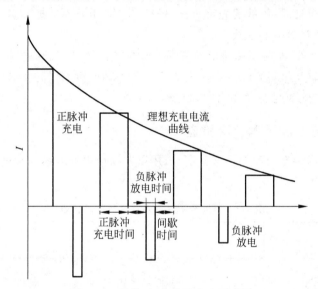

图 1-17　间歇正、负脉冲充电示意图

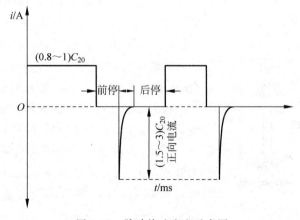

图 1-18　脉冲快速充电示意图

二、起动蓄电池的正确使用

根据蓄电池的性能特点，汽车中的起动蓄电池在使用时应注意以下几点：

（1）正确使用起动机。每次起动时间不得超过3～5s；如果一次未能起动发动机，应间隔15s以上再进行第二次起动；连续三次起动不成功时，应查明原因，排除故障后再进行起动。

（2）定期补充充电。在汽车上使用中的蓄电池，在发动机运行时，发电机会对蓄电池不定期进行充电。但如果汽车长时间停放，蓄电池由于空气中存在水分会自放电，为避免蓄电池长时间亏电，每两个月必须进行一次补充充电。冬季，蓄电池容量易降低，补充充电的间隔时间应缩短为一个月或更短，切勿长时间亏电停放。在给蓄电池充电时，要注意电极极性、温度变化和通气状况，避免发生事故。

（3）蓄电池在汽车上必须固定牢靠，防止汽车行驶时振动受损或移位；线夹与极桩的连接也要牢固，以免出现接触不良或接触电阻过大的情况。搬运蓄电池应轻搬轻放，不能在地上拖曳。拆卸蓄电池时，始终要先拆负极（搭铁）电缆，千万不要把金属工具同时触及蓄电池两极，使蓄电池短路而引起事故。

（4）注意清洁保养，及时清除蓄电池表面的灰尘和污物，并疏通通气孔。当极柱和接线头上出现氧化物时，应予以清除，并在其表面涂上凡士林或黄油以防止氧化。电解液洒在电池表面时，应用抹布蘸浓度10%的苏打水或碱水擦净。

三、铅酸蓄电池的技术状况检查

免维护蓄电池内装有温度补偿型密度计，用以监视储电量和液面高度，电解液密度与相对应的放电状态如表1-3所示。

表 1-3   电解液密度与相对应的放电状态

放电状态/%	100	75	50	25	0
电解液密度/(g/cm³)	1.27	1.23	1.19	1.15	1.11

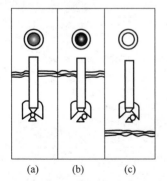

图 1-19   内装密度计的蓄电池示意图

免维护蓄电池通过测试电解液密度和折射光的颜色来判断蓄电池的电量，如图1-19所示。

（a）当密度计指示器表面呈绿色时：电解液密度接近 $1.28g/cm^3$，绿球浮在外面，表明蓄电池电量充足。

（b）当密度计指示器表面绿色面积很小或为黑色时：电解液密度低于 $1.20g/cm^3$，绿球下沉，呈现黑色，表明蓄电池电量不足，需补充充电。

（c）当密度计指示器表面呈黄色时，表明液面过低，蓄电池已不能继续使用，应检查外壳有无裂纹。

当然，也可以采用专用的吸管式密度计直接测量电解液密度，或者采用高率放电计直接测量蓄电池放电时的端电压，以判断其放电程度和起动能力，如图1-20所示。

电解液密度每减少 $0.01g/cm^3$，相当于放电6%。

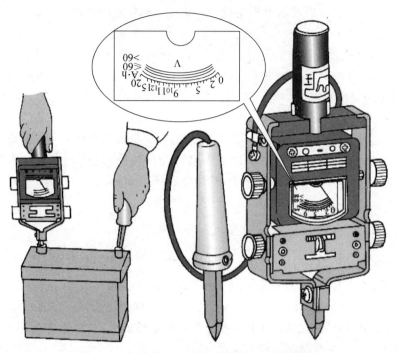

图 1-20　用高率放电计测试蓄电池的起动性能

用高率放电计模拟起动放电 5s 左右,大电流下单格电池端电压稳定在 1.5V 以上,且各单格电池端电压差应小于 0.1V,单格电池端电压与放电程度的关系如表 1-4 所示。

表 1-4　单格电池端电压与放电程度的关系

单格电池端电压/V	放电程度/%	单格电池端电压/V	放电程度/%
1.7~1.8	0	1.4~1.5	75
1.6~1.7	25	1.3~1.4	100
1.5~1.6	50		

就车检测蓄电池时,若起动机能正常运转且旋转有力,则说明蓄电池电量充足;若起动机旋转无力,或不能旋转,则说明蓄电池放电过多或有故障。当然,夜间打开前照灯并起动车辆时,灯光会稍许变暗。

就车时还可以通过测量极柱与连接线间的压降,来检查蓄电池极柱连接状态。将电压表正表笔接到蓄电池的正极柱上,负表笔接到正极柱电缆线的线夹上,然后起动发动机,这时电压表的读数不得大于 0.5V,否则说明极柱与线夹接触不良,将导致起动困难。

四、汽车蓄电池的在线状态检测与能量管理

随着汽车用电设备的增多,蓄电池的状态监测成为现代汽车必不可少的一环。通过蓄电池传感器对蓄电池的电压、电流和温度等信息进行实时监测,并将这些直接监测的数据及时分析处理,计算出蓄电池当前的状态参数,包括荷电状态(SOC)、健康或寿命状态(SOH),以及放电深度(DOD)等,并对蓄电池的后续状态和加载工况进行预测,不仅能够延

长蓄电池的寿命,更好地满足用电设备的功率需求,还能提高整车电气系统的经济性和可靠性。

特别是在点火开关断开的情况下,根据对蓄电池的剩余电量和电压的监控,当蓄电池剩余电量过低时,及时向汽车仪表发送蓄电池电量过低的警示,并逐步分级关闭某些用电设备,以避免蓄电池过度放电,保障汽车的起动性能,延长蓄电池的使用寿命,这一点在含有起停系统的车辆中尤为重要。

对于电动汽车的动力电池组,不仅要对整组电池的状态进行检测,还要对电池单体的充放电过程进行检测,并尽可能保持单体电池间的均衡,这往往需要一整套控制系统来完成。因此,电动汽车都装有电池监测管理系统(battery monitoring and management system,BMS)。

五、蓄电池的常见故障及其排除

蓄电池常见故障包括外部故障和内部故障两类。

外部故障:外壳裂纹、极柱腐蚀或松动、封胶干裂、电解液渗漏等。

内部故障:活性物质脱落、自放电、极板硫化、极板栅架腐蚀、极板短路、极板拱曲等。

极板硫化是指蓄电池长期充电不足或放电后长时间未充电,极板上会逐渐生成一层白色粗晶粒、不可逆反应的硫酸铅($PbSO_4$)。由于空气中有一定的水分子存在,即使蓄电池正、负极间开路,也会通过潮湿空气中的水分子自放电,因此在冬季或空气潮湿季节,长时间停放车辆要特别注意蓄电池的电量。

图 1-21　蓄电池负极柱腐蚀现象

电解液中的浓硫酸具有一定的挥发性,如果蓄电池外壳密封性不好,电解液渗出或泄漏可能会导致负极接线柱出现腐蚀的情况,如图 1-21 所示。通常可以先用热水冲洗一下渗漏的地方,去除氧化物,接着用一条较为柔软的抹布擦拭接线柱及周围的酸液,最后涂抹一层具有防腐功效的黄油。

第七节　汽车动力电池

汽车动力电池是用于驱动车辆行驶的动力来源,与用于汽车发动机起动的起动电池有所区别。常见的汽车动力电池包括镍氢电池、锂离子电池、燃料电池、超级电容以及固态电池等。起动型蓄电池的主要参数为容量,而动力电池最主要的性能参数是能量密度和功率密度,即单位质量或单位体积内所含有的能量和功率,常见的动力电池和能源材料的能量密度见图 1-22。

当然,汽车动力电池还需要考虑其循环寿命、电池组的一致性以及安全性能等。一些动力电池使用的稀有材料,如锂、钴、铑、钯等,既制约着动力电池的规模化发展,也对环境保护和动力电池的回收再利用提出了更高的要求。

一、镍氢电池

镍氢电池是一种化学电池,它的正极活性物质为镍氢化合物,负极活性物质为储氢合

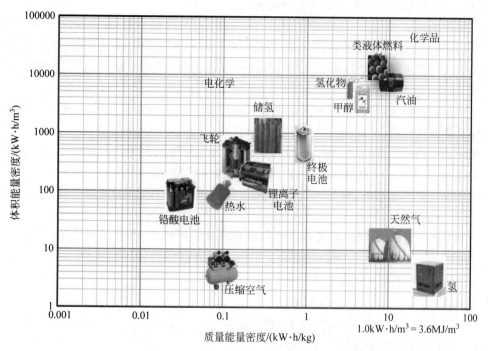

图 1-22 常见的动力电池和能源材料的质量能量密度和体积能量密度

金,电解液呈碱性,为碱性电池。相较于铅酸电池,镍氢电池有较长的使用寿命,并且具有大功率放电性能。

镍氢电池充、放电时的电化学反应如下:

充电时:

正极: $Ni(OH)_2 + OH^- \longrightarrow NiOOH + H_2O + e^-$

负极: $M + H_2O + e^- \longrightarrow MH + OH^-$

总反应: $M + Ni(OH)_2 \longrightarrow MH + NiOOH$

放电时:

正极: $NiOOH + H_2O + e^- \longrightarrow Ni(OH)_2 + OH^-$

负极: $MH + OH^- \longrightarrow M + H_2O + e^-$

总反应: $MH + NiOOH \longrightarrow M + Ni(OH)_2$

以上式中负极的 M 代表储氢合金,MH 代表吸附了氢原子的金属氢化物。

镍氢电池工作原理为:充电时,正极发生 $Ni(OH)_2 \longrightarrow NiOOH$ 的转变,负极则发生水分解反应,合金表面吸附氢,生成氢化物。放电过程是充电过程的逆反应,即正极发生 $NiOOH \longrightarrow Ni(OH)_2$ 的转变,负极储氢合金脱氢,在表面生成水。

镍氢电池具有高比能量、高功率、适合大电流放电、可循环充放电、无污染等特点,主要应用于混合动力汽车。与其他电池相比,镍氢电池记忆效应相对较小,体积却比其他电池大,能量比更高,随着锂离子电池的快速发展,镍氢电池将逐步被替代。

二、锂离子电池

锂离子电池是指以锂离子化合物为正极材料的电池的总称,通常以碳素材料为负极,要区别锂离子电池和以纯锂作为负极的锂电池。

锂离子电池正极是含金属锂的化合物，一般采用磷酸铁锂（$LiFePO_4$）、镍钴酸锂（$LiNi_xCo_{1-x}O_2$）或三元锂材料，高电压的锰酸锂材料也在研制中，其中三元锂常见有镍钴锰或镍钴铝。正极的活性物质加入导电剂、树脂黏合剂，并以薄层形式均匀涂覆在铝基体上。

负极采用石墨或硅碳材料，加入黏合剂以薄层的形式均匀涂覆在铜基体上。隔膜采用聚乙烯或聚丙烯材料，电解液为添加功能性材料的六氟磷酸锂有机溶液。

锂离子电池的工作原理：电池在充电时，锂离子从正极材料的晶格中脱出，通过电解液和隔膜，嵌入到负极中；电池在放电时，锂离子从负极脱出，通过电解液和隔膜，嵌入到正极材料晶格中。在整个充电、放电过程中，锂离子往返于正、负极之间，往返于正、负极的锂离子越多，电池的容量就越高。

以 $LiCoO_2$ 为正极材料，石墨为负极材料的锂离子电池，正、负极的电化学反应为

正极：　　　　　　$LiCoO_2 \longrightarrow Li_{1-x}CoO_2 + xLi^+ + xe^-$

负极：　　　　　　$6C + xLi^+ + xe^- \longrightarrow Li_xC_6$

总反应：　　　　　$LiCoO_2 + 6C \longrightarrow Li_{1-x}CoO_2 + Li_xC_6$

锂离子电池具有电压高、比能量高、充放电寿命长、无记忆效应、无污染、快速充电、自放电率低、工作温度范围宽和安全可靠等优点。

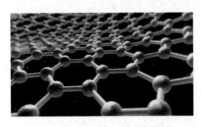

图 1-23　石墨烯单层结构图

可用石墨烯来替代锂离子电池的负极碳材料。从石墨中剥离出石墨片，然后将薄片的两面粘在一种特殊的胶带上，撕开胶带，就能把石墨片一分为二。不断地这样操作，于是薄片越来越薄，最后，得到了仅由一层碳原子构成的薄片，这就是石墨烯，如图 1-23 所示。锂离子在石墨烯表面和电极之间快速大量地穿梭运动，能大幅增加电池的充放电效率。

通常所说的铁电池有高铁电池和锂铁电池两种。高铁电池是一种以合成稳定的高铁酸盐（K_2FeO_4、$BaFeO_4$ 等）作为高铁电池的正极材料制作的，具有能量密度大、体积小、质量轻、使用寿命长、无污染等特点的新型化学电池。另一种是锂铁电池，属于锂电池的一种，工作电压为 1.2～1.5V，具有放电平稳、无污染、安全、性能优良的特点。锂铁电池是一种一次电池，不同于电动汽车常用的铁锂电池。

磷酸铁锂电池的内部结构如图 1-24 所示。左边是橄榄石结构的 $LiFePO_4$ 作为电池的正极，由铝箔与电池正极连接，中间是聚合物隔膜把正极与负极隔开，锂离子可以通过而电子不能通过隔膜；右边是由碳（石墨）组成的电池负极，由铜箔与电池的负极连接。电池的上下端之间是电池的电解质，电池由金属外壳密闭封装。在充电时，正极中的 Li^+ 通过聚合物隔膜向负极迁移；在放电中，负极中的 Li^+ 通过聚合物隔膜向正极迁移。锂离子电池就是因锂离子在充放电时来回迁移而命名的。磷酸铁电池输出效率高、安全性好、成本略低。

锂离子电池具有如下特点。

（1）能量密度大，平均输出电压高。

锂离子单体电池的额定电压约为 3.6V，而铅酸电池单体的额定电压只有 2V。

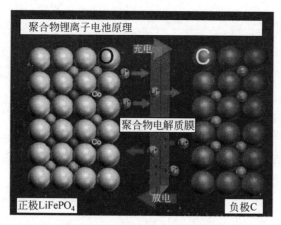

图 1-24 磷酸铁电池的内部结构

（2）自放电小，没有记忆效应。

（3）可快速充放电，充电效率高，循环性能优越，使用寿命可达 1500 次循环。

（4）工作温度范围相对较宽，为 −20～60℃。

从安全、可靠及兼顾充电效率等方面考虑，锂离子电池通常采用两段式充电法，第一阶段为恒流限压，第二阶段为恒压限流。对于单体电池电压低于 3V 的过度放电状态，通常还需要进行涓流预充电。

锂离子电池充电第一阶段的恒流值，根据电池正极材料和制造工艺的不同，存在一定的差别，一般充电电流为 $(0.2～1)C$，快充技术的充电电流预计能达到 4C。恒流充电的电流大小和充电时间决定了充电效率，不同的充电电流，恒流可充入电量占总体电量的比率也存在很大差别，从电动汽车实际应用的角度出发，恒流时间越长，充电时间越短，越有利于应用。

当锂离子电池 SOC 达到 80%～90% 后，转入第二阶段恒压充电，充电电流逐渐减小。恒压充电过程中通常需对电池单体的最高电压、温度，或最小充电电流进行连续监控，及时终止充电。

锂离子电池放电时，在中前期电压较稳定，下降缓慢，但在后期，电压迅速下降，在此阶段必须进行有效控制，防止电池过放电，避免对电池造成不可逆损害。

锂离子电池最适宜的工作温度为 10～30℃，过高或过低的温度都会对电池寿命和性能产生影响，甚至可能引起火灾等严重的安全事故。因此，必须为电池配备一套先进的管理系统，即电池管理系统（BMS）。

电池管理系统的主要任务是保证电池组一直处于正常、安全的工作状态，在电池状态出现异常时及时响应处理，并根据车辆行驶状态、环境温度和电池状态等决定电池的充放电功率。电池管理系统包括众多传感器（电流、电压和温度）和中央控制单元，以实现数据采集、电池状态计算、能量管理、安全管理、热管理、均衡控制和通信功能。

在电池安全防护中，热管理系统尤为重要，为此要在电池组内设置独立的冷却系统，以保证电池处于正常的工作温度中，并且保证各单体电池处于基本相同的工作温度下。冷却系统包括空调循环冷却式、水冷式和风冷式等多种。

三、氢燃料电池

燃料电池是一种将储存在燃料（氢、煤气、天然气等）和氧化剂（氧气、空气、氯气）中的化学能通过电极反应直接转化为电能的发电装置。氢燃料电池是一种最普通的燃料电池，先把燃料转化为氢气，然后与氧气分别在电池的两极发生氧化和还原反应，从而产生电能。

氢燃料电池的结构原理如图 1-25 所示。氧气腔的氧气由高压氧气筒供给，工作压力为 $35\sim70\mathrm{MPa}$。正极是多孔性的氧电极（活性炭电极），由包在塑料中的银粉制成，并用钴和钯的混合物作催化剂。负极是多孔氢电极（活性炭电极），用铂或钯作催化剂。石棉填充物饱含 $30\%\sim35\%$ 的氢氧化钾（KOH）电解液溶液，由液压泵使其循环。

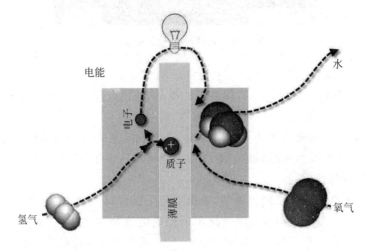

图 1-25　氢燃料电池的结构原理

化学反应过程为

$$KOH \longrightarrow K^+ + OH^-$$

电解液中的 KOH 不断电离和化合形成相对平衡状态，即放电时，在负极（氢电极）处的氢与氢氧根离子化合生成水，并放出电子；电子通过外电路送到正极，即

$$2H_2 + 4OH^- \longrightarrow 4H_2O + 4e^-$$

在正极（氧电极）处，氧气与水及外电路流来的电子起作用，生成氢氧根离子，进入电解液，即

$$O_2 + 2H_2O + 4e^- \longrightarrow 4OH^-$$

电池总反应为

$$2H_2 + O_2 \longrightarrow 2H_2O$$

在反应过程中，氢气和氧气不断地消耗并生成水，所以只要不断地供给氢气和氧气，反应就能继续进行，并不断地产生电能向外电路供电，电动汽车就能继续行驶。

燃料电池的比能量已经达到 $200\sim350\mathrm{W} \cdot \mathrm{h/kg}$，为铅酸蓄电池的 $4\sim7$ 倍，且不需充电，只要不断供应燃料就可继续使用，因此适合作为电动汽车的动力源。其缺点是需要贵重金属作催化剂，成本高，且氢燃料的储存和运输都相当困难，危险性高，因此有待进一步解决。如果能够以甲醇或其他材料实时生成氢气，供给燃料电池，或许是较为理想的解决方案。

四、超级电容

超级电容也称电化学电容,它是一种电容器件,但与常规电容不同,由于采用了双电层的结构,且电荷层间距为纳米级甚至更小,其容量可达到法拉级甚至数万法拉。超级电容是一种物理电池,依靠物理变化来提供和储存电能,充放电期间不发生化学反应,性能更加稳定,可反复充放电数万次。

超级电容的功率密度极高,但能量密度较低,其比功率和比能量介于常规电容和充电电池之间,在众多的应用领域里弥补了常规储能器件的单方面缺陷,一般作为辅助电源,用于短时大功率充放电设备。

五、固态电池

固态电池是用固态电解质替代传统锂离子电池中的有机电解液和隔膜的新型化学电池,其工作原理与传统锂电池相同。固态电池被许多人看作锂电池技术发展的下一代方案,原因主要有以下几方面。

1. 能量密度高

采用锂金属作为电池负极,可显著提升电池能量密度。在当前的三元锂电池体系下,高镍正极与硅碳负极的组合,已经是能量密度的理论顶点。以高电压层状过渡金属氧化物作正极、石墨作负极的锂离子电池,其质量能量密度理论极限约为 $300W \cdot h/kg$ ——当前以松下/特斯拉 NCA 为代表的高镍三元材料体系,电芯能量密度达 $260W \cdot h/kg$,正在接近这一极限。若引入硅基合金代替纯石墨作负极,则能量密度理论上限约可提升至 $400W \cdot h/kg$。要想进一步提高能量密度,须采用金属锂作负极,锂金属电池能量密度的理论上限可达 $500W \cdot h/kg$ 以上。

电芯能量密度达到 $500W \cdot h/kg$,将意味着电动汽车续航里程可轻松达到 1200km 以上的级别,如此大幅的能量密度提升,是现有材料体系下的锂离子电池无法企及的。而要使用金属锂作负极,就必须将热稳定性差、易燃易漏、易在锂金属表面产生分解从而缩短电池寿命的液态电解质,替换为固态电解质。去除电解液之后,锂电池的正负极和电解质均为固态,"固态电池"由此得名。

2. 安全性高

固态电解质具有不可燃、耐高温、无腐蚀、不挥发等特性,因此从材料的本质特性上根除了传统锂离子电池中电解液泄漏、电极短路等安全隐患。

3. 电化学窗口宽

充电时采用更高电压,意味着能够脱出更多的锂。液态电解质在电压超过 4.4V 时会被氧化,为电池带来安全风险的同时,三元材料的正极表面也会发生不可逆的相变;而固态电解质能够支撑 5V 以上的电化学窗口,可适应更高电压型的电极材料。此外,更高的电压还意味着可在单体电芯内部进行串联,从而将单体电芯做得更大。大电芯化、去模组化,是当前动力电池包设计的主流趋势,由于大量不参与化学反应的模组壳体和冗余材料被去除,电池包的成组效率进一步提升,从而提高能量密度、降低成本。

4. 成本下降空间大

理论上看,锂金属固态电池成组效率更高、采用的材料更少、结构更简单,生产工艺流程有望得到简化；相应地,电池包的保护系统、冷却系统、BMS 等均可得到简化。因此,固态电池实现量产后有望在材料和生产工艺两个方面,实现比传统锂离子电池更低的成本。

锂金属固态电池的设想出现于 20 世纪 70 年代,40 多年过去了,至今尚未开发出可供大批量生产的固态电池产品。根据材料划分,固态电解质主要可分为聚合物、氧化物和硫化物三种体系。难点在于,无论哪一种材料类别,均无法在解决低电导率、低能量密度、低稳定性、高昂成本、低电压和锂枝晶等问题之间找到最优平衡点。

传统液态电解质的室温离子电导率约为 10^{-2} S/cm,与之相比,无论是聚合物、氧化物还是硫化物材料体系,均存在数量级上的差距。此外,固态电解质与电极之间的"固-固"界面,接触紧密性较差,且会产生远高于传统"液-固"界面的阻抗,使得锂离子在界面之间的传输受阻。低离子电导率和高界面阻抗导致的高内阻,使得锂离子在固态电池内部传输效率低,在高倍率大电流下的传输能力差,因此会影响电池的快充性能。不同类型固态电解质材料对比见表 1-5。

表 1-5　不同类型固态电解质材料对比

类　型	材　料	电 导 率	优　点	缺　点
氧化物	钙钛矿 $Li_{3.3}La_{0.56}TiO_3$ NASICON $LiTi_2(PO_4)_3$ LISICON $Li_{14}Zn(GeO_4)_4$ $Li_7La_3Zr_2O_{12}$	$10^{-5} \sim 10^{-3}$	• 高化学和电化学稳定性 • 高机械强度 • 高电化学氧化电压	• 不灵活 • 量产昂贵
硫化物	$Li_2S-P_2S_5$ $Li_2S-P_2S_5-MS_x$	$10^{-7} \sim 10^{-3}$	• 高导电性 • 良好的机械强度和机械柔韧性 • 低晶界电阻	• 低氧化稳定性 • 对水分敏感 • 与正极材料的兼容性差
氢化物	$LiBH_4$,$LiBH_4-LiX$(X=Cl,Br/I) $LiBH_4-LiNH_2$,$LiNH_2$ Li_3AlH_6,Li_2NH	$10^{-7} \sim 10^{-4}$	• 低晶界电阻 • 与锂金属稳定 • 良好的机械强度和机械柔韧性	• 对水分敏感 • 与正极材料的兼容性差
卤化物	LiI,spinel Li_2ZnI_4 反钙钛矿 Li_3OCl	$10^{-8} \sim 10^{-5}$	• 与锂金属稳定 • 良好的机械强度和机械柔韧性	• 对水分敏感 • 低氧化电压 • 低电导率
硼酸盐或磷酸盐	$Li_2B_4O_7$,Li_3PO_4 $Li_2O-B_2O_3-P_2O_5$	$10^{-7} \sim 10^{-6}$	• 易于制造 • 良好的制造重复性 • 良好的耐久性	• 相对较低的电导率
薄膜	LiPON	10^{-6}	• 与锂金属稳定 • 与正极材料稳定	• 量产昂贵
聚合物	PEO	10^{-4}（65～78℃）	• 与锂金属稳定 • 灵活性高 • 容易产生大面积的膜 • 低剪切模量	• 有限的热稳定性 • 低氧化电压（<4V）

综上原因,寻找理想的固态电解质材料,是一项异常艰巨的任务。全固态电池的实现或许无法一蹴而就,而是要经过"半固态—准固态—全固态"的逐步迭代方能实现。

2010 年,贾格迪普·辛格与来自斯坦福大学的 Fritz Prinz 和 Tim Holme 教授共同创立 QuantumScape(QS)公司,开始进行固态电池研发。于 2015 年确定了其固态电解质的材料体系,研发重点转向对这一材料体系的优化和生产工艺研究。

QS 公司开发的固态电池技术,使用一种陶瓷材料的固态隔膜,代替传统的液态电解质和多孔隔膜,同时取消了传统锂离子电池中的石墨负极。当电池首次充电时,从正极材料中析出的锂穿过隔膜层,并在负极集流体表面聚集形成临时的锂金属负极。当电池放电时,锂离子重新回到正极,这层临时组建的负极消失,周而往复。这层隔膜所使用的陶瓷材料体系,正是 QS 公司技术的核心所在,相当于传统锂离子电池中的液态电解质＋隔膜,既具有像液态电解质一样的电导率和极高的化学稳定性,同时还能抵抗锂枝晶的破坏。QS 公司使用的正极材料,是在传统镍钴锰(NCM)三元材料的基础上加入由有机聚合物组成的胶状物,其单体叠片结构如图 1-26 所示。未来,QS 公司还计划研发全固态的正极材料,以替代该胶状聚合物。

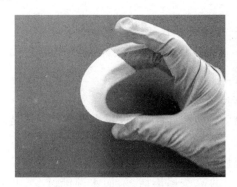
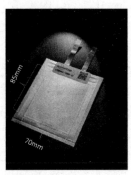

图 1-26 固态锂离子电池的单体叠片

2011 年,法国 Bolloré 公司将自主研发的聚合物固态电池搭载在名为 Bluecar 的电动汽车上。Bluecar 在巴黎汽车共享服务项目 Autolib 中共投放约 2900 辆,成为全球首款采用全固态锂电池的电动车型。然而,由于聚合物材料体系对运行温度要求高,需要在 80℃ 下工作,电池包需配备额外的加热系统,因此整体能量密度仅 100W·h/kg,相比液态电解质锂离子电池并无优势可言。

另外,丰田汽车公司在固态电池领域布局了近 20 年,并宣称将在 2025 年量产。还有,宝马公司和福特公司投资的美国初创公司 Solid Power 研发的固态电池 Sakti3 等,都是行业翘楚。

在中国,包括动力电池巨无霸宁德时代、锂资源巨头赣锋锂业以及从消费电子领域拓展而来的辉能科技等企业,均在大力投入固态电池研发。

课程思政

以动力电池替代内燃发动机作为汽车的动力源,是应对当下环境污染、解决能源危机、推动绿色发展的重要途径。

以宁德时代为代表的科技工作者在长期科学实践中坚持不懈、持之以恒、不断创新,积

"电驱加速度"

累了宝贵的科研经验、技术成果和精神财富,树立了严谨细致的科学态度,建立了坚定的科学精神。

大学阶段,是人一生中思维最活跃的阶段,也是最具创新性的阶段,大学生应该积极参与校内外各类创新实践活动,培养创新精神、创新意识和创新能力,成长为适应新时代社会发展和时代需要的创新型高水平人才。

动力电池既有其有利的一面,同时也有安全性问题,尤其是锂离子电池析晶导致的短路,容易引起电池自燃,从而引发事故和灾难。这也有待于当代大学生们勇于创新和实践,未来从新材料、电化学机理和电路控制等诸多方面,去解决现有问题。

未来保有量巨大的新能源汽车动力电池,还有可能为社会电网平衡贡献一份力量。风能、太阳能、潮汐能等清洁能源的开发应用逐渐成熟,但能量的储存和对电网的冲击是目前亟待解决的问题。电池储能技术目前已经上升为国家的战略性技术,关系到国家的能源安全。

因此,汽车动力电池的持续研究和技术创新具有重要的意义,在学习课程内容的同时,更要放眼国家社会的需求,肩负起时代的责任与担当。

"减碳在行动:
储存风光,
路在何方"

习　题

一、判断题

1. 铅酸蓄电池单体负极板的数量总比正极板多一片。　　　　　　　　　　　　(　　)

2. 铅酸蓄电池正极板上的活性物质是二氧化铅,负极板上的活性物质是海绵状纯铝。
　　　　　　　　　　　　　　　　　　　　　　　　　　　　　　　　　　(　　)

3. 汽车电池与用电设备是串联连接的。　　　　　　　　　　　　　　　　　　(　　)

4. 铅酸蓄电池在充电时,电解液中的硫酸逐渐增多,而水逐渐减少,电解液相对密度增加。　　　　　　　　　　　　　　　　　　　　　　　　　　　　　　　　(　　)

5. 蓄电池的容量随温度的升高和放电电流的增大而减小。　　　　　　　　　　(　　)

二、单项选择题

1. 蓄电池是将(　　)的装备。

  A. 化学能转化为电能   B. 机械能转化为电能

  C. 热能转化为化学能   D. 化学能转化为机械能

2. 起动汽油发动机时,蓄电池可在短时间内给起动机提供(　　)的起动电流。

  A. 10～50A   B. 100～150A

  C. 200～600A   D. 600～1000A

3. (　　)为蓄电池的最大负荷。

  A. 汽车大灯   B. 空调鼓风机

  C. 发电机   D. 起动机

4. 从汽车上拆下蓄电池时,首先应拆下(　　)电缆;将蓄电池安装在汽车上时,应首先安装(　　)电缆。

  A. 负极,正极   B. 正极,负极

  C. 正极,正极   D. 负极,负极

5. 汽车手动电源的总开关一般安装在(　　)。

    A. 蓄电池和电流表之间　　　　　　　　B. 蓄电池和起动机之间

    C. 蓄电池负极和车架之间　　　　　　　D. 前照灯的火线上

6. 下列不属于锂离子电池正极材料要求的是(　　)。

    A. 有较高的氧化还原电位,从而使电池具有较高的输出电压

    B. 氧化还原电位变化小,以保证电池平稳地充电和放电

    C. 正极材料与电解质等发生化学反应,化学性质不稳定

    D. 锂离子扩散系数和电子导电性高

第二章 交流发电机

本章学习目标

1. 能够识别和描述汽车交流发电机的结构和工作原理,阐述它在现代汽车运行过程中的功能;

2. 能够解释说明汽车交流发电机的主要性能参数,包括输出电压U、输出电流I、转速n和功率P,分析影响发电机性能的因素;

3. 能够领会和总结交流发电机电压调节器的功能和原理;对比分析各种电压调节电路特点;

4. 能够掌握常规的汽车交流发电机故障检测方法。

汽车上虽然装有蓄电池,但它储存的电能非常有限。比如起动发动机时,起动机要消耗蓄电池大量电能,若不及时对其进行补充充电,就不能满足汽车其他用电设备的需求,也就很难保证汽车的频繁起动与正常运行。

发电机是汽车电气系统的主要电源,发电机的作用是在发动机正常运转时(怠速以上),将发动机的部分机械能变成电能,向除起动机以外的所有用电设备供电,并及时对蓄电池进行补充充电。

目前,汽车上普遍采用的是硅整流交流发电机,它依靠硅二极管实现整流,取代了以前靠机械整流子换向的直流发电机。

第一节 交流发电机的构造

汽车交流发电机的结构基本相同,都是由三相同步交流发电机和硅二极管整流器两部分构成,整体式交流发电机还集成了电压调节器。图 2-1 为交流发电机的外形和结构组成。

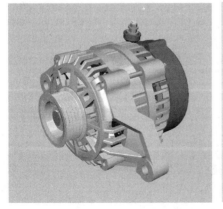
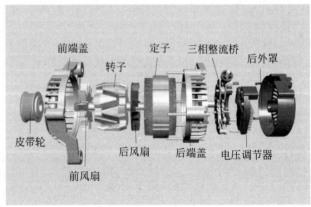

图 2-1 交流发电机的外形和结构组成

有些汽车的交流发电机与制动系统用真空助力泵安装在一起,转子轴同时带动真空泵转动,称带泵的交流发电机,如 JFZB292 发电机,如图 2-2 所示。

一、三相同步交流发电机

三相同步交流发电机的作用是产生三相交流电。它主要由转子、定子、前后端盖、风扇及皮带轮等组成,图 2-3 为交流发电机的内部剖视图。

图 2-2 带泵的交流发电机

图 2-3 交流发电机的内部剖视图

1. 转子

转子是交流发电机的旋转磁场部分,如图 2-4 所示,主要由转子轴、两块爪形磁极、励磁绕组和集电环组成,其中,两块磁极凹凸交叉压装在转子轴上。

图 2-4 交流发电机的转子结构

转子轴用优质钢车削而成,中部有压花,一端有半圆键槽和米制螺纹。两块磁极各具有数目相等的爪极,国产 JF 系列交流发电机通常做成 6 对爪极,爪极互相交错压装在励磁绕组和磁轭的外面。磁极用低碳钢板冲压或用精密铸造浇铸而成,磁轭用软磁材料的低碳钢制成,用以增加磁导率,磁轭上绕有励磁绕组,绕组两端的引线分别焊接在与转子轴绝缘的两个集电环上。励磁绕组用高强度漆包铜线绕一定匝数而成,集电环由导电性能优良的铜制成,两个集电环之间及与转子轴之间均用云母绝缘。

两个电刷装在与端盖绝缘的电刷架内,通过弹簧压力使电刷与集电环保持接触。当发电机工作时,两电刷与直流电源连通,可为励磁绕组提供定向电流并产生轴向磁通,使两块爪极被分别磁化为南极和北极,从而形成犬牙交错的磁极,并沿圆周方向均匀分布,在定子铁芯内部形成近似正弦变化的交变磁场。转子磁场的磁力线分布如图 2-5 所示。

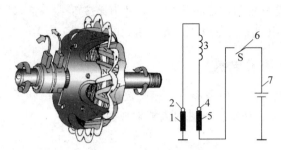

图 2-5　转子线圈磁场的磁力线分布及磁场电路原理图

1,5—电刷；2,4—集电环；3—励磁绕组；6—点火开关；7—蓄电池

磁路的走向：磁轭→N 极→转子与定子之间的气隙→定子→定子与转子间的气隙→S 极→磁轭。

2. 定子

定子又称电枢，由铁芯和三相绕组组成，用来产生三相交流电。定子铁芯由相互绝缘的内圆带槽的环状硅钢片叠成，硅钢片厚度为 0.5～1mm。定子槽内嵌有三相对称绕组，每个线圈绕组的匝数、线圈大小及间距相等，三相绕组的首端 U、V、W 在定子槽内的排列各间隔 120°。

三相绕组的连接方法有星形接法（又称 Y 形接法）和三角形接法（又称 △ 形接法）两种。Y 形接法是将三相绕组的三个末端 X、Y、Z 接在一起，将三相绕组的首端 A、B、C 作为交流发电机的交流输出端，如图 2-6(a)所示。△ 形接法则是将每相绕组的首端和另一相绕组的末端依次相连接，因而有 3 个接点，这 3 个接点即为交流发电机的交流输出，如图 2-6（b）所示。

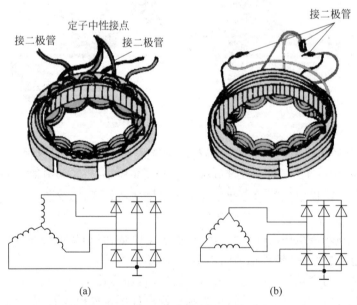

图 2-6　定子及定子绕组的连接方式

（a）星形（Y）接法；（b）三角形（△）接法

由于丫形接法的输出电压高,发电机低速充电性能好,轿车的交流发电机大多采用丫形接法;而△形接法的输出电流大,适用于大功率发电机。

3. 端盖与电刷总成

交流发电机的端盖分为前端盖(驱动端盖)和后端盖(整流端盖),其主要功能是支承转子轴,前、后端盖均由铝合金压铸或用模铸造而成,如图 2-7 所示。铝合金为非导磁材料,可减少漏磁、质量轻、散热性能好。为了提高轴承孔的机械强度,增加其耐磨性,有的发电机端盖的轴承座内有钢套。

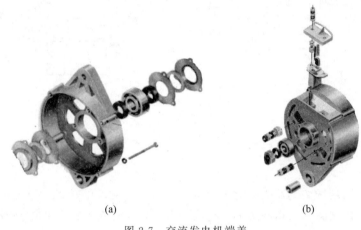

(a) (b)

图 2-7　交流发电机端盖

(a) 前端盖;(b) 后端盖

后端盖上装有电刷架,它用塑料或玻璃纤维增强尼龙制成。电刷由铜粉和石墨粉模压而成,两个电刷分别装在电刷架的孔内,借助弹簧压力与转子轴集电环保持接触,将直流电引入励磁绕组,如图 2-8 所示。

交流发电机电刷

图 2-8　发电机电刷架及电刷

发电机的前端装有皮带轮,其后面装有叶片式风扇。通过调整臂可以将发电机的驱动皮带张力调整至适当的程度。皮带不能张得太紧,如太紧会使发电机端盖及轴承容易损坏;也不能张得太松,如太松会使发电机运转时皮带打滑,影响发电机的正常工作。

前、后端盖上分别有出风口和进风口,当发动机的曲轴带动皮带轮旋转时,可使空气高速流经发电机内部进行冷却。风冷式交流发电机按通风方式不同可分为单风扇式和双风扇式,如图 2-9 所示。单风扇式交流发电机是风扇安装在交流发电机的前端,风扇旋转产生的轴向空气流经发电机内部,对定子绕组进行冷却。而双风扇式交流发电机是在转子两端各装有一个风扇,产生的是轴向和径向两个方向的空气流。在高档轿车上,出于降低运行噪声和增强冷却效果的考虑，多采用水冷式发电机。

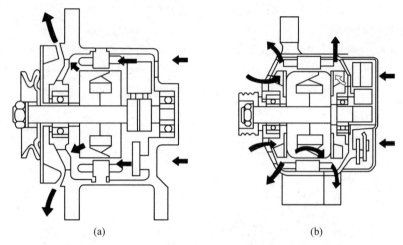

图 2-9　风冷式交流发电机通风方式

（a）单风扇式；（b）双风扇式

4. 整流器

整流器的作用是将交流发电机定子绕组产生的三相交流电转换为直流电，并可阻止蓄电池电流向发电机倒流。三相桥式全波整流器由 6 只硅整流二极管组成，如图 2-10 所示。

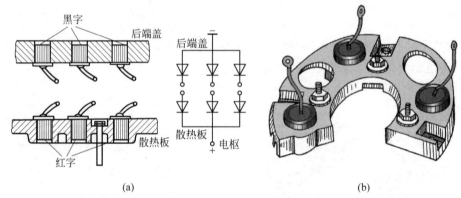

图 2-10　硅整流二极管及安装板

（a）硅整流二极管安装示意图；（b）散热板及压装在其上的正极管

硅整流二极管通常直接压装在散热板上或发电机后端盖上，其中压装在散热板上的 3 只硅整流二极管，引线为正极，外壳为负极，称为"正极管"，引线端一般涂有红色标记；压装在后端盖上的 3 只硅整流二极管，引线为负极，外壳为正极，称为"负极管"，引线端一般涂有黑色标记。也有交流发电机将正、负二极管分别安装在不同的散热板上。

为了便于散热，散热板通常用铝合金制成，它与后端盖用绝缘材料垫片隔开，固定在后端盖上，用螺栓引至后端盖外部作为发电机的电源输出端，并在后端盖上铸有标记 B 或"＋"、A、"电枢"。

二、交流发电机的型号

根据中华人民共和国汽车行业标准 QC/T 73—1993《汽车电器设备产品型号编制方法》的规定,汽车交流发电机型号组成如下:

Ⅰ	Ⅱ	Ⅲ
产品代号	电压等级代号和电流等级代号	设计序号和变形代号

(1) 产品代号

交流发电机的产品代号为 JF、JZ、JFB、JFW 四种,分别表示交流发电机、整体式交流发电机、带泵交流发电机和无刷交流发电机(字母"J""F""Z""B""W"分别为"交""发""整""泵""无"字的汉语拼音第一个大写字母)。

(2) 电压等级代号和电流等级代号

分别用 1 位阿拉伯数字表示,电压等级代号 1 表示 12V 系统,2 表示 24V 系统。电流等级代号 1 表示电流不大于 19A,2 表示电流 20～29A,3 表示电流 30～39A,4 表示电流 40～49A,5 表示电流 50～59A,6 表示电流 60～69A,7 表示电流 70～79A,8 表示电流 80～89A,9 表示电流大于 90A。

(3) 设计序号

按产品的先后顺序,用阿拉伯数字表示。

(4) 变形代号

交流发电机以调整臂的位置作为变形代号。从驱动端看,Y 表示调整臂位于右边;Z 表示调整臂位于左边;调整臂在中间时不加标记。

例如,桑塔纳、奥迪 100 型轿车所用的交流发电机型号为 JFZ1913Z,其含义为电压等级为 12V,输出电流大于 90A,第 13 代设计,调整臂位于左边的整体式交流发电机。

第二节 交流发电机的工作原理

一、交流发电机的发电原理

交流发电机产生交流电的基本原理是电磁感应原理。当线圈在磁场中转动,不断切割磁力线而产生电流;如果使磁场旋转,而将线圈固定在其周围,同样也能发电。交流发电机就是利用产生磁场的转子旋转,使穿过定子绕组的磁通量发生变化,从而在定子绕组内产生感应电动势。三相交流发电机的工作原理如图 2-11 所示。

若转子不停地旋转,则感应电动势和负载中电流的方向和大小将随时间作周期性变化,于是就产生交变电动势和交变电流。由于磁感应强度的分布近似于正弦规律,使交流电也按正弦规律变化,即产生正弦交流电,如图 2-12 所示。

三相同步交流发电机,转子的转速与旋转磁场的转速相同(同步转速),其频率为

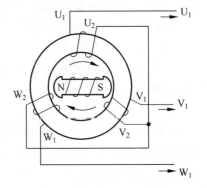

图 2-11 三相交流发电机的工作原理

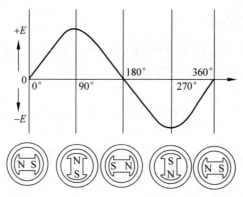

图 2-12 发电机产生的正弦交流电波形

$$f = \frac{pn}{60}(\text{Hz}) \tag{2-1}$$

式中：p——磁极对数；

n——发电机转速（r/min）。

在汽车用交流发电机中，由于三相绕组在定子槽中是对称绕制的，产生的三相电动势也是对称的，所以三相绕组中产生的正弦电动势频率相同、幅值相等、相位互差 120°。其瞬时值的方程式为

$$\begin{cases} e_{\text{U}} = E_{\text{m}}\sin\omega t = \sqrt{2}\,E_{\phi}\sin\omega t \\[2mm] e_{\text{V}} = E_{\text{m}}\sin\left(\omega t - \frac{2}{3}\pi\right) = \sqrt{2}\,E_{\phi}\sin\left(\omega t - \frac{2}{3}\pi\right) \\[2mm] e_{\text{W}} = E_{\text{m}}\sin\left(\omega t + \frac{2}{3}\pi\right) = \sqrt{2}\,E_{\phi}\sin\left(\omega t + \frac{2}{3}\pi\right) \end{cases} \tag{2-2}$$

式中：E_{m}——相电动势的最大值；

E_{ϕ}——相电动势的有效值；

ω——电角速度（$\omega = 2\pi f$）

发电机每相绕组中所产生的电动势的有效值为

$$E_{\phi} = \frac{E_{\text{m}}}{\sqrt{2}} = 4.44 KfN\Phi = 4.44 K\frac{pn}{60}N\Phi(\text{V}) \tag{2-3}$$

式中：K——绕组系数（交流发电机采用整距集中绕组，$K=1$）；

N——每相绕组的匝数；

Φ——每极磁通（Wb）。

对于固定结构的交流发电机，式（2-3）中的 K、p、N 均为定值，以电机常数 C_{e} 代替，这样就化简为

$$E_{\phi} = C_{\text{e}}\Phi n(\text{V}) \tag{2-4}$$

因此，交流发电机所产生感应电动势的大小与发电机的结构参数、每极磁通以及感应电动势的频率成正比。即定子绕组的匝数和磁极对数越多，转子转速越高，磁场越强，则绕组内感应电动势也越高。

二、整流原理

定子绕组中所感应出的交流电,要经过硅二极管组成的整流器改变为直流电。硅二极管具有单向导电性。当给硅二极管加上正向电压(正极电位高于负极电位)时导通,即呈现低电阻状态;当给硅二极管加上反向电压(正极电位低于负极电位)时截止,即呈现高电阻状态。利用硅二极管的这种单向导电的特性就可把交流电变为直流电。

三相桥式整流电路的整流原理如图 2-13 所示,整流电路的基本规律包括以下三个方面。

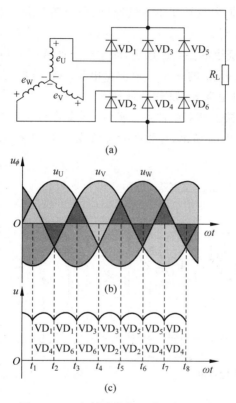

交流发电机
整流原理

图 2-13 三相桥式整流电路的整流原理

(1) 3 只正二极管 D_1、D_3、D_5 的正极分别与发电机三相绕组的 U、V、W 端相连,正二极管在三相交流电的正半周期内导通,因 3 只二极管负极端相连,故正极端电位最高者导通。

(2) 3 只负二极管 D_2、D_4、D_6 的负极也分别与发电机三相绕组的 U、V、W 端相连,负二极管在三相交流电的负半周期内导通,因 3 只二极管正极端相连,故负极端电位最低者导通。

(3) 任一时间段内同时有两只二极管导通,正、负二极管各 1 只,同时导通的 2 只二极管总是将发电机的线电压加在负载 R 两端。

根据以上原则,其整流过程如下:

在 $t=0$ 时,u_W 最高,u_V 最低,则 D_5、D_4 2 只二极管导通,R 两端电压为 u_{WV};

在 $t_1 \sim t_2$ 时间内,u_U 最高,u_V 最低,则 D_1、D_4 导通,R 两端电压为 u_{UV};

在 $t_2 \sim t_3$ 时间内，u_U 最高，u_W 最低，则 D_1、D_6 导通，R 两端电压为 u_{UW}；

在 $t_3 \sim t_4$ 时间内，u_V 最高，u_W 最低，则 D_3、D_6 导通，R 两端电压为 u_{VW}。

依次下去，周而复始，就在负载两端得到一个比较平稳的脉动直流电压 u，一个周期有 6 个纹波，再经过 RC 电路滤波和稳压管稳压处理，即可得到稳定的恒压输出。经整流后的直流电压即是硅整流发电机的直流输出电压，数值为三相交流电线电压的 1.35 倍，即

$$u = 1.35u_L = 1.35\sqrt{3}\,u_\Phi \approx 2.34u_\Phi \qquad (2\text{-}5)$$

式中：u_L——线电压的有效值；

u_Φ——相电压的有效值。

每只二极管在一个周期内只导通 1/3 的时间，所以流过每只二极管的平均电流 I_D 为负载电流 I 的 1/3。

对于丫形连接中三相绕组的公共连接点，即中性点而言，其直流电压 u_N 为三相半波整流电压，也就是直流输出电压 u 的一半。中性点电压一般用来控制各种用途的继电器，如磁场继电器、充电指示灯继电器等，如图 2-14 所示。

在三相绕组中性点处接上两只中性点二极管（功率管），通过两只中性点二极管与桥式整流器正、负极相连，如图 2-15 所示，称为八管交流发电机，可提高发电机功率输出 10%～15%。

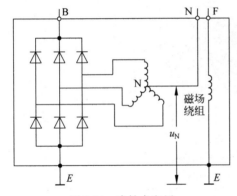

图 2-14　中性点电压

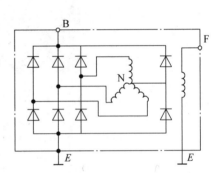

图 2-15　八管交流发电机的整流电路

三、发电机的励磁方式

将电源引入到励磁绕组使之产生磁场的过程称为励磁，交流发电机的励磁方式有自励和他励两种。

（1）他励：交流发电机开始发电时，因二极管死区电压的存在，需先由蓄电池供给励磁电流（他励阶段）。

（2）自励：当发电机电压达到蓄电池电压时，即由发电机自己供给励磁电流，即由他励转为自励。

如果在 6 只整流二极管基础上，增加 3 只小功率二极管，与原来的 3 只大功率负二极管也组成三相全波桥式整流电路，专门为发电机磁场供电，则形成九管型交流发电机，如图 2-16(a) 所示。通常称 3 只小功率管为励磁二极管。

现代的交流发电机通常在 6 只整流二极管基础上，既增加 2 只中性点二极管，又增加

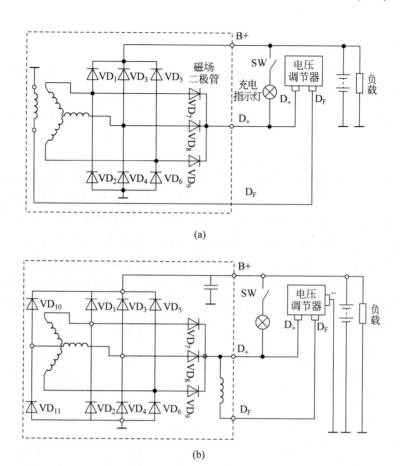

图 2-16 交流发电机电路

（a）九管型；（b）十一管型

3 只励磁二极管,即形成了十一管型的交流发电机,如图 2-16(b)所示。

发动机起动时,发电机电压为 0,小于蓄电池电压,整流二极管截止,发电机不输出电流,由蓄电池供给磁场电流(他励)。电流流经的路径为蓄电池正极→点火开关→充电指示灯→调节器→磁场绕组→搭铁→蓄电池负极,充电指示灯亮,说明蓄电池处于放电状态。

当发动机转速升高到怠速及以上时,发电机正常发电,发电机电压高于蓄电池电压,发电机自励。$U_{B+} = U_{D+}$,充电指示灯两端压降为零,灯熄灭。如果车辆运行时,仪表中显示充电指示灯亮,说明发电机没有正常发电。

第三节　交流发电机的工作特性

汽车用硅整流交流发电机的工作特点是传动比大,转速变化范围大。对于一般汽油发动机来说,其转速变化为 1∶8,对柴油机来说转速变化为 1∶5,因此分析汽车交流发电机的特性必须以转速的变化为基础。

交流发电机的特性包括输出特性、空载特性和外特性,其中以输出特性最为重要。

一、输出特性

交流发电机的输出特性又称负载或输出电流特性。它是指发电机向负载供电时,保持发电机输出电压恒定(对12V的发电机规定为14V,对24V的发电机规定为28V),即输出电压为常数的情况下,发电机的输出电流与转速之间的关系为$I=f(n)$的函数关系,如图2-17所示。

从交流发电机的输出特性曲线$I=f(n)$可以看出:

(1)发电机的转速较低时,其端电压低于额定电压,此时发电机不能向外供电;当转速达到空载转速n_1时,电压达到额定值;当转速高于空载转速n_1时,发电机才有能力在额定电压下对外输出电流。空载转速值,常用作选择发电机与发动机速比的主要依据。

(2)当转速超过n_1时,发电机输出电流将随着转速n的升高和负载电阻R的减小而增大;当转速等于n_2时,发电机对外输出额定电流I_A,达到额定功率,故将转速n_2称为满载转速。

空载转速和满载转速是交流发电机的主要性能指标,在产品说明书中均有规定。在使用中,应定期测试这两个数据,并与规定值相比较,就可判断发电机性能是否良好。图2-18是某交流发电机的输出特性参数,表2-1是发电机常见的特征转速范围。

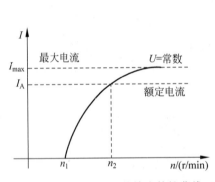

图2-17 交流发电机的输出特性曲线

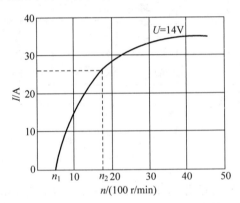

图2-18 某交流发电机的输出特性参数

表2-1 发电机常见的特征转速范围

空载转速	发动机怠速时转速	额定转速	最高转速
1000r/min	1500～1800r/min	6000r/min	15000～20000r/min

(3)当发电机转速达到一定值时,发电机的输出电流就不再随转速的升高和负载电阻的减小而增大,这时的电流值称为发电机的最大输出电流或限流I_{max}。这个性能表明,交流发电机具有自动限制电流、防止过载的自我保护能力。交流发电机的最大输出电流约为额定电流的1.5倍。

交流发电机之所以能自我限制电流,可作如下定性分析。

① 定子绕组具有一定的阻抗Z,它对通过定子绕组的交流电流起着阻碍作用。阻抗是由绕组的电阻r和感抗X_L合成的,即

$$Z=\sqrt{r^2+X_L^2} \tag{2-6}$$

其中，$X_L = \omega L = 2\pi f L = 2\pi L \cdot \dfrac{pn}{60}$，与转速 n 成正比。

高速时，由于绕组电阻 r 与感抗 X_L 相比可以忽略不计，因此可以认为定子绕组的阻抗 Z 与转速成正比。转速越高，感抗 X_L 越大，即阻抗 Z 越大，阻碍交流电流的能力越强，可产生较大的内部电压降。

② 定子电流增加时，电枢反应增强，感应电动势也会下降。

电枢反应是指在发电机内部除磁极磁场外，还有电枢电流产生的磁场，电枢磁场对磁极磁场的影响称作电枢反应。电枢反应会使磁极磁场发生畸变，往往阻碍交流发电机的感应电动势的产生。

结合上述两点，当发电机转速升高到使负载电流增加到一定数值后，如继续提高转速，尽管定子绕组中的感应电动势增加，但因定子绕组的阻抗增大，内部电压降增大，再加上电枢反应引起的感应电动势下降，两者共同作用的结果，就使发电机的输出电流不再增加。

因而交流发电机具有自身限制输出电流的作用，其最大输出电流 I_{max} 的大小主要与定子绕组的电感有关。

综上所述，交流发电机输出电压一定时，发电机电流存在最大值。无论转速多高，发电机功率存在最大值；且随着转速增加，发电机有自身限流保护的能力，不会出现由于电流过高烧坏发电机的情况。但如果发电机电压过高，通常会损坏用电设备。

二、空载特性

空载特性是指发电机没有外接负荷时，发电机的端电压与转速之间的关系，即 $I = 0$ 时，$U = f(n)$ 的函数关系，如图 2-19 所示。

从曲线可以看出，随着转速的升高，端电压上升较快，发电机转子线圈由他励转入自励时，即能向铅酸蓄电池进行补充充电，进一步证实了汽车交流发电机低速充电性能好的优点。因此，空载特性是判定交流发电机充电性能的重要依据。

三、外特性

外特性是指转速一定时，发电机的端电压与输出电流的关系。即 $n = $ 常数时，$U = f(I)$ 的函数关系。经不同恒定转速的试验后，可输出一组相似的外特性曲线，如图 2-20 所示。发电机在某一稳定转速下的等效内阻 R 为一定值，如果交流发电机的等效电动势 E 是稳定

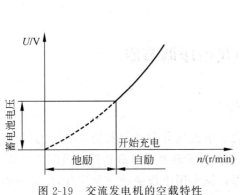

图 2-19　交流发电机的空载特性

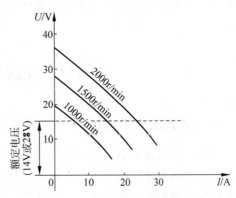

图 2-20　交流发电机的外特性曲线

的,则发电机的端电压 U 将随输出电流的增大而呈直线下降。

$$U = E - IR \tag{2-7}$$

但考虑到定子上电流产生的电枢磁场会对转子磁场产生影响,即电枢反应,导致一定的去磁作用。随着负载电流的增加,气隙磁通会略有下降,导致电枢电动势 E 减小,加之电阻压降 IR,发动机外特性曲线实际为图 2-20 所示的曲线。

发电机的转速越高,端电压也越高,输出电流也越大。当保持在任一转速时,端电压均随输出电流的增大而相应下降。由于端电压受转速和负载变化的影响较大,交流发电机必须配备电压调节器才能保持电压的稳定。否则,当发电机在高速运转时,若突然失去负载,其电压会突然升高,这时发电机中的二极管以及调节器内的电子元件将有被击穿的危险。

交流发电机的三种工作特性所表达的各参数间关系如表 2-2 所示。

表 2-2　交流发电机各工作特性的参数关系

特 性 名 称	恒 定 参 数	参 数 关 系
输出特性	电压恒定	电流与转速的关系
空载特性	$I = 0$	电压与转速的关系
外特性	转速恒定	电压与电流的关系

四、交流发电机的参数选型

发电机的性能参数对蓄电池的寿命及汽车电气系统的正常运行起着十分重要的作用。

选择发电机功率时,如果选定的发电机输出电流太小,一方面会影响用电设备正常工作(如照明灯光变暗、扬声器声音变小等),另一方面不能保证蓄电池电能得到足够的补充,蓄电池长期亏电会产生硫化故障,这不仅影响蓄电池起动性能,而且会大幅降低其使用寿命。

如果发电机的输出电流选得过大,则不仅功率不能充分利用,而且发电机的质量和体积也会增加,成本过高。

由于交流发电机的输出电压基本恒定,其输出功率主要由输出电流决定,根据车辆所有可能同时使用的用电设备负载电流来选定发电机的输出电流。这一过程也称为电量平衡分析,即分析发电机、蓄电池和其他各种用电设备之间电能产生与消耗的相互制约关系。

汽车是否满足电量平衡,通常以蓄电池的充、放电量为评判标准,可以用充、放电量比值来衡量。考虑到汽车电源系统的可靠性和汽车的行驶环境,通常应保证充、放电量比值大于1.2。

第四节　交流发电机电压调节器

一、交流发电机电压调节器的工作原理

由第三节交流发电机的工作特性可知:交流发电机具有自动限制最大电流的能力,且整流二极管有阻止反向电流的作用,但交流发电机的转子转速及负载在很大范围内变化,均可引起发电机的输出电压发生较大变化。为了保证汽车用电设备的正常工作,防止发电机电压过高而烧坏汽车用电设备,或导致蓄电池过充电;同时也要防止发电机电压过低而导

致汽车用电设备工作失常和蓄电池充电不足,交流发电机必须配备电压调节器,使输出电压保持稳定。

由第二节交流发电机的工作原理可知:交流发电机的三相绕组产生的相电动势的有效值为

$$E_\phi = C_e \Phi n \text{(V)} \tag{2-8}$$

当交流发电机的结构参数不变时,发电机所产生的感应电动势与转子转速和磁极磁通成正比。当转速升高时,E_ϕ 增大,输出端电压升高;要想阻止发电机的输出电压继续上升,只能通过减小磁通 Φ 来实现。而磁极磁通 Φ 与励磁电流 I_f 成正比,减小磁通 Φ 可以通过减小励磁电流 I_f 的方式来实现。

因此,交流发电机电压调节器的工作原理是:当交流发电机的转速升高时,电压调节器通过减小发电机的励磁电流 I_f 来减小磁通 Φ;而当交流发电机的转速较低导致输出电压低于额定电压时,电压调节器通过增大发电机的励磁电流 I_f 来增大磁通 Φ,使发电机的输出电压在设定的范围内脉动,如图 2-21 所示。

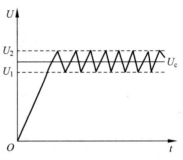

图 2-21 交流发电机电压调节器的工作电压波形

交流发电机的电压调节器有机械触点式和电子式两大类。由于机械触点式电压调节器存在体积大、结构复杂、触点振动频率低、触点易烧蚀及故障率高等缺点,不适应现代汽车对电源系统的要求,已被淘汰,取而代之的是电子式电压调节器。本书以电子式电压调节器为主,通过对比的方式说明调压的工作原理和实现过程。

二、机械触点式电压调节器的调压方法

机械触点式电压调节器的调压方法:通过触点开闭,改变磁场电路的电阻,从而调节磁场电流大小,改变交流发电机输出电压。以双极触点式电压调节器为例,见图 2-22。

如图 2-22 所示,随着发电机转速升高,当发电机电压达到第一级调节电压 14V 时,电磁线圈克服弹簧拉力,衔铁下移,使触点 K 处于中间悬空位置,此时励磁电流经加速电阻 R_1 和调节电阻 R_2 串联后,接入励磁线圈绕组,励磁电流较小,发电机电压降低。

当发电机电压下降而略低于工作电压 14V 时,电磁线圈吸力减弱,衔铁在弹簧作用下重新与触点 K_1 闭合,R_1、R_2 被短路,励磁电流增加,发电机电压再度升高。

当发电机高速运转时,即使励磁电流经过 R_1、R_2,电压仍会继续升高到二级调压值 14.5V,因电磁吸力远大于弹簧弹力,使触点 K_2 闭合,励磁绕组的两端均搭铁而被短路,无励磁电流通过,于是发电机电压急剧下降,触点 K_1 闭合,产生新一轮循环。

三、电子式电压调节器的调压方法

电子式电压调节器按照其发展的历程可分为晶体管调节器、集成电路调节器、电脑控制调节器,它们的工作原理相似,通用的调压方法是利用功率晶体管的开关特性,使磁场电流接通与切断,来调节磁场电流大小,进而改变发电机输出电压。

相比于机械触点式电压调节器,功率晶体管的开关频率高,且不产生火花,调节精度高,

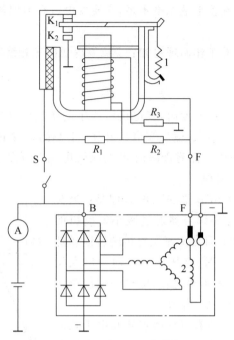

图 2-22　双极触点式电压调节器的电路原理

还具有重量轻、体积小、寿命长、可靠性高、电波干扰小等优点。集成电路和电脑控制调节器的体积更小,电脑控制调节器除了根据输出电压的大小进行调节外,还由电负载检测仪测量系统总负载后,根据负载的实时大小,控制发电机电压调节器,适时地接通和断开磁场电路。

下面以晶体管电压调节器的基本电路为例,分析其调压原理,电路原理见图 2-23。具体调压过程分以下三步。

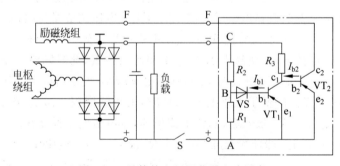

图 2-23　晶体管电压调节器电路原理

VT_2—大功率晶体管;VT_1—小功率晶体管;VS—稳压管;R_1、R_2—分压器;R_3—VT_1 的负载电阻

(1)他励:点火开关 S 闭合后,蓄电池的电压就加到分压器的 A、C 两端,其电压低于发电机输出电压调整值,故 U_{AB} 低于 VS 的反向击穿电压,VS 截止,VT_1 的基极电流 I_{b1} 等于零,VT_1 截止,c_1 点的电位较低,VT_2 导通饱和,产生励磁电流 I_{c2},并流经励磁绕组。

励磁电流的走向为:蓄电池正极→点火开关 S→调节器"+"接线柱→VT_2→调节器"F"接线柱→励磁绕组→蓄电池负极(搭铁)。

（2）自励：发动机起动后，发电机的输出电压将高于蓄电池的电压，发电机的励磁电流由他励转变为自励，晶体管的导通和截止状态与上述一致。

励磁电流的走向为：发电机正极→点火开关 S→调节器"＋"接线柱→VT_2→调节器"F"接线柱→励磁绕组→蓄电池负极（搭铁）。

（3）节压：随着转速变化，当发电机输出电压高于调整值时，U_{AB} 升至 VS 反向击穿电压，VS 导通，VT_1 导通，c_1 点的电位较高，近似于发电机输出电压值，因此 VT_2 截止，切断励磁电路，电流由 VT_1 集电极 c_1 经过电阻 R_3 直接流向蓄电池负极。励磁绕组中无电流通过，发电机输出电压下降；当输出电压低于调整值时，U_{AB} 低于 VS 反向击穿电压，VS 截止，VT_1 截止，VT_2 导通，励磁电路再次被接通，发电机输出电压上升，如此反复实现调压过程。

集成电路电压调节器是将电路中的若干元件集成在同一基片上，制成一个独立的电子芯片。其工作原理与晶体管电压调节器的工作原理完全一样，都是利用三极管的开关特性，控制发电机转子线圈电励磁的通断占空比，调节励磁电流，使发电机的输出电压保持恒定。图 2-24 为交流发电机集成电路调节器及整流电路原理图，图 2-25 为集成电路调节器实物图。集成电路调节器通常与整体式发电机相配，不可随意替换。

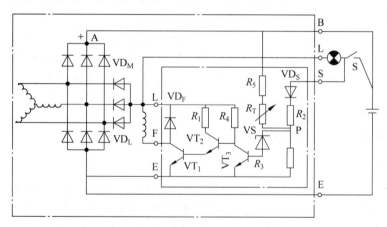

图 2-24 交流发电机集成电路调节器及整流电路原理

图 2-25 集成电路调节器实物

第五节　交流发电机的正确使用及故障诊断

一、交流发电机的正确使用和维护

（1）蓄电池与发电机必须负极搭铁，不得接反，否则，会烧坏发电机与电压调节器中的电子元件。电压调节器与发电机在功率匹配、搭铁形式等方面要相适应，不可随意更换电压调节器。

（2）发电机工作时，不允许用试火的方法（短接 B/E 端子）检查发电机的火线接线柱是否发电，否则将损坏发电机的整流器。

（3）发电机正常工作时，切不可任意拆动用电设备的连接线，以防止引起电路中的瞬时过电压，损坏电子元件。

（4）发动机自行熄火时，应及时关闭点火开关，以防止蓄电池通过励磁电路放电。

（5）蓄电池在一定程度上可以吸收电路中的瞬时过电压，起到电容器的作用。在发动机运行过程中，不要拆下蓄电池连接导线，否则容易造成发电机二极管及电压调节器中的电子元件的损坏。

（6）汽车每行驶 15000km，应检查调整发电机驱动皮带的挠度；每行驶 30000km，应将交流发电机从车上拆下检修一次，检查电刷和轴承的磨损情况，以及皮带是否存在裂纹和破损现象。新电刷的高度为 14mm，磨损至 7mm 时，应当更换新电刷；轴承如有显著松动，应予以更换。

二、交流发电机的整机检测

1. 单机静态检测

用万用表 R×1 挡测量各接线柱之间的电阻，如图 2-26 所示，发电机磁场"F"极与搭铁（可接发电机外壳）之间的电阻应为励磁线圈绕组阻值，约几欧姆至几十欧姆。如果电阻超过规定值，则说明电刷与集电环接触不良；如果电阻小于规定值，则可能是励磁绕组有匝间短路或搭铁故障；如果电阻为零，可能是两个集电环之间有短路或者 F 接线柱有搭铁故障。

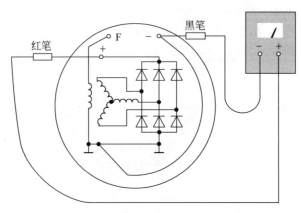

图 2-26　用万用表测量发电机各接线柱之间的电阻

　　发电机电枢"＋"与搭铁之间的正反向电阻不同,反向为整流二极管导通电阻,几十欧姆;正向为整流二极管逆向截止电阻,理论上为断路,实际测量值应大于 1 万 Ω,否则说明整流二极管失效。如果交流发电机有中性接头(N)接线柱,可继续测量 N 与搭铁以及 N 与"＋"之间的正反向电阻,可进一步判断故障在正极管还是在负极管。

2. 试验台动态检测

　　在试验台上进行发电机空载试验和满载试验,测定发电机在空载和满载情况下发出额定电压时对应的最小转速,从而判断发电机的工作是否正常,试验线路如图 2-27 所示。

　　(1) 空载试验。将待试发电机固定在试验台上,由另外的调速电机拖动。合上开关 S_1,由蓄电池供给发电机励磁电流,当转速表测量发电机转速为空载转速时,发电机电压应为 14V(24V 电系发电机电压应为 28V)。转速上升到规定值时,如果电压低于额定值,则表明发电机有故障。

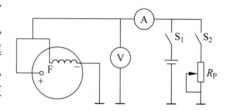

图 2-27　交流发电机的空载和
满载测试线路

　　(2) 满载试验。断开开关 S_1,发电机转为自励,合上开关 S_2,减小可调电阻 R_P,不断增大负载电流。当发电机转速达到空载转速时,电压应大于 12V 或 24V。当发电机转速达到满载转速时,电压应达到 14V 或 28V,且输出电流应达到或接近该发电机的额定电流。

3. 交流发电机整流波形的检测

　　用示波器观察输出电压波形,根据输出电压波形可以判断交流发电机内部二极管及定子绕组是否有故障,交流发电机出现各种故障时输出电压的波形如图 2-28 所示。

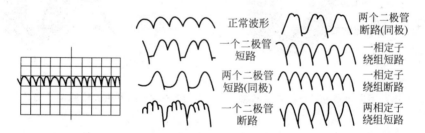

图 2-28　交流发电机出现各种故障时输出电压的波形

三、交流发电机内部零件的检修

1. 解体与清洗

　　首先将发电机表面清理干净,旋下两端盖之间的拉紧螺栓,取出电刷架、转子轴和前后轴承。除绝缘部件外,所有零件均用发动机清洗液清洗干净,轴承上涂抹润滑油脂,待检及安装。

2. 转子检查

　　(1) 用万用表检测励磁绕组是否短路、断路。如果阻值低于标准值,则说明励磁绕组短路;如果阻值为无穷大,则说明励磁绕组断路,如图 2-29 所示。

　　(2) 用万用表检测集电环与转子轴之间的阻值,两者绝缘,阻值应无穷大,如果阻值很低,说明励磁绕组搭铁,如图 2-30 所示。

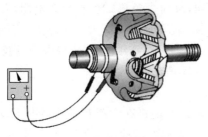 

图 2-29　用万用表检测励磁绕组的短路或断路　　　图 2-30　用万用表检测励磁绕组是否搭铁

　　无论励磁绕组是短路、断路还是搭铁,都必须更换转子。但是,更换转子的费用与更换发电机的费用接近,所以一般情况下,当励磁绕组需要更换时,就可以直接更换发电机总成。

3. 定子检查

用万用表检测定子绕组是否断路和搭铁。

　　(1)检测断路:每次任取两个首端,测量 3 次,如图 2-31 所示,每次阻值都应小于 0.5Ω;若阻值无穷大,为励磁绕组断路,需更换定子总成。

　　(2)检测搭铁:测量 3 次,阻值均应为无穷大,否则说明定子绕组搭铁,需更换定子总成,如图 2-32 所示。

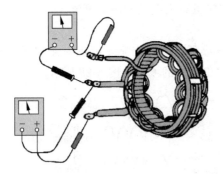 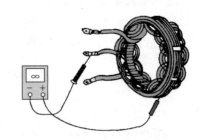

图 2-31　用万用表检测定子绕组是否断路　　　图 2-32　用万用表检测定子绕组是否搭铁

4. 二极管检查

　　用万用表两个表笔分别接到二极管的引线与壳体上,检测二极管的正向与反向电阻,如图 2-33 所示。正向电阻一般在几十欧姆以内,反向电阻理论值为无穷大,实测值应大于

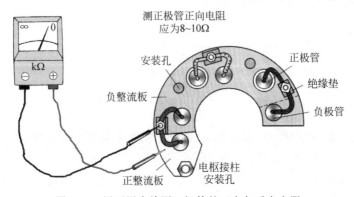

图 2-33　用万用表检测二极管的正向与反向电阻

$10k\Omega$。若正、反向电阻均为 0，说明二极管短路；若正、反向电阻均为无穷大，说明二极管断路。

四、发电机充电指示灯的控制电路

汽车仪表上均装有充电指示灯，如图 2-34 奥迪、红旗轿车的交流发电机电路图中灯泡 4 所示，用来监测蓄电池充电系统的工作情况。正常情况下，当接通点火开关时，充电指示灯亮，表明蓄电池对外放电；当发动机起动后，交流发电机正常工作时，充电指示灯熄灭，表明发电机输出电压高于蓄电池端电压。

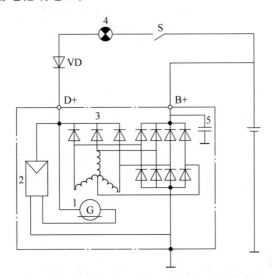

图 2-34　奥迪、红旗轿车的交流发电机电路图

因此，当接通点火开关时，充电指示灯没有熄灭；当发动机正常工作时，充电指示灯突然发亮，则表示充电系统有故障。

一般充电系统的故障可能出现在充电指示灯电路、电压调节器或发电机本身，常见以下几种现象：

(1) 发动机起动后，充电指示灯仍亮。

说明蓄电池仍对外放电，发电机没有正常工作，或输出电压过低。

(2) 发动机起动后，充电指示灯亮，发动机高速运行时，充电指示灯熄灭。

这种情况说明发电机发电量过低。通常先检查发电机传动带有无松滑现象；再将发电机拆下，解体检查是否存在电刷接触不良、整流器中的个别二极管损坏、定子中的三相绕组或转子中的励磁绕组局部短路等问题。

(3) 汽车运行时，经常烧灯泡、熔丝及各种开关等电器设备。说明发电机发电量过高，一般是电压调节器有故障，可直接更换电压调节器。

(4) 打开点火开关，充电指示灯不亮，一般为充电指示灯电路问题。

(5) 汽车运行时，发电机或传动带有异响，通常为发电机轴承或传动带故障。

案例分析

大学生节能汽车竞赛

问题思考：一辆汽车如果没有发电机，能不能正常行驶呢？

第一章介绍蓄电池的储备容量时提到过，当汽车发电机不能正常工作时，蓄电池可以短时间为车辆所有用电设备供电，维持车辆行驶一段时间。在曾经举办的大学生节能汽车竞赛中，就有参赛队的同学们将这一现象发挥到了极致。

大学生节能汽车竞赛内容为由高校组赛车队独自设计制作一辆低油耗节能车，挑战 1L 汽油所能行驶的最大里程。要求所有参赛车辆搭载统一的发动机，加入给定的油量，在规定的时间内跑完既定赛程，最省油者获胜。参赛车辆的车身和底盘等靠团队自己设计，展现创意，每支参赛团队带来的都是世界上独一无二的汽车，参与这种竞赛不仅可以感受到"创造"与"交流"的乐趣，还可以体会到"低油耗就是环保"的感受。竞技的简单性为每个人参赛提供了可能，人们可在大赛过程中学习、体验创意和创造带来的乐趣。大赛的主题是节能，符合现代汽车的发展趋势。

为了挑战节油的极限，所有参赛队都从整车质量、车身空气动力学、发动机改造和传动系统效率提升等方面去完善赛车设计，当然，还需要培训身轻技高的优秀车手，图 2-35 为温州大学机电工程学院汽车服务工程专业学生的作品。

图 2-35 节能赛车图例

在发动机及相关电器电路的多年实践中，车队队员们进行过高能双火花塞点火，燃油喷射系统替代化油器，增加电磁离合器改善起动效率，增设怠速起停系统，拆除发电机、外置机油泵、外置电子水泵等一系列的尝试。

以拆除发电机为例，车辆运行时，发电机旋转部件会消耗一定量的曲轴动能，在节能竞技赛事过程中，需要发电机供电的用电设备较少，也可以不给蓄电池充电，为最大限度地减少燃油消耗，降低能量损失，可以拆除原发动机中发电机和变速机构等一系列的旋转零件，既减少了整车质量，又降低了旋转惯量。由发电机供电的用电设备在整个赛事过程中改由蓄电池供电。

曲轴带动的机械式转子机油泵，也属于旋转机构耗能元件，可以一并拆除，转而由外置的电动油泵替代，将发动机油底壳改装为干式油底壳，同时还需要对发动机润滑系统进行相应的改造,并注意处理好润滑系统的密封性,电路改造后的发动机如图 2-36 所示。

图 2-36　电路改造后的发动机

在大学生方程式汽车竞赛中,参赛车队大部分都受到耐久赛水温过高和发动机熄火后水温过高等问题的困扰,而加装的电子水泵不受发动机的起停影响,且水泵的转速可调节,有效解决了上述问题。方程式赛车发动机的改造中,拆除原发动机的机械水泵,换用电子水泵。原发动机机械水泵最大流量为 96L/min,可以选择 EWP115 型电子水泵,最大流量为 127L/min。通过电子水泵控制器控制水泵转速,冷起动时,水泵转速较低,使发动机迅速暖机;当水温达到 90℃时,水泵转速正常,同时风扇端输出低电平,使风扇继电器闭合,散热器风扇工作;当水温超过 100℃时,水泵流量达到最大流量,图 2-37 为电子水泵控制器的连接电路图,图 2-38 为外接水泵实物图。

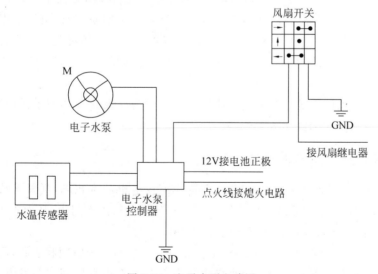

图 2-37　电子水泵电路图

图 2-38　外接水泵实物图

　　大学生学科竞赛的实践活动,培养了同学们的创新思维能力和分析、解决问题的能力,锻炼了团队合作和沟通交流的能力,加强了科学素养和求真务实的精神,也能使同学们更深层次地理解理论知识内涵,用辨证的思想去认识、分析问题,以适应现实需要和时代发展。

　　节能减排相关的科技竞赛活动更是提高了同学们的能源环境意识,树立了社会可持续发展理念,大学时期是同学们世界观的形成时期,这些行为活动和思想意识都将在一定程度上决定着大学生们未来学习和工作中的态度,贯穿始终。

第六节　新型汽车交流发电机

　　交流发电机的磁场绕组随转子轴旋转,为避免磁场绕组线圈缠绕在转子轴上,因此必须用电刷和集电环(或称滑环)将磁场电流引入磁场绕组。长期使用时,由于集电环与电刷会发生磨损或接触不良,而造成磁场电流不稳定或发电机故障;还可能导致火花和产生无线电磁干扰。通过新颖的结构设计或永磁材料的应用,可以开发出没有电刷和集电环的无刷交流发电机。

　　汽车中通过结构改进设计的无刷交流发电机可分为爪极式和感应子式两类,应用永磁材料可以设计成永磁式无刷交流发电机。

一、爪极式无刷交流发电机

　　爪极式无刷交流发电机的结构与前述有刷交流发电机基本相同,其显著特点是磁场绕组不随转子轴转动,因此磁场绕组两端引线可直接从发电机内部引出,从而省去集电环和电刷并形成无刷结构,而爪极在磁场绕组的外围旋转。

　　图 2-39 所示的剖面图展示了爪极式无刷交流发电机的结构原理和磁路,磁场绕组通过一个磁轭托架固定在后端盖上。两个爪极中只有一个 S 爪极直接固定在发电机转子轴上,

另一N爪极用非导磁材料焊接(如铜焊)或铆接固定在S爪极上,两个爪极与转子轴一起旋转。在N爪极的轴向制有一个大圆孔,磁轭托架由此圆孔伸入爪极的空腔内。在磁轭托架与爪极以及与转子磁轭之间均需留出附加间隙g_1、g_2以便转子转动,励磁绕组因固定在磁轭托架上而固定不动。

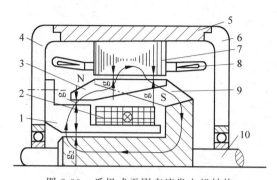

图 2-39 爪极式无刷交流发电机结构

1—磁轭托架;2—磁场绕组;3—N爪极;4—后端盖;5—壳体;6—前端盖;

7—定子铁芯;8—定子绕组;9—S爪极;10—转子轴

当磁场绕组接通直流电流时,其主磁通路径由转子磁轭出发,经附加间隙g_2→磁轭托架→附加间隙g_1→左边爪极的磁极N→主气隙g→定子铁芯→主气隙g→右边爪极的磁极S→转子磁轭,形成闭合回路。由此可见爪极磁极的磁通是单向通道,即左边爪极的磁极全是N极,右边爪极的磁极全是S极,或者相反。

因为无刷交流发电机的磁场绕组静止不动,转子上的爪极在磁场绕组与定子铁芯之间旋转,所以在转子旋转时磁力线便交替穿过定子铁芯,定子槽中的三相绕组就会感应产生交变电动势形成三相交流电。

由于汽车发电机转速最高可达18000r/min,因此连接两块爪极的制造工艺要求高、焊接困难。此外,由于主磁通路径中增加了两个附加间隙,因此在相同的结构参数下,其输出功率低于有刷交流发电机。

二、感应子式无刷交流发电机

1. 结构

感应子式无刷交流发电机将励磁绕组和定子绕组都安装在定子上,如图2-40所示。

(1)转子:由凸齿状冲片铆成,通过前、后端盖支承在定子中间。

(2)定子:由内圆带槽的硅钢片叠成的铁芯、定子绕组和励磁绕组组成。定子铁芯开有12个小槽和4个大槽,4个大槽将12个小槽等分成4个部分。4个大槽中装有4组励磁绕组,采用串联连接。12个小槽和4个大槽中装有定子绕组,它们由两根高强度漆包线并绕,16个定子绕组(12小4大)串联连接。

2. 原理

当励磁绕组中有电流通过时,其周围产生磁场,使转子凸齿磁化,磁力线的方向与凸齿的极性如图2-40中箭头方向所示。转子的凸齿没有固定的极性,只与所处的位置有关。当凸齿处于图中右上角和左下角时为N极,而处于左上角和右下角时为S极。

发电机工作时,转子不断旋转,凸齿的极性以及定子绕组周围的磁场不断变化,则会使

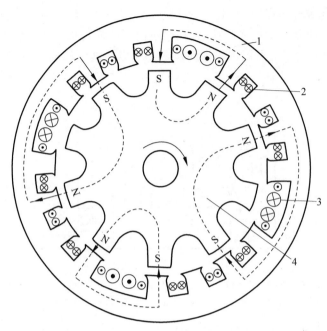

图 2-40　感应子式无刷交流发电机结构

1—定子铁芯；2—电枢绕组；3—励磁绕组；4—转子

定子绕组中感应出大小和方向不断变化的感应电动势，电动势的方向总是与磁场变化的方向相反。

　　感应子式无刷交流发电机虽然在去除电刷的结构设计上有所创新，但其体积大、笨重、效率较低，实际应用范围有限，主要应用于通信装置的中频发电机中。

三、永磁无刷交流发电机

　　永磁无刷交流发电机采用永磁材料作为转子，没有电励磁绕组和碳刷集电环结构。因此，设计结构简单，同时其低速供电性能好，效率高。永磁发电机的转子可以摒弃爪极式结构，而采用切向或径向励磁方式，图 2-41 所示为一种中空的径向励磁式转子结构，将软铁极靴装在永磁体端面，中空结构可改善发电机的通风冷却状况。

图 2-41　永磁无刷交流发电机转子结构

　　永磁材料，又称"硬磁材料"，该材料一经磁化即能保持恒定的磁性。常用的永磁材料分为铁氧体永磁材料、稀土永磁材料（钕铁硼）和复合永磁材料等。

　　永磁式发电机没有励磁转子线圈，不能采用常规的电压调节器来实现稳压，通常采用整流稳压电路，当发电机输出电压过高时，关闭整流可控硅的触发电路，使发电机绕组断路，降低发电机的输出电压。由于电压调节及成本的原因，在现有的发动机中，较少采用永磁式发电机。

课程思政

科技创新是引领高质量发展的第一动力,是提升国家核心竞争力的必由之路。

科技创新是原创性科学研究和技术创新的总称,是指创造和应用新知识和新技术、新工艺,采用新的生产方式和经营管理模式,开发新产品,提高产品质量,提供新服务的过程,它包括知识创新、技术创新和管理创新。

电与磁的基本理论,以及电动机或发电机的发明都属于原创性的研究,它们孕育了一个崭新的科技时代,开创了新的工业革命。

在当前人类社会具有一定的科技基础环境下,科技创新更多地表现为局部的技术进步。例如,在交流发电机工作原理的基础上,人们探索现有的技术问题,从励磁方式、励磁材料和励磁电路方面不断地创新和改进,形成了一个个不同形式的新型发电机。如今的永磁电机,虽然在汽车交流发电机中由于电压调节等问题并没有普及,但永磁电机取消了励磁线圈和励磁电流,结构紧凑效率高,节能效果好,得到了越来越广泛的应用。

尼古拉·特斯拉是一位塞尔维亚裔美籍物理学家、发明家和机械工程师,见图 2-42。他曾独自取得了 700 多项发明专利,被认为是电力商业化的重要推动者,交流感应电机模型以及交流发电机电力系统的整流器等都是特斯拉最早提出的。

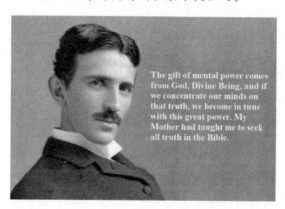

图 2-42 尼古拉·特斯拉

特斯拉在格拉茨理工大学学习电机工程,当时的电机还是有刷直流电机,有刷电机的电刷与励磁线圈接触从而产生耀眼的火花,这种机械式的电流切换器始终伴随着火花的产生。当时,最权威的科学家也认为要发明没有机械接触的电机是不可能实现的。

特斯拉在爱迪生公司重新设计了直流电机,并提出了感应电机模型,最终以交流电产生旋转磁场,彻底摆脱了机械接触电刷的负面影响。

从直流电机到交流电机,从两相到三相磁场,从励磁到永磁,每一项革新都离不开科技工作者们不懈的努力和顽强拼搏、艰苦奋斗的工匠精神。如今,新能源汽车驱动电机正在向小型化、集成化、高效化、智能化的方向发展,亟待新一代的科技工作者和青年学者们继续坚持发扬斗争精神,埋头苦干、担当作为,实现中国汽车工业在新能源赛道上的弯道超车。

交流电机
发展历程

习　题

一、判断题

1. 交流发电机由转子、定子、整流器、端盖与电刷总成等部分组成。　　　　（　　）

2. 交流发电机的输出电流是随汽车发动机转速变化而变化的。　　　　　　（　　）

3. 晶体管电压调节器是利用晶体管的放大作用来控制发电机的励磁电流，从而使发电电压保持恒定。　　　　　　　　　　　　　　　　　　　　　　　　（　　）

4. 发电机的转速通常低于发动机的转速。　　　　　　　　　　　　　　　（　　）

5. 汽车电源系统的充电指示灯灭，表示发电机故障而不能发电。　　　　　（　　）

二、单项选择题

1. 交流发电机输出电流是随着汽车（　　）的变化而变化的。

　　A. 车速　　　　　　　　　　　　　　B. 发动机转速

　　C. 蓄电池电压　　　　　　　　　　　D. 用电设备

2. 硅整流发电机中性点的电压为直流输出电压的（　　）。

　　A. $\dfrac{1}{2}$　　　　　B. $\dfrac{1}{3}$　　　　　C. $\dfrac{1}{5}$　　　　　D. $\dfrac{1}{6}$

3. 交流发电机中防止蓄电池的反向电流的零部件为（　　）。

　　A. 电刷　　　　　　　　　　　　　　B. 电压调节器

　　C. 逆流截断器　　　　　　　　　　　D. 整流器

4. 如果蓄电池的正、负极电缆接反，发电系统的（　　）将会损坏。

　　A. 电压调节器　　　　　　　　　　　B. 电刷

　　C. 整流器　　　　　　　　　　　　　D. 定子绕组

5. 如果某发电机不发电，以下选项中不正确的是（　　）。

　　A. 整流器中的一个二极管损坏　　　　B. 定子绕组有接地处

　　C. 集成电路电压调节器损坏　　　　　D. 电刷连接导线在焊接处断裂

第三章　起动系统与驱动电机

学习目标

1. 能够识别和描述汽车起动系统的结构组成、工作原理和过程；能够分析起动控制电路原理图；

2. 能够解释说明汽车起动电机的主要性能参数，包括输出转矩 T、起动电流、功率 P 和转速 n，分析影响起动电机性能的因素；

3. 能够对比说明减速式起动机、永磁起动机的结构及特点；

4. 能够掌握常规的起动系统故障检测方法；

5. 能够阐述现代汽车起停系统的概念、三种典型的起停方式和常见的起停控制策略；

6. 能够理解和阐述交流感应电机、永磁同步电机的结构组成、工作原理和过程；能够对比分析这两类驱动电机的特点。

汽车发动机从静止状态到工作状态的变化，必须依靠外力驱动发动机曲轴转动，直至其怠速运转，这一过程称为发动机的起动过程。起动机的作用是将蓄电池的电能转变为机械能，带动发动机曲轴旋转，使发动机起动；发动机起动后，起动机立即停止工作。

现代汽车起动系统通常采用电力起动，相比于机械起动，电力起动方式简单可靠、操纵方便，且便于远距离控制。起动系统一般由起动机、起动继电器、起动开关、蓄电池等组成，起动机安装在汽车发动机飞轮前端的座孔上，如图 3-1 所示。

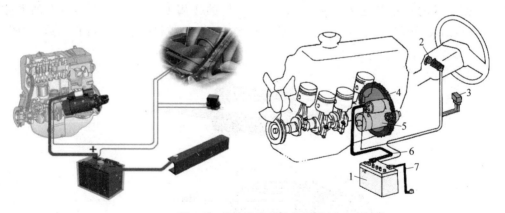

图 3-1　起动系统的结构组成

1—蓄电池；2—点火开关；3—起动继电器；4—飞轮；5—起动机；6—起动机电缆；7—接地电缆

起动开关和起动继电器组成起动机的控制电路，用于控制起动机适时转动或停止。起动继电器还起到保护起动开关的作用，汽车起动开关通常与点火开关安装在一起，形成复合式开关，通常简称点火开关。

第一节　起动机的结构组成

汽车的起动机由直流电机、传动机构和电磁控制开关三部分组成,图 3-2 所示为起动机的结构外形图片及结构模型解剖图。

图 3-2　起动机的结构组成

直流电机将蓄电池提供的电能转变为机械能,产生转矩。电磁开关是一个控制装置,用来接通和切断电机与蓄电池之间的电路。电机的转矩通过传动机构的驱动小齿轮与发动机飞轮齿圈啮合,驱动发动机。起动后,驱动小齿轮在自动打滑状态下脱离飞轮齿圈。

一、直流电机

直流电机主要由电枢总成、磁极、端盖、机壳、电刷及电刷架等部件组成。

1. 电枢总成

电枢总成的作用是通入电流后,在磁极磁场的作用下产生一个方向不变的电磁转矩,是电机的转子部分。电枢总成由电枢绕组、铁芯、换向器和电枢轴等部件组成,如图 3-3 所示。

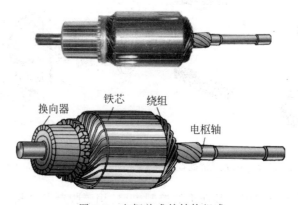

换向器　铁芯　绕组　电枢轴

图 3-3　电枢总成的结构组成

(1) 电枢绕组。为了得到较大的转矩,其电枢电流很大(一般汽油机为 200～600A,柴油机可达 1000A),因此电枢绕组都是用较粗的矩形截面的裸铜线绕制而成。为了防止铜线绕组之间短路,在铜线与铁芯之间、铜线与铜线之间用绝缘材料隔开。

(2)铁芯。电枢铁芯用多片内外圆均带槽、表面绝缘的硅钢片叠成,通过内圆花键槽固定在电枢轴上,如图 3-4 所示。外圆槽内绕有电枢绕组,各绕组的端子焊接在换向器铜片上。

图 3-4　电枢铁芯及绕组

1,2—铁芯叠片;3—换向器;4,7—转子轴;5—铁芯;6—线圈绕组

(3)换向器。换向器的作用是连接励磁绕组、电枢绕组和电源,保证电枢产生的电磁力矩方向不变。换向器由铜片和云母片相间叠压而成,压装于电枢轴的一端,云母片使铜片间、铜片与电枢轴之间均绝缘。换向器的铜片比较厚,换向片与电枢绕组线头的连接采用夹固加焊方式。换向器通过电刷来连接励磁绕组与电枢绕组,其结构如图 3-5 所示。

(4)电枢轴。电枢轴用于固定安装电枢铁芯及换向器,还伸出一定长度的花键部分,以便安装传动机构的单向离合器。

2. 磁极

磁极的作用是在电机内形成电磁场,是电机的定子部分。按照磁极的结构形式,电机分为励磁式和永磁式两种。励磁式电机的磁极由铁芯和励磁绕组构成,如图 3-6 所示。汽车用起动机一般采用 4 个磁极,4 个励磁绕组所产生的磁场是相互交错的。为增大起动及电磁转矩,有的大功率起动机采用 6 个磁极。

图 3-5　换向器铜片与电枢绕组的连接

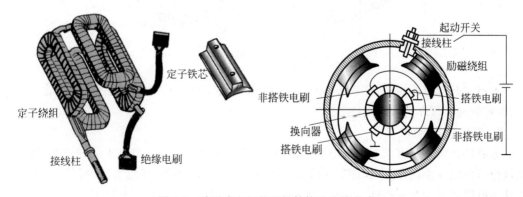

图 3-6　励磁式电机的磁极结构及连线方式

　　为满足起动大电流,励磁绕组为矩形截面的铜条,外包绝缘层。励磁绕组一端接在外壳的绝缘接线柱上,另一端与两个非搭铁电刷相连。励磁绕组与电枢绕组成串励式结构,当起动开关接通时,起动电机的电路为:蓄电池正极→起动开关→绝缘接线柱→励磁绕组→绝缘电刷→电枢绕组→搭铁电刷→蓄电池负极。

　　以 4 个磁极的结构为例,当励磁绕组通入励磁电流时,相邻磁极的极性依次为 N 极和 S 极,电机磁路结构对称,每对磁极的磁场是相同的,所形成的交互磁路如图 3-7 所示。

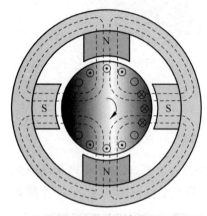

　　由图 3-7 可以看出,由 N 极出来的磁通,大部分经过气隙进入电枢齿部,再经过电枢磁轭到另一极下的电枢齿,又通过气隙进入 S 极,再经过定子磁轭回到原来出发的 N 极,构成闭合磁路,在气隙中形成气隙磁场。这部分磁通同时匝链励磁绕组和电枢绕组,称为主磁通,用 Φ_0 表示。此外还有一小部分磁通不进入电枢绕组而直接经过相邻的磁极或者定子磁轭形成闭合磁路,仅与励磁绕组匝链,称为漏磁通,用 Φ_σ 表示。由于主磁通经过的磁路中气隙较小、磁导率较大,漏磁通经过的磁路中气隙较大、磁导率较小,而作用在这两条磁路的磁动势是相同的,所以漏磁通比主磁通小得多。

图 3-7　起动机磁极所产生的交互磁路

　　当直流电机带负载时,电枢绕组中有电流通过,该电流也会产生磁场,称之为电枢磁场。它与主磁场相互作用,会使空载磁场波形扭曲。电枢磁场对主磁场的影响称为电枢反应。

　　现代汽车通常采用永磁式起动机,它的磁极是永磁铁,以 4 个或 6 个永久磁铁替代了传统起动机中的励磁绕组,其他的结构,包括电刷与换向器基本保持不变,如图 3-8 所示。由于去除了励磁绕组,减少了电路中的电感和电阻,可以降低起动时的损耗和磁滞。

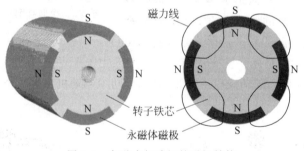

图 3-8　永磁式起动机的磁极结构

　　永磁式起动机质量轻、体积小,电机功率不大,但起动转矩较大,再配合行星齿轮减速机构,能较好地实现车辆起动功能。

3. 电刷及电刷架

　　电刷的作用是将直流电引入电枢绕组,使电枢产生连续转动。电刷安装在电刷架中,并通过弹簧压紧在换向器上,如图 3-9 所示。电刷由铜与石墨粉压制而成,呈红棕色,加入铜可减小电阻并增加其耐磨性,电刷一般含铜 $80\%\sim90\%$,含石墨 $10\%\sim20\%$。

电刷架上装有弹力较大的盘形弹簧,与发电机电刷的弹簧不同。正极刷架与端盖绝缘,负极刷架直接搭铁。

图 3-9　电刷架及电刷

4. 轴承、端盖与机壳

起动机有前、后两个端盖,前端盖用钢板压制,内装电刷架;后端盖用灰铸铁铸成,内装电机传动机构。整机由两个长螺栓与电机壳体固定在一起,机壳构成导磁回路。

起动机轴承安装于前后端盖上,由于电枢转速高,常用滚柱轴承或滚珠轴承。

二、起动机的传动机构

汽车发动机对起动机传动机构的要求为:

(1) 起动机的驱动齿轮与发动机的飞轮齿圈啮合时要平稳,不能发生冲击现象。

(2) 由于起动机的驱动齿轮与发动机的飞轮齿圈速比很大(一般大于 15),因此发动机起动后,驱动齿轮应能自动打滑或脱离啮合。

(3) 起动机是由点火开关控制的,当发动机工作时,要防止点火开关误操作,使起动机的驱动齿轮再次与发动机的飞轮齿圈啮合,导致起动机与发动机的飞轮齿圈的损坏。

起动机的传动机构主要包括单向离合器和拨叉两部分,减速式起动机还包括减速机构。单向离合器的外壳与起动机驱动小齿轮固定连接在一起,单向离合器的作用是传递电枢转矩给发动机飞轮,同时又能在起动后自动打滑,防止发动机飞轮带动起动机电枢高速旋转而损坏。拨叉的作用是在控制开关的电磁力和弹簧作用下,推动单向离合器和驱动小齿轮作轴向移动,使驱动小齿轮与飞轮齿圈适时啮合或脱离,如图 3-10 所示。

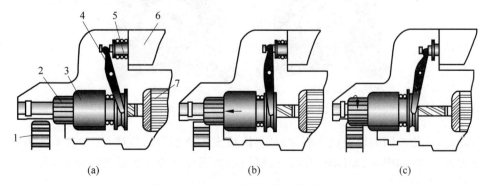

图 3-10　起动机传动机构工作示意图

(a) 起动机静止状态;(b) 驱动小齿轮与飞轮齿圈正在啮合;(c) 完全啮合

1—飞轮;2—驱动小齿轮;3—单向离合器;4—拨叉;5—活动铁芯;6—电磁开关;7—电枢

起动时的啮合过程分以下三步：

（1）在电磁控制开关的作用下，驱动齿轮与飞轮齿圈进入啮合，当二者完全啮合后，电机主电路接通，电枢轴开始带动发动机曲轴旋转。

（2）发动机起动瞬间，驱动齿轮与飞轮齿圈仍处于啮合状态，单向离合器打滑，驱动齿轮在飞轮的带动下空转。

（3）起动结束后，在电磁开关的作用下，由拨叉推动驱动齿轮与发动机飞轮齿圈脱离啮合。

1. 起动机单向离合器

现代汽车上常用的单向离合器有滚柱式、摩擦片式和扭簧式三种。

（1）滚柱式单向离合器

滚柱式单向离合器又分为十字块式、十字槽式两种，两者原理相似，结构如图 3-11 所示。

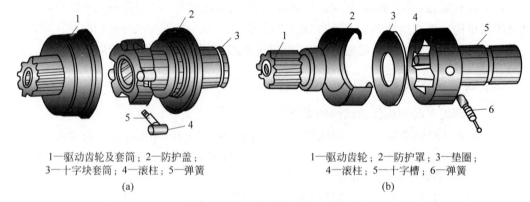

1—驱动齿轮及套筒；2—防护盖；
3—十字块套筒；4—滚柱；5—弹簧
(a)

1—驱动齿轮；2—防护罩；3—垫圈；
4—滚柱；5—十字槽；6—弹簧
(b)

图 3-11　滚柱式单向离合器结构
(a) 十字块式；(b) 十字槽式

起动时，滚柱由于惯性向楔形槽的窄槽部分移动，滚柱将单向离合器外壳与电枢轴挤紧，电机电枢轴通过驱动齿轮带动发动机飞轮转动，使发动机起动，如图 3-12 左图所示。

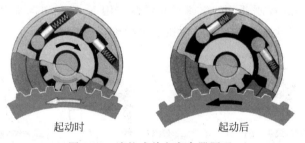

起动时　　　　　　　起动后
图 3-12　滚柱式单向离合器原理

起动后，飞轮齿圈的转速高于驱动齿轮，滚柱滚入楔形槽的宽槽的一侧，单向离合器外壳与电枢轴打滑，如图 3-12 右图所示。这样转矩就不能从驱动齿轮传给电枢，从而防止了电枢超速飞散的危险。

滚柱式单向离合器结构简单紧凑，在中、小功率的起动机上被广泛应用。但在传递较大转矩时，滚柱易变形卡死，造成单向离合器分离不彻底，因此滚柱式单向离合器不适用于功率较大的起动机上。

（2）摩擦片式单向离合器

大功率的起动机上多采用摩擦片式单向离合器，它是通过内接合鼓的旋动，使摩擦片压紧和放松来实现离合的，其内部结构相对复杂，如图3-13所示。

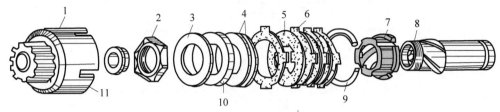

图 3-13　摩擦片式单向离合器结构

1—外接合鼓；2—调整螺母；3—弹性圈；4—调整垫片；5—主动片；6—从动片；
7—内接合鼓；8—螺旋花键套筒；9—卡簧；10—压环；11—止推套筒

通过增减调整垫圈的数量，可以调节起动机的最大输出转矩。但是在使用过程中，摩擦片磨损后，传递的转矩将会下降，因此需要经常调整，维护麻烦。

（3）扭簧式单向离合器

扭簧式单向离合器由驱动齿轮、扭力弹簧、螺旋花键套筒等组成，如图3-14所示。它是通过扭力弹簧的径向收缩和放松来实现接合与分离的。

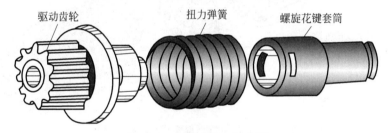

驱动齿轮　　　扭力弹簧　　　螺旋花键套筒

图 3-14　扭簧式单向离合器

扭簧式单向离合器结构简单、成本低、寿命长，并可传递较大的转矩。但因扭力弹簧轴向尺寸较大，故一般只用在中大型起动机上。

2. 起动机减速机构

减速式起动机在起动机电枢和驱动齿轮之间增加了一套减速齿轮，一般减速比为3～5，因此可将起动机的工作转速设计得较高，然后通过减速机构使驱动齿轮的转速降低并使转矩增加。减速式起动机通常采用15000～20000r/min的小型高转速电机，使起动机在保持相同功率的情况下，质量减少35%，总长度缩短约30%。通过减速机构增加转矩，不仅提高了起动性能，而且减少了起动电流，使蓄电池的负载减轻。

减速机构采用齿轮传动，有外啮合式、内啮合式和行星齿轮啮合式，如图3-15所示。外啮合式减速起动机的传动效率高，但传动比较小，广泛应用于小功率的起动机上；内啮合式减速起动机的传动效率高、传动比较大，但噪声大；行星齿轮啮合式减速起动机结构紧凑、传动比大、效率高，目前在轿车领域应用广泛。

行星齿轮啮合式减速机构由太阳轮、三个行星齿轮、内齿圈组成。太阳轮装在电枢轴

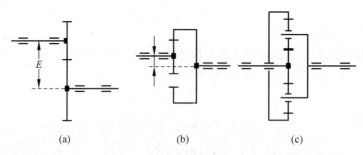

图 3-15　起动机减速机构

(a) 外啮合式；(b) 内啮合式；(c) 行星齿轮啮合式

上，3 个行星齿轮装在行星齿轮支架上，内齿圈固定不动，如图 3-16 所示。当电枢旋转时，动力传递路线为：电枢轴(太阳轮)→行星齿轮及支架(与输出轴一体)→滚柱式单向离合器→驱动齿轮→飞轮。

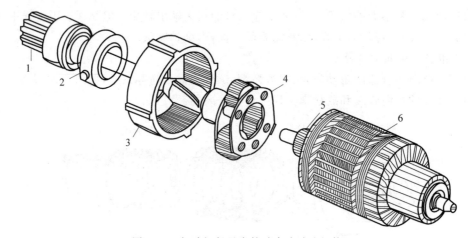

图 3-16　起动机行星齿轮啮合式减速机构

1—驱动齿轮；2—输出轴；3—内齿圈；4—行星齿轮及支架；5—电枢轴(太阳轮)；6—电枢

　　行星齿轮啮合式减速机构减速比的计算，与内外啮合式齿轮的方式略有不同。以德国博世公司生产的一款永磁减速式起动机为例，太阳轮压装在电枢轴上，为主动齿轮，并保持与 3 个行星齿轮同时啮合，其齿数 $Z_e = 11$。内齿圈齿数 $Z_s = 37$，3 个行星齿轮在内齿圈上滚动。其减速比为

$$j = 1 + \frac{Z_s}{Z_e} = 1 + \frac{37}{11} \approx 4.36 \qquad (3\text{-}1)$$

图 3-17　起动机电磁控制开关

三、电磁控制开关

　　起动机电磁控制开关主要由吸引线圈、保持线圈、活动铁芯、接触盘等组成，如图 3-17 所示，其主要功能如下：

　　(1) 控制起动机驱动齿轮与发动机飞轮齿圈啮合或脱离；

（2）控制起动机主电路接合或断开。

吸引线圈与电机串联，保持线圈与电机并联，如图 3-18 所示。起动时，接通起动开关，电磁开关接线柱接通电源，吸引线圈和保持线圈同时通电，两线圈产生的相互吸引的电磁力，使活动铁芯克服回位弹簧的弹力而左移，带动拨叉将驱动齿轮推向飞轮齿圈；与此同时，活动铁芯推动接触盘左移，电流经吸引线圈接通电机电路，使电机缓慢运转。驱动齿轮的平移和缓慢旋转运动同时进行，有效地保证了驱动齿轮与发动机飞轮齿圈平稳啮合。

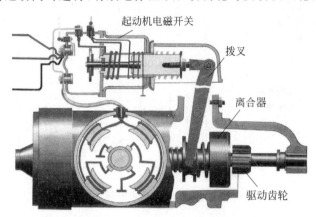

图 3-18　起动机机电一体式原理图

当活动铁芯移动至最左端，拨叉已经推动驱动齿轮与飞轮齿圈完全啮合，接触盘使起动机蓄电池接线柱接通，起动大电流流经电机电枢，产生较大的转矩，驱动飞轮旋转。此时，吸引线圈被接触盘短路，但保持线圈仍然通电，所产生的电磁力使活动铁芯保持在移动的位置。

发动机起动后，松开起动开关瞬间，接触盘还未回位，电源通过接触盘使电磁开关两线圈仍然通电，但此时吸引线圈所产生的磁力与保持线圈的磁力互相抵消，活动铁芯在回位弹簧的作用下退回，使驱动齿轮和接触盘退回原处，电机断电停止工作。

四、具有驱动保护功能的起动电路

起动机的驱动保护作用主要有以下两个方面：

（1）起动时，发动机起动就使起动机立刻停止工作，以避免起动机高速空转而造成起动机传动装置磨损加剧以及减少蓄电池的电能消耗。

（2）发动机工作时，防止起动机工作。在发动机工作时，即使接通起动开关，起动机也不应工作，防止因误接通起动开关而使起动机驱动齿轮与发动机飞轮齿圈发生碰撞，造成驱动齿轮和飞轮齿圈的损害。

组合继电器控制的起动机驱动保护电路和自动变速器车辆上的空挡起动开关都能有效地实现上述功能，在汽车上较为常见。

图 3-19 为组合继电器控制的起动系统电路，该起动机控制电路采用了由保护继电器和起动继电器组成的组合继电器，起动继电器触点 S_1（常开）串联在起动机电磁开关电路中，当 S_1 闭合时起动机电磁开关通电，起动机工作。

起动继电器线圈通过继电器常闭触点 S_2 搭铁，使保护继电器不仅可控制充电指示灯，

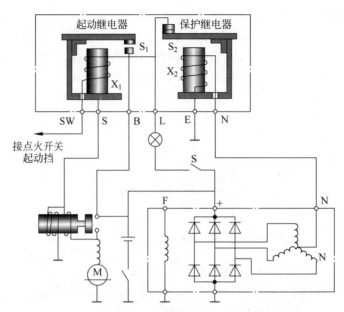

图 3-19   组合继电器控制的起动系统电路

同时还可控制起动继电器线圈的通断电。保护继电器线圈的通断电由发电机的中性点电压控制,当发电机正常发电时通电,保护继电器线圈产生的磁力可使其触点保持在断开状态,起动继电器线圈不通电,起动机无法工作,使起动系统具有驱动保护作用。

但是,如果充电系统有故障,导致发电机中性点电压过低,则起动组合继电器就起不到安全保护作用。

五、起动机的型号

根据中华人民共和国行业标准 QCT 73—1993《汽车电气设备产品型号编制方法》的规定,汽车起动机的型号组成如下:

| 1 | 2 | 3 | 4 | 5 |

第 1 部分表示产品代号,由汉语拼音字母表示,起动机的产品代号 QD、QDJ、QDY 分别表示起动机、减速起动机和永磁起动机。

第 2 部分表示电压等级代号,由阿拉伯数字表示,1 代表 12V,2 代表 24V。

第 3 部分表示功率等级代号,由阿拉伯数字表示,其含义见表 3-1。

表 3-1   起动机功率等级代号

功率等级代号	1	2	3	4	5	6	7	8	9
功率/kW	<1	1～2	2～3	3～4	4～5	5～6	6～7	7～8	>8

第 4 部分表示设计序号,由阿拉伯数字表示产品设计先后顺序。

第 5 部分表示变型代号,由大写字母表示。

例如,QD124 表示额定电压为 12V、功率为 1～2kW、第 4 次设计的普通型起动机。

QDJ262 表示减速式起动机,额定电压 24V、功率 5～6kW,第 2 次设计。

第二节　直流起动电机的工作原理与特性

一、直流电机的工作原理

直流电机是将直流电能转变为机械能并产生机械转矩的动力设备,它是根据带电导体在磁场中受到电磁力作用这一理论基础而制成的。

由电磁理论可知,将直导体置于磁场中,使其通过一定方向的电流时,直导体就会受到定向电磁力作用而运动,且运动方向与导体中电流方向和磁场方向有一定关系,可用左手定则判断,如图 3-20 所示。

如果将直导线做成一个线匝,并通上直流电时,则线匝两边在磁场中受到大小相等、方向相反的电磁力偶作用而转动,形成电磁转矩,其方向仍按左手定则判断。

根据通电线匝在磁场中将产生电磁转矩的理论,就可以制成实用的直流电机。其工作原理如图 3-21 所示。

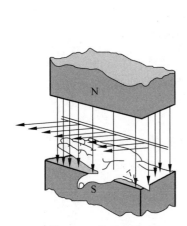

图 3-20　左手定则

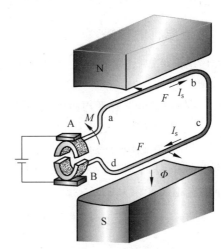

图 3-21　直流电机工作原理

将电机的电刷与直流电源相接后,电流由正电刷流入,由负电刷流出。此时绕组中的电流方向如图 3-21 所示,根据左手定则,此时转矩方向为逆时针。当电枢转过半周,正电刷接触换向片时,负电刷接触的是另一换向片,绕组中的电流方向虽改变,但因在 N 极和 S 极下导线中的电流方向仍保持不变,故电磁转矩方向也不改变,使电枢仍按原来的逆时针方向继续转动。换向器的作用就是当电枢绕组旋转半周(180°)时,改变线圈中电流方向,维持电磁转矩方向。

由于一个线圈所产生的转矩是有限的,且电枢转动不平稳。因此,实际上电机的电枢用多匝线圈绕组串联而成,换向片数也随线圈的增多而相应增加,磁极也设为两对或数对,这样可以减少电机中的转矩脉动。

从基本电磁理论来看,一台直流电机原则上既可以作为电动机运行,也可以作为发电机运行,只是约束的条件不同而已。在直流电机的两电刷端上,加上直流电压,将电能输入电枢,电枢旋转并以机械能形式从电机轴上输出,这就是直流电动机。

如果用原动机拖动直流电机的电枢旋转,而电刷上不加直流电压,机械能从电机轴上输入,直流电机的电枢在外力作用下,线圈切割磁力线产生感应电动势,借助电刷切换线圈中电流的方向,则可以从电刷端引出直流电动势作为直流电源,输出电能,电机将机械能转换成电能而成为发电机。

同一台电机,既可以作为电动机,也可以作为发电机运行的这种原理,在电机理论中称为可逆原理。

如果把电机的电磁转矩方向用一条数轴 T 表示(x 轴方向),数轴的正方向表示正的电磁转矩,反方向表示负的电磁转矩;把电机的运行速度方向用一条数轴 n 表示(y 轴方向),数轴的正方向表示正转的转速,反方向表示反转的转速,这样就构成了一个平面坐标系 Oxy 或 OTn。

当电机在正常驱动状态时,位于第 Ⅰ 象限(正转、电动);在发电(制动能量回收)状态运行时,位于第 Ⅱ 象限(正转、发电)。当电动汽车倒车时,驱动电机反转,输出转矩和转速皆是负值,位于第 Ⅲ 象限工作;当倒车且回馈制动时,转矩为正但转速为负,位于第 Ⅳ 象限。用四象限来描述电机运行状态,和用熟悉的正转、反转,电动、发电描述是一样的道理。

二、直流电机的转矩

由安培定律可知,作用在电枢上每根导线上的平均电磁力为

$$F = BIL \tag{3-2}$$

式中:B——每一磁极下的平均磁感应强度;

I——导体内流经的电流;

L——导体在磁场内的有效长度。

设电机中有 $2p$ 个磁极(p 为磁极对数),每个磁极的磁通为 Φ,电枢的直径为 D,则每一磁极下的电枢表面积为 $\pi DL/2p$。每一磁极下的平均磁感应强度则为

$$B = \frac{\Phi}{S} = \frac{\Phi}{\dfrac{\pi DL}{2p}} \tag{3-3}$$

因此,作用在电枢上的电磁转矩为

$$T = F \cdot \frac{D}{2} \cdot Z = BIL \cdot \frac{D}{2} \cdot Z = \frac{\Phi}{\dfrac{\pi DL}{2p}} \cdot I \cdot L \cdot \frac{D}{2} \cdot Z = \frac{pZ}{2\pi} \cdot I \cdot \Phi = C_m I \Phi \tag{3-4}$$

式中:Z——电枢导体匝数;

C_m——取决于电机的构造,为一常数,故称为电机常数。

由以上推导可知,直流电机电磁转矩的大小与电枢电流和磁极的磁通成正比。

三、直流电机转矩自动调节原理

直流电机接直流电源后,产生电磁转矩,使电枢旋转,但是,当电枢旋转时,由于电枢绕组又切割磁力线,则其中又产生了感应电动势,按右手定则判断,其方向恰与电枢电流方向相反,故称为反电动势。反电动势的大小与磁极的磁通和电枢转速成正比。

$$E_f = C_m n \Phi \tag{3-5}$$

式中：C_m——电机常数；

n——电枢转速；

Φ——磁极磁通。

反电动势 E_f 和外加于电枢上的终端电压 U 的大小都很重要。当正向电压 $U>E_f$ 时，电机作为电动机，电枢电流 I 是正向的。当正向电压 $U<E_f$ 时，电机作为发电机，电枢电流 I 是负向的。

当正向电压 $U>E_f$，电机作为电动机时，外加于电枢上的终端电压 U，一部分消耗在电枢电阻上，另一部分则用来平衡电动机的反电动势，由此可推导出电枢回路的电压平衡方程式：

$$U=E_f+IR \tag{3-6}$$

由式(3-4)，式(3-5)可知电枢电流为

$$I=\frac{U-E_f}{R}=\frac{U-C_mn\Phi}{R} \tag{3-7}$$

在直流电机刚接通电源的瞬间，电枢转速 n 为 0，电枢反电动势 E 也为 0。此时，电枢绕组中的电流达到最大值，电枢产生最大电磁转矩 T_{max}。如果此时的电磁转矩大于发动机的阻力矩，电枢就开始加速转动起来。随着电枢转速的上升，反电动势 E_f 增大，电枢电流下降，电磁转矩 T 也就随之下降，直至 T 与阻力矩相平衡。

当负荷增大时，转轴上阻力矩也增大，电枢转速降低，而使反电动势随之减小，电枢电流增大，所以电磁转矩也增大。直至电机的电磁转矩增加到与阻力矩相等为止。这时电机将在新的负载下以新的较低的转速平稳运转。

反之，当负荷减小时，电枢转速升高，反电动势增大，电枢电流减小，电磁转矩也减小，直至与阻力矩相等为止。这时电机将在较高的转速下平稳运转。

因此可见，当负载变化时，电机的转速、电流和转矩将会自动作相应变化，以满足负载的需要，这就是直流电机转矩自动调节的原理。

四、直流电机的工作特性

1. 转矩特性

电机电磁转矩随电枢电流变化的关系，称转矩特性，即 $T=f(I)$。直流串励式电机的励磁绕组与电枢绕组串联，故电枢电流与励磁电流相等。因此在磁路未饱和时，磁通 Φ 与电枢电流成正比，即

$$\Phi=C_1I \tag{3-8}$$

所以电机转矩为

$$T=C_m\Phi I=C_mC_1I^2 \tag{3-9}$$

由式(3-9)可知，直流串励式电动机的电磁转矩在磁路未饱和时，与电枢电流的平方成正比，只有在磁路饱和后，磁通几乎不变，电磁转矩才与电枢电流成线性关系，如图 3-22 所示。

在电枢电流相同的情况下，串励式电机的转矩比并励式电机的转矩大。特别在起动的瞬间，由于发动机的阻力

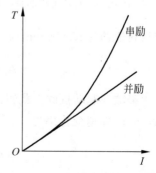

图 3-22　直流电机的转矩特性

矩很大,起动机处于完全制动的情况下,$n=0$,反电动势 $E_f=0$。此时电枢电流将达到最大值,称为制动电流,产生的最大转矩称为制动转矩,从而使发动机易于起动,这是串励式电机的一个重要特点,也是汽车起动机采用串励式电机的主要原因。

与串励式电机类似,永磁减速电机的转矩也随着电枢电流的增大而增大,它没有串励式电机在起动初期时转矩与电枢电流成平方关系的优势。但是,由于其减速机构传动比的作用,永磁减速起动机驱动小齿轮得到的转矩将是电机转矩的若干倍,故而能同样保证发动机的正常起动。

2. 转速特性

转速特性也称机械特性,表达了电机转速随转矩和电枢电流变化的关系。由式(3-7)可以推导出

$$n = \frac{U - IR}{C_e \Phi} \qquad (3\text{-}10)$$

电机转速 n 将随电枢电流 I 和磁通 Φ 的增加而显著下降。直流串励式电机具有软的机械特性,即轻载时转速高,重载时转速低,且转速变化较快,能保证发动机既安全又可靠地起动,这是汽车起动机采用直流串励式电机作为动力的又一重要原因。

励磁式直流电机运行时,励磁绕组绝对不可以断路,从式(3-10)可以看出,如果励磁电流为零,定子磁极的磁通 Φ 为零,当负载较小或空载时,电机转速迅速增大,甚至可能失控,造成"飞车"事故。因此,对于功率较大的直流串励式电机禁止在轻载或空载下运行。

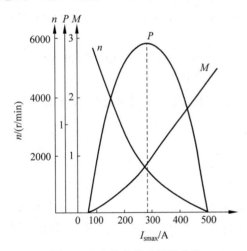

图 3-23 直流电机的特性曲线

永磁减速起动机中,电机磁通 Φ 主要由永磁材料建立的磁场和去磁的电枢反应共同组成。当负载增加、电枢电流增加时,转速趋于下降;而去磁的电枢反应使 Φ 减小,又使转速趋于上升,因此,当负载增加时,永磁减速起动机的转速变化减小,或者说,其速度特性较"硬",如图 3-23 中 n 线所示。

电机特性中的硬度是指转矩变化量与转速变化量的比值。比值越大,机械特性越硬,即相同转矩变化量下对应的转速变化量越小,电机运转越平稳。

以某直流串励式起动机和永磁减速起动机的起动转速对比试验为例,直流串励式起动机的空载转速约为8200r/min,起动发动机时,其工作点的转速约为 1650r/min,转速变化率为

$$\Delta n = \frac{n_0 - n_N}{n_0} \times 100\% \approx 79.88\% \qquad (3\text{-}11)$$

永磁减速起动机的空载转速约为 2900r/min,以同一负载试验,测得其起动时转速约为 1580r/min,转速变化率为

$$\Delta n = \frac{n_0 - n_N}{n_0} \times 100\% \approx 45.52\% \qquad (3\text{-}12)$$

永磁减速起动机的转速变化率远比直流串励式起动机的转速变化率小,虽然其空载转

速比传统起动机小,但仍能满足起动发动机的转速要求。

3. 功率特性

起动机功率与电枢电流的关系称为起动机的功率特性,即 $P = f(I)$。由材料力学中轴的扭转力矩公式可知

$$P = \frac{Mn}{9550} \tag{3-13}$$

起动初始时转速和输出功率为零,电流最大,转矩也最大,为制动转矩;空载时电流最小,但转速最大,为空载转速,输出功率也为零;只有当电枢电流接近制动电流一半时,输出功率最大。因此,直流电机的电磁功率和电枢电流的关系是一对称的抛物线,如图 3-23 中 P 线所示。

4. 影响起动机功率的因素

(1) 空载旋转损耗

空载旋转损耗是电机仅旋转转子而无外部负载的功率需求。与车辆本身一样,转子转动过程中存在机械损耗,这种机械损耗又分为摩擦损耗和风阻损耗。摩擦损耗主要取决于轴承,以及电刷和换向器的装配,而风阻损耗取决于转子旋转时的空气阻力。另外,还存在磁心损耗,包括磁滞损耗和涡流损耗。虽然这些损耗是转速、转矩和磁通的独立函数,但通常将损耗集中在一起,并将磁心损耗、摩擦损耗和风阻损耗 P 称为电机的空载损耗或者旋转损耗。

(2) 接触电阻和导线电阻

换向器烧蚀、污损、磨损;电刷磨损;蓄电池极桩与起动电缆、搭铁线搭铁、接触盘与主接线柱连接处电阻过大;起动电缆及搭铁线过长、过细,都会导致起动机功率下降。

(3) 蓄电池容量

蓄电池容量小则内阻大,电压降大,起动功率小。

(4) 环境温度

环境温度影响蓄电池容量和内阻,也会间接影响起动功率。

5. 起动机的功率和扭矩的参数选型

为了保证发动机顺利可靠地起动,起动系统必须克服发动机的起动阻力矩。发动机的起动阻力矩是指发动机在最低起动转速时的阻力矩,主要包括气缸压缩阻力矩、运动件的摩擦阻力矩和惯性阻力矩,且随着环境温度的降低,机油的黏稠度增加,发动机冷起动的阻力矩增大。

通常在环境温度为 0℃ 时,汽油发动机起动所需的功率可以由经验公式(3-14)进行估算:

$$P_q = (0.18 \sim 0.22)V \tag{3-14}$$

式中:V——发动机的工作容积 L。

发动机的起动阻力矩为

$$T_z = \frac{9550 P_q}{n_{min}} \tag{3-15}$$

式中:n_{min}——发动机的最低起动转速(r/min)。

为保障起动时气缸内混合气能顺利可靠地点燃,通常要求汽油发动机的最低起动转速

大于 50r/min。

起动机的输出转矩应不小于发动机的起动阻力矩,即

$$T \geqslant T_z \tag{3-16}$$

因此,所选择的起动机功率参数应满足

$$P \geqslant \frac{Tn_{\min}}{9550} \geqslant P_q \tag{3-17}$$

第三节　起动系统的正确使用及故障诊断

一、起动系统的正确使用

起动发动机时,蓄电池要给起动机提供很大的电流,汽油机需 200～600A,柴油机更高,起动机又是按短时间内输出大功率而设计制造的,为确保它能迅速、可靠、安全地起动发动机,并尽量延长使用寿命,在使用中必须注意以下事项。

(1)经常保持蓄电池处于充足电的状态,以减小起动机重复工作时间;同时,要定期检查并保持蓄电池、起动机、起动开关等连接牢固、接触良好。

(2)起动前应将变速器挂上空挡,起动的同时踩下离合器踏板,严禁挂挡起动。自动变速器通常利用空挡起动开关来保护起动电路,起动时挡位应置于 P 位或 N 位。

(3)发动机起动时,每次接通起动机的时间不得超过 5s,连续再次起动时应停歇 10～15s,连续起动不超过 3 次。因为起动机使用的电机是按短时间工作制设计的,起动时,起动机的电机工作在最大功率状态,如果时间过长,就会导致其温度过高而容易损坏。如果连续 3 次均没有正常起动,应在检查起动系统是否有故障的情况下,停歇 5min 以上再起动。

(4)发动机起动后,应立即松开点火开关,使驱动齿轮及时退出,以减少单向离合器的磨损。严禁在发动机旋转时使用起动机。

(5)发动机起动后,如果起动机不能停转,应立即关闭电源总开关或拆开蓄电池搭铁线。

二、起动机的性能试验

为确保起动机的正常使用,对于新出厂或修复后的起动机,需要进行空转试验和制动性能试验。根据中华人民共和国汽车行业标准 QC/T 29064—1992《汽车用起动机技术条件》规定,起动机的性能试验应在专用试验台上进行。试验之前,先将蓄电池充足电。

1. 空载性能试验

空载试验又称为空转试验,试验电路及台架如图 3-24 所示,空转试验时,起动机不带任何负荷。

试验时接通开关 S,起动机应转速均匀、无异响,换向器无火花,试验时间不得超过 1min。待电机运转稳定后,测量起动机空载时所消耗的电流、电压和转速等指标,应当符合标准规定。

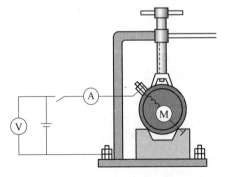

图 3-24　起动机空载性能试验台架及电路

若电流和转速均低于标准值,则说明起动电路

接触不良或蓄电池电量不足。如果蓄电池电量充足,则可能是电机电刷与换向器接触不良或电刷弹簧压力不足。

2. 制动性能试验

制动试验又称为扭矩试验,是一种锁止起动机驱动齿轮,接通电枢电流使其输出转矩的试验,试验电路及台架如图 3-25 所示。

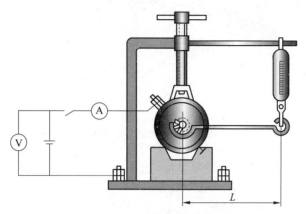

图 3-25　起动机制动性能试验台架及电路

试验时,将起动机固定在专用试验台上,给驱动齿轮加上负载,接通开关 S,测量电源电压、起动机电流和输出转矩等指标,应当符合标准规定。由于起动机工作电流较大,因此制动试验应在 2～5s 内完成,以防烧坏线圈。

起动机在使用过程中,进行制动性能试验的主要目的是检查起动机有无电气故障。如果制动转矩小、电流大,说明励磁绕组或电枢绕组有匝间短路或搭铁故障,导致产生转矩的有效线圈减少。

如果转矩和电流都小于标准值,说明主电路接触不良,如电刷与换向器接触不良或电刷弹簧压力不足等。

如果在驱动齿轮锁止情况下电枢轴仍能缓慢转动,则说明单向离合器打滑。

三、起动线路压降的测量

起动机运转时,电流高达 200～600A,因此对起动电路中各连接点的接触电阻要求较高,任何电路连接位置接触不良,都会导致起动效率降低。电路中电压降的测试方法是:将万用表接入各电缆线接头端,然后运转起动机进行测量,观察起动瞬间的电压,图 3-26 所示为一般起动电路中可能接触不良点电压降发生处。正常起动时,起动电缆线的压降应不大于 0.2V,每个连接点的压降不大于 0.1V,电磁开关内的压降不大于 0.3V,起动机的工作电压不小于 9V,蓄电池的端电压不小于 9.6V,蓄电池负极柱到发动机缸体之间的电压不大于 0.4V。

四、起动机安装后的关键部位调整

为确保起动时,起动机的驱动小齿轮与发动机飞轮齿圈完全啮合,起动机安装后,需调整调节螺杆和定位螺钉,使驱动齿轮端面与后端盖突缘面之间的距离符合规定范围要求,如

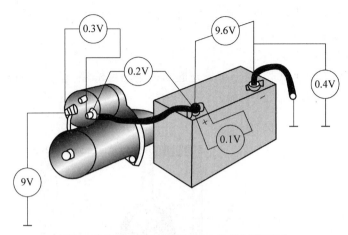

图 3-26　起动机工作时起动电路的压降测试

图 3-27 所示。同时，为避免拨叉推动驱动齿轮的位移过大，在其轴向位置还装有限位螺母。

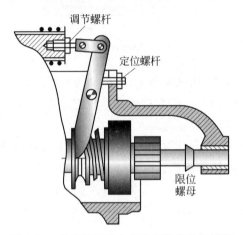

图 3-27　起动机驱动小齿轮安装位置的调整

五、起动系统的故障诊断

起动系统常见故障有：起动机不转或运转无力，驱动齿轮与飞轮齿圈不能啮合，起动机空转等。常见的现象为：点火开关旋到起动挡时，起动机不转、起动机空转或电磁开关出现"打机枪"现象，发动机不能正常起动。

（1）起动机空转通常是由机械故障导致，有以下可能的原因，可逐一排查。

① 起动机安装不当或固定螺栓松脱，导致驱动齿轮没有正常啮合。

② 单向啮合器打滑，多为离合器内弹簧失效。

③ 驱动齿轮啮合不好、飞轮齿圈轮齿损坏。

（2）如果起动时，电磁开关能发出"哒哒哒"的声音，但发动机不能起动，说明起动无力，通常由以下原因造成：①蓄电池电量不足；②起动电路连接点接触不良；③电磁开关保持线圈断路或短路；④起动继电器触点张开，电压过高。

首先检查蓄电池电量，如果电量充足，再逐一排查以下电器元件。

（1）继电器：短接"电池"与"起动机"。

若正常，则为继电器故障；若不正常，检查电磁开关。

（2）电磁开关：短接主接线柱。

若正常，则为保持线圈故障；若不正常，观察短接时的火花。

（3）若短接时火花过强，可能起动机严重短路；若火花弱，表明蓄电池电量不足或导线连接不好。

六、起动机部件的检修

1. 励磁绕组的检修

故障种类：励磁绕组松动、断路、搭铁、短路。

（1）搭铁检验

用万用表（R×10K 挡）测量电流输入端与外壳间电阻，阻值应为无穷大，如图 3-28 所示。

（2）断路检验

用万用表笔测量电流输入端和电刷端电阻，阻值为无穷大时表示绕组断路，如图 3-29 所示。

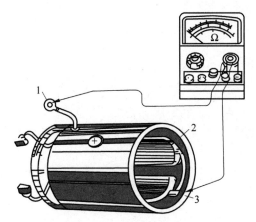
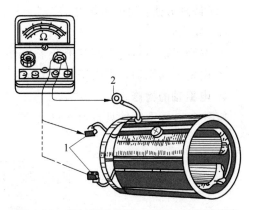

图 3-28　用万用表检测励磁绕组的搭铁故障

1—电流输入端；2—励磁线圈绕组；3—起动机外壳

图 3-29　用万用表检测励磁绕组的断路故障

1—电刷；2—电流输入端

（3）短路检验

用螺丝刀在 4 个磁极上分别感受吸力的大小，如果某一磁极吸力明显低于其他磁极，则表明该磁极上的励磁绕组短路，如图 3-30 所示。

2. 电枢绕组的检修

故障种类：电枢绕组断路、搭铁。

（1）搭铁检验

用万用表（R×10K 挡）测量换向器铜片与电枢轴间的电阻，阻值应为无穷大，如图 3-31 所示。

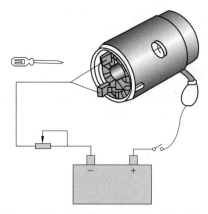

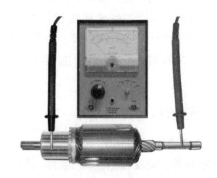

图 3-30　用万用表检测励磁绕组的短路故障　　　图 3-31　用万用表检测电枢绕组的搭铁故障

（2）断路检验

如图 3-32 所示,用万用表分别测量换向器两相邻铜片间电阻值,阻值为无穷大则表示电枢绕组断路。

3．换向器的检修

（1）故障种类：表面脏污或轻微烧蚀、凸凹不平。

（2）修理方法：用砂布修磨。

（3）要求：

① 修磨后换向器剩余厚度不低于 2mm。

② 电枢径向跳动量不大于 0.15mm。

4．电枢轴的检修

如图 3-33 所示的检具台架测量中,铁芯处摆差不大于 0.15mm,中间轴颈处摆差不大于 0.05mm。

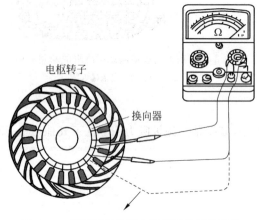

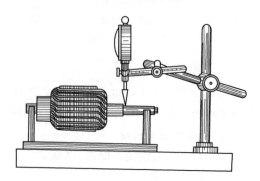

图 3-32　用万用表检测电枢绕组的断路故障　　　图 3-33　检测电枢轴的弯曲度

5．电刷与电刷架的检测

（1）检查电刷的高度

电刷的高度应不小于新品高度的 2/3,否则应更换。

（2）检查电刷的接触面

电刷与换向器接触面积应达 75％，否则应研磨电刷。

（3）检查弹簧压力及电刷架

用弹簧秤检查电刷压力，为 12～15N；用万用表检查电刷架绝缘和搭铁情况。

6. 单向离合器的检测

将单向离合器夹在台钳上，插入花键轴，扭力扳手用套管与花键轴相连，向锁止方向搬动扭力扳手检查扭力大小，如图 3-34 所示。

7. 电磁开关的检修

（1）触点、接触盘检查

触点、接触盘平面应清洁，无烧蚀。轻微烧蚀可用细砂纸打磨，严重时需换用新件。

（2）吸引线圈检查

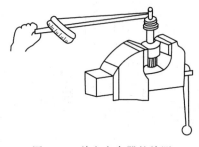

图 3-34　单向离合器的检测

对电磁开关进行吸引动作试验：首先将起动机固定在虎钳上，蓄电池正极接电磁开关接线柱，拆下电动机接线柱上的引线，用带夹电缆将电动机接线柱端子和电磁开关壳体与蓄电池负极连接，驱动齿轮应向外移出。如果驱动齿轮不动，说明电磁开关有故障，应予以修理或更换。

（3）保持线圈的检查

在吸引动作试验的基础上，当驱动齿轮在伸出位置时，拆下起动机接线柱端子上的电缆夹，此时驱动齿轮应保持在伸出位置不动。如果驱动齿轮复位，说明保持线圈断路，应予以检修或更换电磁开关。

案例分析

大学生方程式赛车起动电路

　　大学生方程式赛车选用的春风 650 发动机起动电路主要包括蓄电池、主开关、起动继电器、起动机等部件，如图 3-35 所示。起动前，先按下吸油开关和熄火开关，保持发动机熄火电路和点火喷油电路闭合；再按下主开关，起动继电器闭合，起动机通电，带动发动机曲轴旋转。该电路中熄火开关比较简单，但无法保障紧急状况下的安全，需按赛事规则改造。

　　大学生方程式汽车竞赛组委会出于安全考虑，对参赛发动机的熄火电路有严格要求：

　　（1）蓄电池电流必须由机械式旋转主开关直接控制；

　　（2）起动电路中要求串联 3 个机械旋钮熄火按钮，且布置位置恰当合理，使车手即使处于慌乱情况下也能便于操作；

　　（3）除熄火按钮外，还必须安装惯性开关及制动超程开关，保证赛车发生碰撞和制动回路失效而导致制动行程过大叫能及时熄火；

　　（4）起动电路还应受到制动系统可信度检测装置（BSPD）的控制，当发生紧急制动，且节气门位置仍然超过怠速开度 25％时，必须断开此回路。

　　只有当以上开关均处于正常状态时，发动机才能正常工作，任一开关，包括点火喷油继电器断开，发动机都应自动熄火。根据赛事规则改造后的熄火电路如图 3-36 所示。

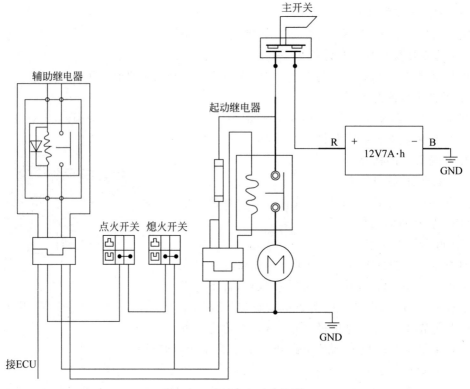

图 3-35   发动机起动电路图

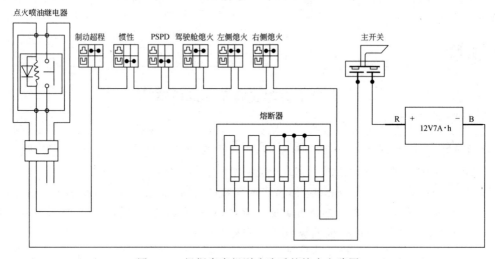

图 3-36   根据赛事规则改造后的熄火电路图

在上述的改造电路中,BSPD 是一个独立的非编程电路模块,输入信号为节气门位置和制动油压信号。当赛车紧急制动时,如果发动机节气门的位置仍然超过怠速开度 25%,继电器应自动控制熄火电路断开。

BSPD 电路主要由多个 LM393 比较器芯片组成,其工作原理如图 3-37 所示。当节气门位置信号和制动油压信号分别输入 LM393 比较器反相端,且均大于预设阈值时,比较器输出低电平,继电器断开,熄火回路也断开,发动机熄火。

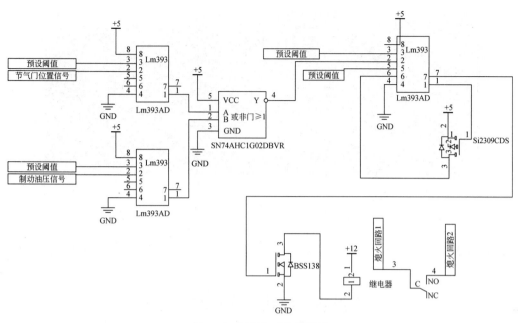

图 3-37 BSPD 工作原理图

BSPD 电路需要自制 PCB 电路板,首先根据电路原理图和所选器件建立 PCB 元件封装库,定义好各电子器件的管脚属性。然后按照电路板设计尺寸及定位要求绘制 PCB 电路,包括设置 PCB 板框、电子元件布局、排线优化及调试等,该 PCB 板的设计电路如图 3-38 所示。最后完成实物制板及电子元器件焊接工作,如图 3-39 所示。

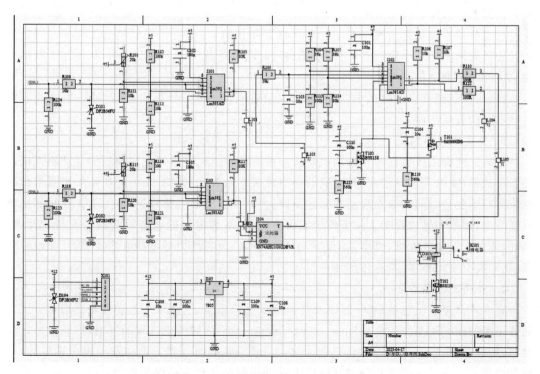

图 3-38 BSPD 装置的 PCB 板电路图

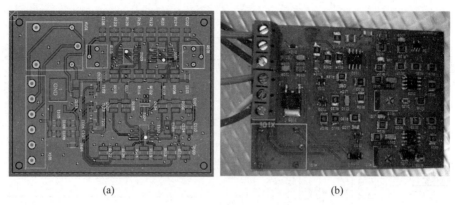

图 3-39　BSPD 实物制作图

(a) PCB 制板；(b) 焊接电子元器件

第四节　现代汽车起停系统

一、起停系统概述

在城市工况下,汽车在怠速时所消耗的能量将占总消耗能量的百分之十几。车辆怠速工况是指发动机处于无负载运转状态,在这个过程中发动机没有对外做功,所消耗的能源仅仅用于维持自身运转。如果我们能够减少汽车的怠速时间,车辆所消耗的能源将明显降低,从而达到节能减排的效果。

怠速起停控制是指当汽车在非驻车状态下停止时,自动暂停发动机的工作;直到检测到驾驶员有再度起动车辆的意图时,系统通过起动机重新快速起动发动机,从而减少发动机在怠速时的燃油消耗。

目前,在已经量产的汽车中,起停系统大致有三种形式:分离式起停系统、集成式起停系统和缸内直喷起停。

1. 分离式起停系统

分离式起停系统也称增强起动机型起停系统或智能起停系统。将原来的起动机换成增强型起动机,蓄电池容量增大,对车辆的动力总成不做改变,如图 3-40(a)所示。增强型起动电机需要承受短时间内频繁起动的恶劣条件,一般要求起动寿命超过 30 万次。强化起动电机在寿命、功率和输出扭矩上优于传统起动电机,并对蓄电池的状态监测提出更高的要求。例如,博世智能起停系统,由增强型起动电机、电池以及各种传感器如电池传感器、曲轴传感器、制动真空度传感器、轮速传感器等组成。

2. 集成式起停系统

集成式起停系统包括 BSG 起停系统和 ISG 起停系统,它集成了起动机和发电机。BSG起停系统使用 BSG 电机(belt-driven starter generator)代替传统汽车的发电机,同时兼做起动机,如图 3-40(b)所示。发动机热起动时,由 BSG 电机通过皮带带动发动机曲轴旋转,从而起动车辆。除了一体化起动/发电机,BSG 还需要增加独立的电机控制器。

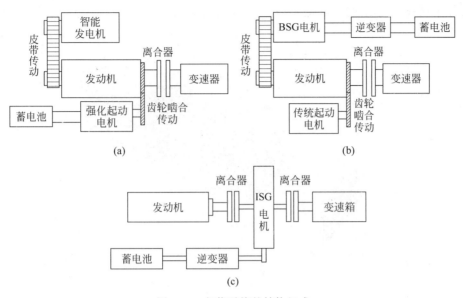

图 3-40　起停系统的结构组成

（a）增强起动机型起停系统；（b）BSG 起停系统；（c）ISG 起停系统

　　BSG 电机通过皮带传动机构与发动机连接，平顺性好、起动噪声小。BSG 电机既可以在热起动时作为起动机，也可以在制动时进行能量回收或由发动机驱动发电。但是在低温冷起动时存在皮带打滑的现象，仍需要采用传统起动机用于低温起动，因此，BSG 起停系统在电机数量和结构上并不比分离式起停系统有优势。

　　ISG 起停系统相比于 BSG 起停系统，结构上更简化，它直接将一体化起动/发电机与发动机曲轴的输出端连接在一起，而取消了传统的起动电机，同时取消了发动机原有的飞轮。由于 ISG 电机直接与曲轴输出端相连，通常称为直列安装式，因此不再需要皮带带动，其系统结构更精简，如图 3-40（c）所示。但 ISG 起动/发电一体机（integrated starter generator）本身的功率和扭矩都要比 BSG 电机更大，也需要配有智能电机和能量控制器，因此除应用于高端汽车的起停系统外，更多地用于轻度混合动力系统中。

3. 缸内直喷起停技术

　　该类型的起停方式目前只有马自达公司在使用。马自达公司称该技术为 I-STOP 技术。该技术主要是通过缸内直喷，燃烧膨胀做功，配合原有的起动机瞬间起动发动机。在停机时，通过发电机制动，再配合膨胀冲程使活塞停止，同时将燃油和空气封存在气缸内，车辆起动时直接点火燃烧。据马自达公司的官方资料显示，该缸内直喷起停技术能在 0.35s 内起动发动机，比传统的起动方式快一倍。

　　由于增强起动机型起停系统对整车的改动较小，成本较低，据统计，市场上各大品牌的整车制造企业以采用增强起动机型起停系统为主，BSG 起停技术占少部分，缸内直喷起停技术只有马自达一家公司采用。

二、起停系统的关键部件

1. AGM 电池

用吸收性玻璃纤维隔板（absorbent glass mat，AGM）电池代替传统的铅酸蓄电池，可以满足起停系统提高起动次数、降低起动噪声、保证起动可靠性的要求。AGM 蓄电池的结构组成如图 3-41 所示。

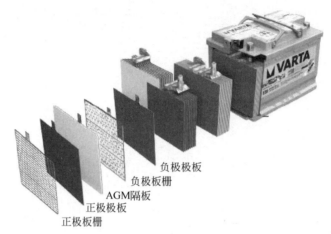

负极极板
负极板栅
AGM隔板
正极极板
正极板栅

图 3-41   AGM 蓄电池结构

AGM 蓄电池与普通铅酸蓄电池相比,不同之处在于:

(1) 普通铅酸蓄电池的电解质能自由流动,而 AGM 蓄电池的电解质(硫酸)吸附在正、负极板间的玻璃纤维隔板上,不能自由流动,从而在充放电过程中能有效避免酸液分层,提高蓄电池的容量和寿命。AGM 蓄电池属于贫液式设计,既为正极析出的氧气移向负极提供通道,又可以减少电解液泄漏,即使蓄电池倒置或外壳损坏,硫酸通常也不会溢出。

(2) AGM 蓄电池通过密封阀密封,与外界环境隔离。通过蓄电池内部的气体循环,负极可以消耗正极处因汽化产生的氧气,同时负极处氢气的产生也得到抑制,从而使得蓄电池的水损耗非常小,完全免维护。

(3) 制造极板组时,可以通过具有弹性的玻璃纤维为极板加压,大大减少了活性物质的疏松和脱落;同时,由于吸附式设计,极板的高度增大,进一步提升了极板表面参与电化学反应的能力;玻璃纤维的可渗透性很强,AGM 蓄电池的充电电流通常能达到其他起动蓄电池的 3 倍,因此,能够支持汽车更强的负荷需求和能量回收功能。

(4) AGM 蓄电池的热容量比较低,不能将其安装在温度太高的地方,通常需要安装在后备箱而不是发动机舱内。随着新材料和制造工艺的改进,德国瓦尔塔公司的 Powerframe 倍伏锐板栅专利技术为 AGM 蓄电池的耐高温提供了可能。

图 3-42   电池传感器 EBS

2. 电子电池传感器

电子电池传感器(electronic battery sensor,EBS)安装在蓄电池负极柱上,如图 3-42 所示,用于测量电池的电压、电流、温度等信号,通过 EBS 自带的微处理器计算电池的 SOC 和 SOH 等状态参数,并将该信号传递给 MCU 作为起停控制的使能条件。

3. 增强型起动电机、BSG 电机和 ISG 电机

起动电机是起停系统的核心部件,图 3-43(a)、(b) 分别为安装在发动机上的 BSG 电机和 ISG 电机。

(a)　　　　　　　　　　　　　　(b)

图 3-43　安装在发动机上的起停电机

(a) BSG 电机；(b) ISG 电机

4. 制动真空度传感器

出于安全考虑,起停系统需要检测制动真空度,如果制动压力不足,则不允许触发起停功能,或需要重启发动机以提供充足的制动压力。

5. 离合传感器与空挡传感器

对于采用手动变速箱的汽车来说,离合器开关是起停控制的主要触发条件。一般离合器顶部设有开关,为常开触点,12V 电压输出,当踩下离合踏板时,开关断开。

空挡开关作为起停控制的重要触发条件,输出类似离合传感器的开关信号。

三、起停系统的控制策略

起停系统的控制策略主要包括自动停机控制和自动起动控制,BSG 系统还包括制动能量回收控制策略。

起停系统的基本控制策略流程图如图 3-44 所示。通过 EMS 收集电子电池传感器、制动真空度传感器等信号,实时监控当前车辆行驶状态,判断是否满足起动/停机状态;在满足起停条件的前提下,再根据离合器位置传感器、空挡传感器、踏板位置传感器等信号,判断驾驶员的驾驶意图,并将控制信号发送至发动机喷油点火系统和起动控制系统,自动实现发动机停机或起动的操作。

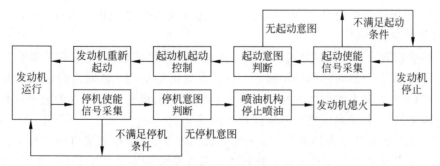

图 3-44　起停系统的基本控制策略流程图

按照怠速起停系统的基本控制策略,车辆将频繁执行自动停机和自动起动。频繁的起停不仅会使得整车燃油经济性下降、排放数据恶化,也会在一定程度上增加部件的损耗,通常设置延迟时间策略可以在一定程度上避免停车时间较短的怠速停机。当车辆自动停机所节省的能量小于一次起动所消耗的能量时,该次停机称为无效怠速停机。车辆无效怠速及频繁起停的问题仍待解决。

第五节　驱 动 电 机

一、汽车驱动电机概述

电动汽车的电力驱动系统主要包括高压动力电池(high voltage battery,HV)、驱动电机(traction motor,TM)、电力电子控制箱(power electrical box,PEB)、传感器和高压配电单元(power distribution unit,PDU)等。

驱动电机是电动汽车的动力源,它取代了传统汽车的发动机动力,直接将电能转换为机械能来驱动车辆。驱动电机通常直接由 PEB 进行控制,通过输出电压的频率和幅值来实现对电机转速和转矩的调节。

汽车的驱动电机对于起动转矩、调速范围、质量和噪声等都有一定的要求。除了要满足一般电机控制系统的要求外,还要能达到车辆各种行驶工况的要求;在满足最高车速、加速能力、爬坡能力三大性能指标的同时,还要体现出电动汽车独有的优势,如能量回收机制;也要考虑到实际的驾驶工况,如城市交通内的频繁起停等;以及要能适应恶劣的气候条件及颠簸震动的路面环境;更要顾及驾乘人员的安全与舒适。因此,电动汽车用驱动电机必须具有以下特点。

(1)额定转速以下能够提供大力矩,来满足车辆在低速运行中的各种工况:起停、加速、爬坡。额定转速以上为恒功率,来满足车辆在高速运行时的超车要求。

(2)在恒转矩和恒功率区域内,有较宽的调速范围和快速的力矩响应。

(3)在整个工作区域内有较高的效率,以提高车辆的行驶里程。

(4)较轻的质量和较高的能量输出,良好的抗干扰能力和密封性能。

(5)具有较高的能量回收能力。

(6)价格合理,经久耐用。

目前,新能源汽车的驱动电机主要包括直流电机、三相交流感应异步电机、永磁同步电机、轮毂电机和开关磁阻电机,其中以交流感应电机和永磁同步电机应用最为广泛。

1. 常见的电机类型

在第二章和第三章中我们分别介绍了交流发电机和起动电机,它们都是电能与动能之间转换的工具,通常电机在反向扭矩拖动下也具有发电的功能。从前面的学习中我们可以看到,电机与发电机具有类似的结构组成和工作原理。电机有两个主要的物理部件:定子是电机的固定部分,转子是电机的旋转或者转动部分。

电机按工作电源可分为两大类,即交流电机(AC motor)和直流电机(DC motor),如图 3-45 所示。直流电机和交流电机在现代内燃机车辆中起着重要的作用,例如,发动机的起动电机就是直流电机,而交流电机则被用于发动机发电。

按照励磁方式可分为电励磁电机和永磁电机;按照定子的旋转磁场与转子转速之间的关系,又可分为同步电机和异步电机。

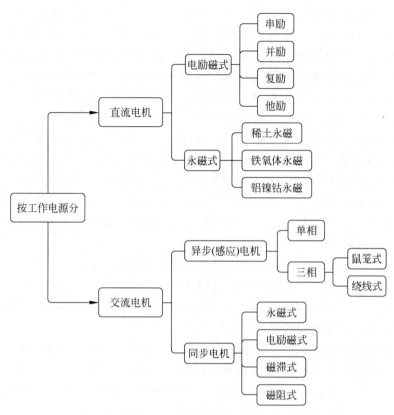

图 3-45 常见的电机分类

在车辆驱动方面,早期的电动车辆曾使用直流电机驱动,而现代电动车辆大多使用交流电机驱动。因为相比于直流电机,交流电机效率高、功率密度高、成本低、可靠性好。交流电机凭借其优势,除了被应用于车辆驱动,也被广泛应用于机床、自动化装备、医疗设备、风力发电及发电站发电等中高功率领域。相对而言,直流电机由于其易控制和控制器成本较低,在小型家电、玩具、电动工具、低压电器等低功率的应用场景中被普遍采用。在车辆上直流电机常被用于雨刮器、座椅调节、鼓风机、顶灯调节器、电动舵机锁、后视镜调节器、电子节气门控制、废气再循环、车窗升降驱动、电动泵、动力升降装置等。

利用机械换向器来调节旋转磁场的直流电机一般被称为有刷直流电机(brushed DC motor)。直流电源的电能通过电刷和换向器进入电枢绕组,产生电枢电流,电枢电流产生的磁场与主磁场相互作用产生电磁转矩,使电机旋转带动负载。由于电刷和换向器的存在,有刷直流电机的结构复杂、可靠性差、故障多、维护工作量大、寿命短、换向火花易产生电磁干扰。

有刷直流电机在工作电压、耐久性、尺寸和使用寿命上往往受到电刷的限制。而无刷直流电机利用转子位置传感器检测山转了的位置,然后通过控制与电枢绕组连接的各功率开关的导通与截止来不断改变电枢绕组的电流方向,以电子换相实现了电刷与换向器的功能。

相比于交流电机,直流电机的效率低,且不利于实现制动能量回收,因此在新能源汽车的动力驱动领域已逐渐被交流电机所取代。目前用于电动车辆驱动的电机以三相异步交流电机和永磁同步交流电机为主。

三相异步交流电机(three-phase asynchronous AC motor)是将电机定子内的三个绕组线圈间隔120°,通过向这三个绕组提供相位差为120°的三相电流,便在不需要电刷和换向器的情况下生成一个旋转的磁场。在定子上产生的旋转磁场可以与转子磁场相互作用,从而产生转矩,这是感应电机的基本原理,所以三相异步交流电机也被称为感应电机(induction motor,IM)。感应电机最大的缺点在于感应电流在转子上会产生热损失,耗电量较大。特斯拉 MODEL S 的驱动电机就是感应电机的典型应用代表。

永磁同步电机(permanent magnet synchronous motor,PMSM)与感应电机的区别在于,转子包含一对或者多对永磁磁极。提供给定子的电流与转子上的永磁体磁场相互作用产生转矩。随着永磁材料性能的改善以及电力电子技术的进步,永磁同步电机的功率密度得到了较大的提升,使得这种基于永磁体的同步电机比感应电机更具竞争力。但永磁同步电机在恒功率模式下,需要较为复杂的控制系统,成本也相对较高。比亚迪汉 EV 的驱动电机使用的就是永磁同步电机。

将永久磁铁放置在转子铁芯的内部,称为内置永磁交流电机(IPM),目前已广泛用于电动汽车的高速驱动系统。IPM 的转矩通过两种机制生成:①永磁磁通和供电电流之间的相互作用产生磁转矩;②供电电流和铁材料之间的相互作用产生磁阻转矩。丰田普锐斯汽车的驱动电机就是 IPM 的典型代表。

另外一类永磁电机的磁铁被固定在转子铁芯的表面,称为面置永磁交流电机(SPW),由于转子能承载的离心力有限,SPW 适合应用于低速电动驱动系统中。

磁阻电机(reluctance motor,RM)也是一种同步电机,利用旋转的定子磁场和突出的磁极铁芯转子的相互作用,在铁芯上生成一个阻抗转矩。类似于一块磁铁和一块铁的作用,并且不需要转子磁铁或者导体,因此是结构最简单的电机之一。虽然它的成本很低,但在工业应用方面十分有限,而且由于尺寸、转矩波动和噪声的原因,目前较少在汽车上应用。

2. 电机的主要性能参数

电机的额定参数是电机的重要设计参数,主要包括额定转矩、额定转速、额定电压、额定电流和额定功率等。一般在电机铭牌上标注了电机的型号与主要技术数据,电机铭牌上规定的技术参数和工作条件即为额定工况。

(1) 额定电压

额定电压为电机运行在额定工况时,外加于定子绕组上的线电压,单位通常为 V。

(2) 额定电流

额定电流为电机运行在额定工况时,流入定子绕组的线电流,单位通常为 A。

(3) 额定功率

额定功率为电机运行在额定工况时,转子轴上输出的机械功率,单位通常为 kW 或 W。

(4) 额定转矩

额定转矩为电机运行在额定功率时,电机转子轴上输出的转矩,此时电机的转速应为额定转速。额定转矩也被称为满载转矩,单位通常为 N•m。

(5) 峰值转矩

峰值转矩为电机在不超过电机和交换器的电流和温度限值的情况下可以输出的最大转矩。峰值转矩一般用于间歇性运转而不是连续运转。也就是说,电机可以瞬态或者某时间段内运转到峰值转矩,单位通常为 N•m。

（6）堵转转矩

堵转转矩为电机在额定电压下起动或者被堵转条件下,零转速时的输出转矩,单位通常为 N·m。

（7）额定转速

额定转速为电机运行在额定工况时,电机转子轴上输出的转速,也被称为名义或者满载转速,单位通常为 r/min。

（8）额定频率

额定频率表示电机在额定运行工况下所接入的交流电源的频率。

（9）机械效率

机械效率为电机在一定工况下运行时,转子轴上的输出功率与输入电机的功率比值,通常电动汽车的驱动电机在高效运行工况下的机械效率不低于 85%。电机逆变器的效率在大部分运行区域均超过 90%,最高可达 99%。电机效率一般包括机械效率和逆变器效率两部分,这两部分效率的乘积即为电机的整体效率。电机效率通常在中等转速低转矩区域（大部分驾驶发生的区域）最高,约为 96%。由于定子铜损,当转矩在较低转速时,效率可能会显著下降,而且功率损耗会导致电机内部产生较高的温度。

【特别说明】电机的额定功率相同时,额定转速越高,体积越小,效率越高,功率因数也较高,所以应尽量选用额定转速较高的电机。然而,对于要求转速较低的车辆驱动系统而言,选用高转速电机时,需要增加一套传动比高、体积大的减速传动装置。因此,在选择电机的额定转速时,应综合考虑电机和传动系统两方面的因素来确定。

3. 电机的特性曲线

根据电机转矩、功率与转速的关系曲线,可以确定电机的不同运转模式,包括恒转矩模式、恒功率模式和最高转速模式。

（1）恒转矩模式

电机从运转开始就能输出最大扭矩,并且可以一直持续保持至很高的转速,这一段转速区间,称为"恒转矩"区。此模式下,转矩被电机电流和相关传导损失限制,当转速超过恒转速区间时,电机输出扭矩开始下降,如图 3-46 所示。

（2）恒功率模式

在上述的恒转矩模式下,电机的输出功率随着转速的增加而逐渐增加。当增加到某一转速范围的时候,达到了最大输出功率,并保存输出功率不变,这一区间称为"恒功率"区。恒功率模式下,电机功率大约是常数,转子有效转矩随转速的升高而下降。此模式是高速运转的必要模式,功率由电机电压和电流限制。电机电压受磁参数的限制,如磁饱和、磁芯损耗和发热,还受绝缘厚度等电气参数的限制。

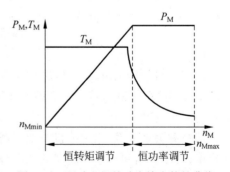

图 3-46 驱动电机的动力输出特性曲线

（3）最高转速模式

当电机空载通电运行时,电机输出转矩为 0,电机转速将达到最高。在此模式下,功率电子转换器最大运转频率可能会限制电机的最高运行转速。转速也可能被机械约束限制,如轴承或者转子转速限制。

（4）电机的效率

电机性能通常被电机内的功率损耗限制。功率损耗会导致电机内部产生较高的温度。相同功率水平下，永磁交流电机通常比感应电机损耗要小，因为永磁电机的转子上没有通电线圈，因此没有转子铜耗，这样就减少了电机的功率损耗，而铜耗是很难从旋转的转子中去除的。

电机效率通常在中等转速低转矩区域（大部分驾驶发生的区域）最高，约为96%。由于定子铜耗，当转矩在较低转速下增加时，效率可能会显著下降。逆变器的效率在大部分运行区域均超过90%，最高可达99%，电机-逆变器的联合效率是两个效率的简单乘积。

二、交流感应电机

1. 感应电机的结构

感应电机主要由静止的定子和转动的转子两大部分组成，定子、转子之间有一很小的空气间隙。

（1）定子

感应电机的定子由定子铁芯、定子绕组和机座三部分组成。机座主要用来支撑定子铁芯和固定端盖，因此要求有足够的机械强度和刚度。汽车用感应电机的机座一般采用铸铝制成，外壳上需要有风冷散热筋或者水冷通道。

图 3-47　铁芯硅钢片

定子铁芯是主磁路的一部分，为了减少磁场在定子铁芯中产生的磁滞损耗和涡流损耗，铁芯由0.5mm或更薄的硅钢片叠成，如图3-47所示。在定子铁芯内圆上有均匀分布的槽，用来嵌放定子绕组。定子的三相绕组对称地放置在定子槽内，绕组分单层和双层两种形式，绕组与铁芯之间有效绝缘。三相定子绕组可连接成星形连接或三角形连接，与交流发电机的结构相似。

定子的主要功能是产生磁场，当通以交流电时可以理解为旋转磁场。

（2）转子

感应电机的转子由转子铁芯、转子绕组和轴等组成。转子铁芯是导磁的主要路径，由厚0.5mm的硅钢片叠成，转子铁芯固定在轴或转子支架上，转子铁芯呈圆柱形，在铁芯外圆冲有均匀分布的槽。

从电磁关系来看，感应电机与变压器十分相似，感应电机的定子绕组相当于变压器的一次绕组，转子绕组相当于变压器的二次绕组，因此经常把感应电机等效为二次绕组短路的带空气气隙的变压器，以便于对感应电机稳态运行进行分析。

根据加工工艺的不同，转子分为笼型转子和绕线转子两种，如图3-48所示。笼型转子分为铸铝式和铜条焊接式两种。特斯拉汽车使用的焊接式转子绕组的加工过程是：在每个槽内放置铜导条，在转子铁芯两端各放置一端环，铜导条的两端分别焊接在端环上。笼型转子绕组自行闭合构成短路绕组，若去掉转子铁芯，转子绕组的外形好像一只"鼠笼"，笼型转子的名称便由此而来。绕线转子绕组和定子绕组相似,在转子槽内嵌有三相绕组,通过集电环、电刷与外部连接。绕线转子的结构较笼型转子复杂,只用于起动性能要求较高和需调速的场合。

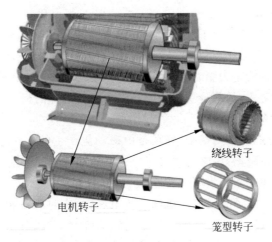

绕线转子

电机转子

笼型转子

图 3-48　感应电机转子

（3）气隙

气隙是电机定子、转子之间的空气间隙。气隙大小对感应电机的性能有很大的影响。气隙大,则整体磁路的磁阻大,要建立同样大小的旋转磁场就需较大的励磁电流或永磁励磁磁动势。励磁电流基本上是无功电流,为降低电机的励磁电流、提高功率因数,气隙应尽量小。一般气隙长度应为机械上所容许达到的最小值,中、小型感应电机的气隙一般为 0.2～2mm。

2. 感应电机的运行状态

感应电机正常运行状态下,电机转子转动方向与磁场旋转的方向是一致的,但转子转速 n 要慢于旋转磁场的转速 n_s,两者之间的相对速度 n_s-n 称为转速差。之所以有转速差,是因为感应电机需要转子与定子之间有相对运动,从而在转子产生感应电流,相当于同步电机的励磁。这个转速差也是异步电机名称中"异步"的由来。定义转速差与同步转速之比为转差率 s,即

$$s = \frac{n_s - n}{n_s} \tag{3-18}$$

转差率是感应电机的一个重要参数,根据其正负和大小可以判断电机的运行状态,感应电机的运行状态分为电动机运行状态、发电机运行状态和电磁制动运行状态三种。

（1）发电机运行状态

如果用原动机将感应电机转子强制加速,使电机的转速 n 高于同步转速 n_s,此时转子的转向与定子旋转磁场的转向相同,且 $n > n_s$,即 $s < 0$,磁场切割转子线圈的方向与电动机运行状态相反,电磁转矩方向与转子转向相反,为制动性质,此时转子从原动机输入机械功率,通过电磁感应作用由定子输出电功率,电机处于发电机运行状态。

（2）电动机运行状态

当转子的转向与定子旋转磁场的方向相同且转速 n 小于同步转速 n_s,即 $0 < s < 1$ 时,

为电动机运行状态。此时转子中产生电动势和电流,从而产生电磁转矩,在该转矩作用下转子沿旋转磁场方向以转速 n 旋转,此时电磁转矩为拖动性质,即与转速方向一致。在电动机运行状态下,电机的实际转速取决于负载的大小。

（3）电磁制动运行状态

驱动电机
旋转磁场

如果外力的作用使转子逆定子旋转磁场的方向旋转,则 $s>1$,转子线圈中电动势、电流及电磁转矩的方向仍与电动状态相同。这时电磁转矩的方向与旋转磁场的转向相同,但与转子转向相反,所以电磁转矩为制动性质,称为电磁制动状态。在这种情况下从转子输入机械功率,从定子输入电功率,两部分功率一起转换为电机内部的损耗。

3. 感应电机的磁场和磁动势

旋转磁场是交流电机工作的基础,磁场是由磁动势产生的。在感应电机定子与转子之间的气隙中,总存在旋转磁场,该磁场既可以由定子磁动势单独产生,也可以由定子、转子磁动势共同产生,旋转磁场的转速为同步转速 n_s。

感应电机空载时,将定子绕组接至对称三相电压,便有对称三相电流 I_0 在定子绕组中流过,该电流称为空载电流。该定子电流产生的磁动势大小与定子线圈的匝数、绕组结构和定子电流等参数有关。电机空载运行时,由于转轴上不带机械负载,旋转磁场和转子之间的相对速度近似为零,$n \approx n_s$,可以认为转子绕组中的感应电动势 E_2 和电流 I_2 都近似为零,空载运行时的磁场仅由定子磁动势产生。

在定子磁动势作用下产生气隙磁场,沿气隙圆周正弦分布并以同步转速 n_s 旋转,并切割转子线圈,在转子绕组中产生感应电动势,可以用右手定则判断感应电流的方向。通有感应电流的转子线圈在气隙磁场作用下产生电磁转矩,使转子转动,电磁转矩的方向可以用左手定则来判断,这就是感应电机的工作原理。作为电动机运转时,转子旋转的方向与磁场旋转的方向相同。

4. 感应电机的功率和转矩关系

感应电机从外部电源获取电能,经电磁作用转换为转子轴上的机械能。

（1）功率关系

感应电机是一种单边励磁电机,所需功率全部由定子侧提供。感应电机从电源输入的电功率为 P_1,对应的定子电流为 I_1。扣除定子绕组的铜耗 P_{Cu1},再扣除定子铁耗 P_{Fe},就是电磁功率 P_e。电磁功率借助于气隙磁场由定子传递到转子,如果转差率 s 很小,转子铁耗可忽略不计,从电磁功率中扣除转子铜耗 P_{Cu2},得到总机械功率 P_Ω。从 P_Ω 中再扣除机械损耗 P_{mec} 和杂散损耗 P_{ad} 即为电机轴上输出的机械功率 P_2。机械损耗 P_{mec} 与杂散损耗 P_{ad} 之和被称为空载损耗 P_0。

其中

$$P_1 = 3UI_1\cos\varphi \tag{3-19}$$

$$P_e = P_1 - P_{Cu1} - P_{Fe} \tag{3-20}$$

$$P_\Omega = P_e - P_{Cu2} \tag{3-21}$$

$$P_\Omega = (1-s)P_e \tag{3-22}$$

$$P_0 = P_{mec} + P_{ad} \tag{3-23}$$

$$P_2 = P_\Omega - P_0 \tag{3-24}$$

（2）转矩关系

将机械功率方程两端同除以转子的机械角速度 Ω，得到转矩方程。

$$P_\Omega = P_2 + P_0 \tag{3-25}$$

$$T_e = T_2 + T_0 \tag{3-26}$$

式中：T_e——电磁转矩；

T_2——输出转矩；

T_0——空载转矩。

由于 $\Omega = (1-s)\Omega_s$，可得电磁转矩 T_e

$$T_e = \frac{P_\Omega}{\Omega} = \frac{P_e}{\Omega_s} \tag{3-27}$$

式中：Ω_s——同步角速度（rad/s）。

5. 感应电机的调速

从上述感应电机的基础理论可知，改变供电频率 f、电机的极对数 p 及转差率 s，均可实现改变转速的目的。

从调速的本质来看，调速方式分为改变交流电机的同步转速和不改变同步转速两种。在工业生产中广泛使用不改变同步转速的调速方法，主要有绕线转子电机的转子串联电阻调速、斩波调速、串级调速以及应用电磁转差离合器、液力偶合器、油膜离合器等调速。在电动汽车上，通常采用改变定子电源频率的变频调速方法。

感应电机工作时，同步转速 n_s 与频率 f 成正比，转子转速随之改变。改变电源频率，可以平滑地调节电机的转速，实现无级调速，并得到很大的调速范围，所以变频调速具有良好的调速性能。

在变频调速时，通常希望电机的主磁通保持不变。若主磁通增大，则引起磁路过饱和，励磁电流将大大增加，导致功率因数降低；若主磁通减小，输出功率随之下降，电机容量得不到充分利用。

为保证主磁通不变，当频率 f 变化时，应使定子端电压 U 与电源频率 f 成正比变化，即

$$\frac{U}{f} = 4.44KN\Phi = 常数 \tag{3-28}$$

式中，K 与 N 为电机结构参数，保持不变。

由于电机的电磁转矩

$$T_e = K' \frac{U^2}{f^2} \tag{3-29}$$

若变频前后电机的过载能力不变，则 K' 保持不变，变频前后的电磁转矩之比为

$$\frac{T_e}{T_e'} = \frac{U^2}{U'^2} \frac{f'^2}{f^2} \tag{3-30}$$

因此，定子电压应按照下列规律进行调节：

$$\frac{U}{U'} = \frac{f}{f'} \sqrt{\frac{T_e'}{T_e}} \tag{3-31}$$

在实际生产中，根据电机工况的需求，常采用恒转矩变频调速和恒功率变频调速两种方法。

（1）恒转矩变频调速

恒转矩变频调速是指整个调速过程中电机的输出转矩维持恒定，即 $T_e = T'_e$。由式（3-28）可知，电机供电电压与频率成正比，此时，气隙主磁通保持不变。由式（3-29）可知，恒转矩变频调速时电机的最大转矩保持不变。

（2）恒功率变频调速

恒功率变频调速是指整个调速过程中电机的输出功率维持恒定。若要使调速前后电机的输出功率不变，有

$$P_e = T_e \Omega_s = 常数 \tag{3-32}$$

因为 Ω_s 与频率 f 成正比，在恒功率变频调速时应保持 $\dfrac{U}{\sqrt{f}} = C$，但此时气隙主磁通将发生改变，电机的最大转矩将随频率的上升而下降。

变频调速具有优异的调速性能，其缺点是必须有专用变频电源，且变频器输出电压和电流波形中往往带有高次谐波，对电机的运行产生一些不良影响。

永磁同步
电机结构
原理

三、永磁同步电机

1. 永磁同步电机的结构

永磁同步电机的基本结构主要包含一个装有三相电枢绕组的定子和一个装有永磁磁极的转子，如图 3-49 所示，永磁体材料主要有陶瓷（铁氧体）和稀土（钕铁硼）两类。

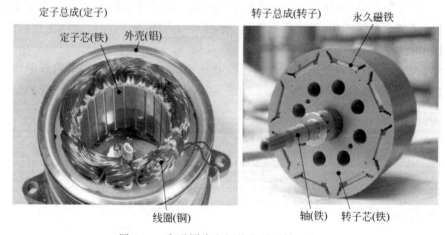

定子总成（定子）　　　转子总成（转子）　　永久磁铁

定子芯（铁）　外壳（铝）

线圈（铜）　　　　　轴（铁）　转子芯（铁）

图 3-49　永磁同步电机的定子和转子总成

由于不存在笼条和端环，永磁同步电机的结构与感应电机相比相对简单，其定子和转子总成如图 3-50 所示。另外，由于转子的附加热损耗较小，因而该类电机一般不需要在转子或者转轴上安装强制风冷风扇。

按照转子永磁体磁路结构的不同，永磁同步电机的转子通常分为表面式转子和内置式转子两种，其中表面式转子又可以分为表贴式和表面嵌入式两种，内置式转子又可以分为径向式、切向式（辐条式）和混合式三种。

表贴式永磁同步电机的永磁体用环氧树脂黏合剂粘贴在转子表面，制造简单，但永磁体在高速运行时存在飞出的可能性，故不适合高转速工况。由于永磁体的磁导率近似于空气，

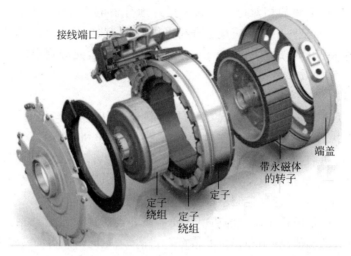

图 3-50　永磁同步电机结构爆炸图

所以有效气隙宽度是实际气隙宽度与永磁体径向厚度之和。因此,表贴式永磁同步电机相应的电枢反应磁场较小,且定子绕组电感也较小。因为交直轴定子电感基本相同,所以磁阻转矩几乎为零。

径向式内埋永磁体的永磁同步电机,如图 3-51 所示。永磁体径向磁化且埋于转子内部,与表面嵌入式电机相比,该拓扑可使永磁体得到完好的保护,因此可避免永磁体飞出,从而进一步改善了高速运行时的机械整体性。

内转子永磁同步电机拓扑很容易拓展到外转子电机,外转子永磁同步电机的工作原理与内转子电机相似。外转子电机拓扑尤其适用于轮毂电机,因为相应的外转子可以具有较大的直径,从而可以容纳较多数量的永磁极数,因而具有低转速大转矩直驱能力。

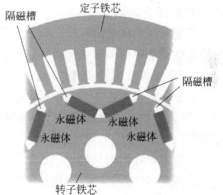

图 3-51　径向式内埋永磁体

2. 永磁同步电机的工作原理

永磁同步电机的工作原理类似于异步感应电机,定子通入交流电后产生旋转磁场,带动永磁体转子同步转动。

永磁同步电机所产生的电功率为

$$P_e = \frac{3E_m I_m}{2}\cos\varphi \tag{3-33}$$

永磁同步电机所产生的转矩为

$$T_e = \frac{P_e}{\omega_r} = \frac{3E_m I_m}{2\omega_r}\cos\varphi \tag{3-34}$$

在给定速度 ω_r 时,转矩值恒定。显然,通过将电枢电流和反电动势的相位差控制为零,提高功率因素,可以将转矩最大化。

永磁同步电机电枢磁动势对气隙磁场的影响称为电枢反应,电枢反应的性质取决于电枢磁动势和主磁场在空间的相对位置。为了更好地分析电机在电枢反应影响下的电机性能,永磁同步电机倾向于使用双反应理论分析电机性能。即在电枢磁动势作用于交轴、直轴间的任意位置时,将其分解成直轴分量 F_{ad} 和交轴分量 F_{aq},先分别求出直轴、交轴的电枢反应,最后再把它们的效果叠加分析。

3. 永磁同步电机的控制技术

永磁同步电机可以采用感应电机的复杂控制策略,如磁场定向控制(FOC)和直接转矩控制(DTC)。其中 FOC 已经广泛用于电动汽车永磁同步电机控制中。

不同于感应电机,永磁同步电机采用不可控的永磁磁场励磁。为了实现电动汽车巡航时的恒功率运行,永磁同步电机需要采用弱磁控制。另外,为了避免精确位置传感器所带来的昂贵成本,因此无位置传感器控制已被大量应用于永磁同步电机。

电动汽车永磁同步电机工作时的功率逆变器拓扑与感应电机驱动相同,逆变器必须执行输出电压及电流的幅值、频率和相位等指令。目前,永磁同步电机的转矩控制策略主要分为变压变频控制(variable voltage and variable frequency,VVVF)、矢量控制(vector control,VC)和直接转矩控制(direct torque control,DTC)三种。

(1) 变压变频控制

变压变频控制又称为恒压频比控制,是永磁同步电机转矩控制策略中最简单的一种,属于开环、标量控制,仅控制电机定子电压信号的幅值。该方法的本质在于控制电机反电动势的幅值 E 和频率 f 的比值一定,从而保证定子磁链不变,使得电机的磁通 Φ 保持恒定。由于反电动势较难检测,在较高转速时,通常忽略定子电阻和电感上压降,近似利用电机端电压 U 代替反电动势。

系统根据当前给定转速,得到定子端期望的电压,通过脉宽调制(PWM)技术,控制逆变器输出电压的幅值和频率保持一定的比值。当电机工作在额定频率以上时,达到额定电压幅值,且不能再升高,随着频率上升,电机工作在弱磁状态。

当永磁同步电机达到基速时,端电压达到额定电压。因为反电动势会随着转速上升而上升,转速范围只能通过削弱气隙磁链来扩展。因此,转矩随着转速上升而下降,从而保持恒功率,也就是所谓的恒功率运行。

变压变频控制的优点在于控制简单,易于软件编程;缺点是控制系统没有引入电流和转速反馈量,转矩响应慢,速度控制性能差,负载突变时容易造成电机失步,常用于一些简单的变频器中,如风机、泵类和纺织机等场合。

(2) 矢量控制

矢量控制也被称为磁场定向控制(field-oriented control,FOC)。它能够解耦复杂的定子电流关系,将定子电流分解成控制励磁的直轴电流,以及控制转矩的交轴电流。而这两个是不随时间改变的直流分量,从而使对电机的控制变得简单。矢量控制可以得到精确的速度控制、良好的转矩响应,进而获得类似于直流电机的工作特性。但矢量控制需要进行较复杂的旋转坐标变换,磁链和转矩解耦控制依赖于对转子磁链的准确观测,在实际中控制效果随电机参数的变化而变化。

(3) 直接转矩控制

直接转矩控制由日本 Takahashi 教授和德国 Depenbrock 教授提出,是继矢量变换控制之后又一全新的电机控制策略。直接转矩控制是直接对电机的电磁转矩进行控制,要求实际转矩与给定转矩相等。通过选择合适的空间电压矢量,控制定子磁链的运动,达到快速控制电磁转矩的目的。

相比于矢量控制,直接转矩控制的系统结构简单,转矩响应更快,受电机参数变化影响更小。直接转矩控制是在定子坐标系下,直接控制电机的电磁转矩和定子磁链,通过观测器观测实际的电磁转矩和定子磁链,与给定值相比较,通常采用转矩和磁链双滞环控制。

一般而言,为了实现复杂控制策略,永磁同步电机需要精确的位置传感器。该位置传感器通常为光电编码器或者旋转变压器,成本较高,甚至与小功率电机相近。但对于电动汽车电驱动特别是永磁同步电机驱动而言,位置传感器的成本相对而言并不突出;并且由于无位置传感器技术的精度、可靠性和成熟度仍有待提高,因此,永磁同步电机无位置传感器控制技术目前很少在电动汽车驱动中采用。

永磁同步电机的稀土材料使用量较大,必将受资源所限,为了减少稀土材料的使用,少稀土或无稀土材料的永磁电机成为研究的热点。与相同转矩能力的永磁同步电机相比,永磁同步磁阻电机所需的永磁体用量少,还可以采用低成本的铁氧体永磁材料。永磁同步磁阻电机综合了永磁同步电机输出的电磁转矩和同步磁阻电机输出的磁阻转矩,具有较高的转矩密度、效率和功率因素,有利于减小逆变器的容量,受到了电动汽车研发人员的广泛关注。

四、轮毂电机和磁阻类电机

1. 轮毂电机

轮毂电机内置于车轮内,直接驱动车轮旋转而无需复杂的机械传动系统,最大化地提升了电动汽车可利用空间,大幅提高了传动效率。简化的动力系统有利于电动汽车轻量化设计,增加电动汽车续驶里程。多个轮毂电机协同驱动、独立调节和控制各驱动车轮,通过线控动力系统灵活分配车轮转矩,彻底避免了传统机械式差速器的缺点,可以大幅提高车辆的操控性能。

外转子永磁无刷直流电机具有高效率、高可靠性等特点,永磁体内嵌式转子结构具有永磁体抗退磁能力强、机械强度高、转矩输出能力强、弱磁调速性能好等一系列优点,非常适合作为轮毂电机,目前电动自行车的驱动电机皆为轮毂电机。

但是轮毂电机尺寸较大,增大了汽车的簧下质量,使汽车的操纵稳定性和行驶平顺性变差;而且轮毂电机工作环境恶劣,需要较高的加工和装配精度,导致电机成本较高。

2. 磁阻类电机

开关磁阻电机、双凸极永磁电机和磁通切换永磁电机是三种基本的磁阻类电机,目前国内外研究的磁阻类电机几乎都是在这几种类型电机的基础上演变而来。

开关磁阻电机是一种定子单边励磁,定子、转子均为凸极结构的磁阻类电机。该电机定子绕组可由变频直流电源供电,因它必须在特定的开关模式下工作,故常称为"开关磁阻电机"。开关磁阻电机的定子、转子铁芯均由硅钢片叠制而成。定子极上有集中式的绕组,转子极上没有绕组、永磁体、换向器和集电环等,且定子、转子极数不相等,通常转子极数少于定子极数,以增大电机的输出转矩。

开关磁阻电机的结构和工作原理与传统交直流电机有着本质的区别。它遵循"磁阻最小原理",即磁通总是沿磁阻最小的路径闭合。当定子某相的电枢绕组通电时,所产生的磁场由于磁力线的扭曲而产生切向磁拉力,试图使相近的转子极旋转到其轴线与该定子极轴线对齐的位置,该位置即为磁阻最小的位置,如图 3-52 所示。因此开关磁阻电机的结构原则是要求转子旋转时磁路的磁阻要有尽可能大的变化。

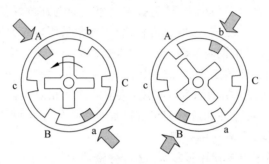

图 3-52　开关磁阻电机的工作原理

开关磁阻
步进电机
原理

　　要使电机正常运行,要有变频电源产生一系列的脉冲电流依次供给各相绕组,各相绕组的导通与关断时间必须与转子的位置"同步"。所以,电机的轴上应安装位置传感器,根据转子位置判定定子线圈的通电顺序,通过控制系统执行定子各相线圈的准确换相,以确保形成单向和平稳的电磁转矩。

第六节　功率电子与电力变换器件

　　电动汽车和混合动力汽车动力总成发展过程中的巨大进步离不开电力电子器件和功率半导体的贡献。电力电子器件的主要功能之一是对机电设备、能源和电力负载提供可实现最大功能的电力转换。利用电力电子变换器,可以将给定大小和频率的电压转换成任意幅值和频率的电压。同时,驱动电力电子的高效的电力转换通常会减少材料、冷却、功率的需求并降低成本,且提高电子产品的可靠性。

　　最早的电力变换器基于真空管技术,自从 20 世纪 50 年代贝尔实验室发明了半导体后,功率二极管、晶体管、可控硅整流器(SCR)(也称晶闸管)、金属-氧化物-半导体场效应晶体管(MOSFET),以及 IGBT 先后得到广泛应用。功率二极管和晶闸管在电力变换中发挥了重要作用,晶闸管通常用于 AC-DC 和 AC-AC 电力变换。

　　绝缘栅双极型晶体管(insulated gate bipolar transistor,IGBT),是由双极型晶体管(BJT)和绝缘栅型场效应晶体管(MOS)组成的全控型电压驱动式功率半导体器件,兼有MOSFET 的高输入阻抗和电力晶体管(giant transistor,GTR)的低导通压降两方面的优点,驱动功率小、导通电压低。同时,由于氮化镓和碳化硅材料的应用,在高电压下具有更高的效率,因此在高功率汽车电力变换器领域占据了主导地位。

　　电力变换器由于功率损耗而产生大量的热,因此必须配备冷却系统。丰田普锐斯汽车的电力电子变换器和控制器被集成到一个动力控制单元(PCU)中,PCU 壳体由铝金属材料制成,并配有集成式散热器。

　　普通的低压电器设备通常需要直流电源供电,而发电、输电和本地配电往往采用交流电。通常按照电流的两种形式,交流电流(AC)和直流电流(DC),将电力变换分为四种可能的类型:AC-DC、DC-DC、DC-AC 和 AC-AC。

AC-DC 变换器可以将交流转换为直流,通常也称为整流器,用于交流电网或交流发电机与直流电池的连接,整流电路和原理在第二章交流发电机的电路分析中已经阐述过。

DC-DC 变换器则是将直流电压转换为另一不同大小的直流电压的电力电路。汽车中大多数电器设备的电压都比动力电池组的输出电压低,通过 DC-DC 变换器将动力电池组的高压直流电源转换为低压直流电源。另外,动力电池组的电压会随着电力需求的增加而显著下降,这也需要由 DC-DC 变换器提升动力电池组的电压以使动力系统更有效。

现代电动汽车动力系统中所使用的驱动电机往往需要的是交流电而不是直流电,因而需要 DC-AC 逆变器将高压动力电池组的直流电源转换为三相高压交流电源,其关键电力电子器件就是具有大功率、高频率电源转换的 IGBT。逆变器将电源功率按一定的逻辑关系分配给交流电机定子 UVW 的各相绕组,从而使电机定子产生持续不断的电磁转矩,驱动电机转子旋转,并带动负载进行机械旋转运动,实现从电能到机械能的转换。

AC-AC 变换器通常用于电机和高电压负载,通常不应用于汽车上。

以丰田普锐斯汽车动力系统为例,DC-DC 变换器将电池电压从约 200V 升至 200～650V 之间的水平,以使动力总成高效运作;DC-AC 逆变器用于将高压直流电连接到电机。同时使用 DC-DC 变换器和 DC-AC 逆变器实现了电力的双向流动。例如,车辆正常行驶时,可将从电池获得的电力输出给驱动电机;制动时,可通过起动机或驱动电机回收制动能量,为电池充电。

DC-AC 逆变器和 DC-DC 变换器通常集成在电力电子控制箱(power electrical box,PEB)中,也有些纯电动汽车的 DC-DC 变换器是一个单独总成。

一、DC-DC 变换器

DC-DC 变换又称为直流斩波,它将大小固定的直流电压变换成另一种直流电压,可用于升压、降压和变阻。直流斩波技术已被广泛应用于直流电机调速、蓄电池充电和开关电源等方面,特别是在电动汽车动力驱动中,取代了变阻器调速和制动,方便地实现了无级调速、平稳运行,并且节电 20%～30%,节能效果巨大。

开关型 DC-DC 变换器的原理电路及工作波形如图 3-53 所示。如果开关 S 导通时间为 t_{on},关断时间为 t_{off},则在输入电压 U_d 恒定条件下,控制开关的通、断时间的相对长短,便可控制输出平均电压 U_o 的大小,实现了无损耗直流调压。从工作波形来看,相当于一个将恒定直流进行"斩切"输出的过程,故称斩波器。

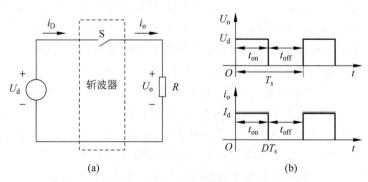

图 3-53　开关型 DC-DC 变换器的原理电路及工作波形

(a) 电路;(b) 电压、电流波形

斩波器有两种基本控制方式：脉宽控制和瞬时值控制。

1. 脉宽控制

脉宽控制又称时间比控制，是 DC-DC 变换中采用较多的控制方式。它通过改变斩波器的通、断时间而连续控制输出电压的大小。

$$U_o = \frac{1}{T_s}\int_0^{T_s} u\, dt = \frac{t_{on}}{T_s} U_d = \alpha U_d \qquad (3\text{-}35)$$

式中：T_s——斩波周期，$T_s = t_{on} + t_{off} = 1/f$；

　　　f——斩波频率；

　　　α——导通比，$\alpha = t_{on}/T_s$。

可以看出，改变导通比 α 即可改变输出电压平均值 U_o，而 α 的变化又是通过对 t_{on}、T_s 控制实现的。如果将斩波频率固定（即 T_s 不变），只通过改变导通时间 t_{on} 实现 α 变化，从而控制输出电压 U_o 大小的方法称为脉宽调制（pulse width modulated，PWM），又称定频调宽。

2. 瞬时值控制

瞬时值控制的具体方法是：将期望的输出值或波形作为参考值 U_L，规定一个控制误差 e。当斩波器实际输出瞬时值达到指令值上限 $U_L + e$ 时，关断斩波器；当斩波器实际输出瞬时值达到指令值下限 $U_L - e$ 时，导通斩波器，从而获得围绕参考值 U_L 在误差带 $2e$ 范围内的斩波输出。

瞬时值控制通常用在恒值（恒压或恒流）控制或波形控制中，此时斩波器功率器件的开关频率较高，非恒值波形控制中开关频率不恒定，要注意功率器件的开关损耗、最大开关频率的限制等实际应用因素，确保斩波电路安全、可靠地工作。

二、DC-AC 逆变器

无论是汽车蓄电池，还是动力电池，输出的都是直流电，因此需要利用逆变电路将直流电转换成交流电再输出给电机。通常把直流电变换成交流电称为逆变。逆变电路（inverter circuit）是与整流电路（rectifier circuit）相对应的，逆变电路可用于构成各种交流电源，在工业中得到广泛应用。当逆变电路交流侧接在电网上，即交流侧接有电源时，称为有源逆变；当交流侧直接和负载连接时，称为无源逆变。逆变电路有多种多样的拓扑组成，汽车上使用的主要是脉宽调制型逆变电路。

电动汽车电机对逆变器的输出特性有严格要求，除频率可变、电压大小可调外，还要求输出电压基波尽可能大、谐波含量尽可能少。电动汽车主要采用 IGBT 作为高频通、断的开关控制器件，将方波电压输出变为等幅不等宽的脉冲电压输出，并通过调制控制使输出电压消除低次谐波，只剩幅值很小、易于抑制的高次谐波，从而极大地改善了逆变器的输出特性。这种逆变电路就是脉宽调制型逆变电路，它是目前 DC-AC 变换中最重要的变换技术。

图 3-54 为单相全桥逆变电路，当全控型自开关器件 V1、V4 闭合，V2、V3 断开时，负载电压 u_o 为正；当开关 V1、V4 断开，V2、V3 闭合时，负载电压 u_o 为负，其电压波形如图 3-55 所示，这样就将直流电变成了交流电。改变两组全控型自开关器件的切换频率，即可改变输出交流电的频率，这就是最基本的逆变电路工作原理。当负载为电阻时，负载电流和输出电压的波形频率和相位都相同；当负载为感性阻抗时，负载电流要滞后于输出电压。利用三

角波与正弦波相交,输出电压 u_o 的大小可以从零调至最大值,从而获得一组宽度按正弦规律变化的脉冲波形,实现正弦脉宽调制(SPWM),如图 3-55 所示。

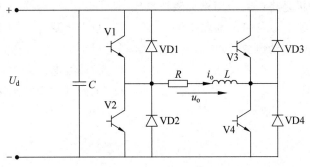

图 3-54　单相全桥逆变电路

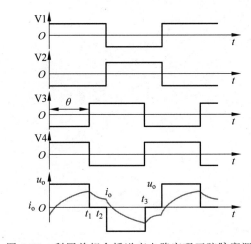

图 3-55　利用单相全桥逆变电路实现正弦脉宽调制

习　题

一、判断题

1. 直流串励式起动机的转矩特性是转矩与电枢电流的平方成正比。　　　　　（　　）

2. 由于采用减速装置,所以起动机可以采用高转速电机。　　　　　　　　　（　　）

3. 由于采用起动保护继电器,所以不需要单向离合器。　　　　　　　　　　（　　）

4. 汽油发动机在起动时的转速通常为 50～70r/min。　　　　　　　　　　　（　　）

5. 每次接通起动机的时间不得超过 5s。　　　　　　　　　　　　　　　　　（　　）

6. 某起动机的转速为 750r/min,发动机的转速为 50r/min,其传动比为 14。　（　　）

二、单项选择题

1. 直流串励式起动机在空载时,电流最小,转速达到最大值,功率为（　　　）。

　　A. 最大值　　　　　　B. 额定功率　　　　　C. 最大功率　　　　　D. 零

2. 起动发动机时,应挂入（　　　）,或踩下离合器。

　　A. 空挡　　　　　　　B. 1 挡　　　　　　　C. 2 挡　　　　　　　D. 倒挡

3. 由于采用减速装置,所以可以增大驱动齿轮的(   )。

    A. 转速　　　　　　B. 转矩　　　　　　C. 功率　　　　　　D. 效率

4. 永磁式起动机是将(   )用永久磁铁取代。

    A. 电枢绕组　　　　B. 励磁绕组　　　　C. 吸引线圈　　　　D. 保持线圈

5. 发动机起动时起动电流经过(   )进入起动电机。

    A. 点火开关　　　　　　　　　　　B. 起动继电器

    C. 吸引线圈　　　　　　　　　　　D. 电磁开关内的主接触盘

第四章　汽车点火系统

学习目标

1. 能够理解传统点火系统的分电器、点火线圈、火花塞等各组成部件的结构、功能和原理；

2. 能够分析磁感应式和霍尔式点火系统点火信号产生的原理和过程，并对比其特点；

3. 能够阐述点火提前角对发动机工作的影响，分析点火提前角的调整规律和实现方式；

4. 能够掌握现代汽车电子点火系统的组成和工作原理，对比分析无分电器电子点火系统、单火花独立点火和双火花同时点火的特点及点火控制方式。

第一节　点火系统概述

汽车发动机的工作循环由吸气、压缩、做功与排气四个行程组成。柴油机用压缩着火，汽油机均采用电火花点火。柴油机压缩行程末期，气缸内压缩空气的温度已经超过柴油的燃点，从喷油嘴喷出的雾状柴油遇到热空气即可立即燃烧，因此，无须设置点火装置。汽油的燃点较高，必须用明火点燃，气缸内的汽油混合气是用高压电火花点燃的。对汽油机而言，点火控制技术水平的高低直接影响发动机的动力性、经济性、排放污染及工作稳定性。

点火系统按结构型式分为触点式点火系统、电子点火系统和微机控制点火系统三种类型。触点式点火系统 1908 年由美国人凯特林(Cartline)研制开发，首先于 1910 年用在凯迪拉克(Cadillac)汽车上。长期以来，汽车一直采用触点式点火系统，因此又称为传统点火系统或蓄电池点火系统。1990 年以前，我国生产的汽车广泛应用的还是传统点火系统，目前传统点火系统已淘汰，现代汽车普遍采用电子点火系统和微机控制点火系统，但传统点火系统的结构组成及工作原理较好地解释了点火实现的过程，有助于理解和学习现代汽车电子点火系统。

一、点火系统的功能

点火系统最主要的功能就是适时产生电火花。点火系统将电源的低电压变成高电压，再按照发动机点火顺序轮流送至各气缸，通过燃烧室内的火花塞间隙放电，产生电火花点燃压缩混合气；并能适应发动机工况和使用条件的变化，自动调节点火时刻，实现可靠而准确的点火。因此，对于点火系统的电路及控制，最重要的是产生合适的高电压，并适时传送至各气缸火花塞。

点火高电压的产生，主要通过点火线圈来实现，点火线圈相当于一个变压器，初级线圈与点火控制开关组成初级回路，在点火信号的控制下，经过自感和与次级线圈的互感产生高压。次级线圈与点火分配电路和火花塞相连，实现高压的分配和传输。

二、发动机对点火系统的要求

点火系统应在发动机各种不同工况和使用条件下，均能保证可靠而准确地点燃混合气。为此，点火装置必须满足以下四个要求。

（1）点火装置应能产生足以击穿火花塞间隙的高电压（正常工作时一般为 10kV，低温起动时一般需要 19kV 以上），一般最高电压达 20～30kV。击穿电压的大小受很多因素影响，为保证可靠点火，点火高电压必须有一定的储备量。影响击穿电压的因素主要有：

① 火花塞电极间隙和形状。火花塞电极的间隙越大，所需击穿电压就越高；电极的尖端棱角分明，所需的击穿电压低。

② 气缸内混合气的压力和温度。混合气的压力越大，温度越低，击穿电压就越高。

③ 电极的温度。火花塞电极的温度越高，电极周围的气体密度越小，击穿电压就越低。

（2）电火花应具有足够的点火能量。发动机正常工作时，混合气压缩终了的温度接近其自燃温度，仅需要 1～5mJ 的点火能量。但在混合气过浓或过稀时，发动机起动、怠速或节气门急剧打开时，则需要较高的点火能量；随着现代发动机对经济性和排气净化要求的提高，都迫切需要提高点火能量。

因此，为了保证可靠点火，高能电子点火系统一般应具有 80～100mJ 的点火能量，起动时应产生高于 100mJ 的点火能量；而且电火花还应有一定的持续时间，通常不少于 500μs。

（3）点火时间应与发动机工作情况相适应，能根据发动机工况的变化依次对各气缸提供最佳的点火时刻，以使发动机产生最大的功率。这里包含了点火顺序和点火时刻两个重要因素。

由于混合气在气缸内从点火到完全燃烧，需要占用一定的时间，约为几毫秒，所以混合气不应在压缩行程上止点处点火，而应适当提前，使活塞达到上止点时，混合气已得到充分燃烧，从而使发动机获得较大功率。点火时刻一般用点火提前角来表示，即从发出电火花开始到活塞到达上止点为止的一段时间内曲轴转过的角度。发动机要根据使用工况和条件适时调整点火提前角，以达到动力性、经济性和排放性能的需求。

（4）在特殊使用条件（热带、寒带、潮湿及空气稀薄地区）下行驶时，点火系统必须可靠工作。

三、点火系统的分类

1. 按初级电路控制方式分类

传统点火系统由分电器中的断电器触点来实现初级电路的通断，也称触点式点火系统。由于触点的频繁接通和断开，不可避免地产生电火花，使触点容易被烧蚀、氧化，因而传统点火系统的工作可靠性差，已经淘汰。

电子点火系统由点火控制器中功率晶体管的开关特性来控制初级电路的通断，其结构特点是：在传统点火系统的基础上，增加了信号发生器和点火控制器，采用各种形式的点火信号发生器来代替电器触点。信号发生器通常有三种：光电式、磁感应式和霍尔式。其基本原理是：由信号发生器产生触发信号，经过点火控制模块的放大电路整形、处理，控制大功率三极管的导通与截止，达到控制点火线圈初级电流通断的目的，如图 4-1 所示。

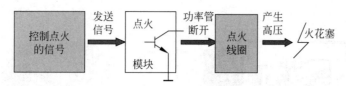

图 4-1　电子点火系统工作流程

2. 按高压电的配电方式分类

(1) 机械配电点火系统(有分电器);

(2) 计算机配电点火系统(无分电器)。

3. 按点火信号发生器的原理分类

(1) 磁感应式(如日本丰田车系);

(2) 霍尔效应式(如德国大众车系);

(3) 光电式(如日本日产车系)。

4. 按点火系统储存能量的方式分类

(1) 电感储能式:点火能量以磁场能形式储存在点火线圈中,广泛应用于大多数车辆,本章所述各类点火系统的能量储存方式均为此类。

(2) 电容储能式:点火能量以电场能形式储存在储能电容中,在需要点火时由储能电容向点火线圈初级绕组放电,同时在次级绕组中感应产生高电压。电容储能式点火系统结构相对复杂、成本较高,放电持续时间较短($5\sim50\mu s$),而电感储能式点火系统放电持续时间为 $1000\sim2000\mu s$,因此,电容储能式对发动机起动、低速和燃烧稀混合气点火都极为不利,通常适用于高转速赛车。

第二节　点火系统的结构组成

汽油发动机中,点火系统一般是由电源(蓄电池或发电机)、点火开关、点火线圈、点火信号发生器、点火控制器、火花塞、连接线路等部件组成。点火控制器根据点火信号控制着各气缸点火顺序,并接收处理表征发动机工况变化的各类信号,调整点火提前角。

传统点火系统由分电器盖及转动的分火头来实现配电,按点火顺序向火花塞传递高电压;同时根据分电器转子上离心飞块的惯性力和真空膜盒的变形调整点火提前角,如图 4-2 所示。这种机械结构不仅会导致点火能量的损失,甚至会导致缺火、断火,而且对点火提前角的控制精度也得不到保证。

在现代汽车点火系统中分电器已逐渐淘汰,其功能被相应的传感器和控制器所替代,称为无分电器微机控制点火系统。它通常由低压电源、点火开关、计算机控制单元(ECU)、点火控制器、点火信号发生器、点火线圈、火花塞、高压线和各种传感器等组成,其工作过程和结构分布分别如图 4-3、图 4-4 所示。

目前,最常见的微机控制单独点火系统中高压连接线也已经取消,直接将点火线圈安装在火花塞上方,高压电路在缸盖内实现,如图 4-5 所示。无分电器微机控制点火系统采用 ECU 控制点火提前角、点火持续时间以及点火高压的分配和爆燃控制,其系统电路如图 4-6 所示。

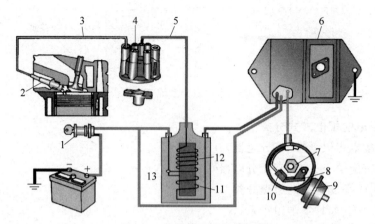

图 4-2　传统点火系统结构

1—点火开关；2—火花塞；3—分高压线；4—分电器盖及分火头；5—中央高压线；
6—点火控制器；7—信号转子；8—永久磁铁；9—真空调节器；10—信号线圈；
11—初级绕组；12—次级绕组；13—点火线圈

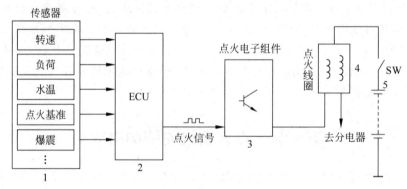

图 4-3　无分电器微机控制点火系统工作示意图

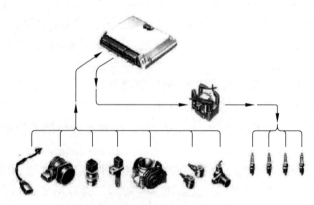

图 4-4　无分电器微机控制点火系统结构分布

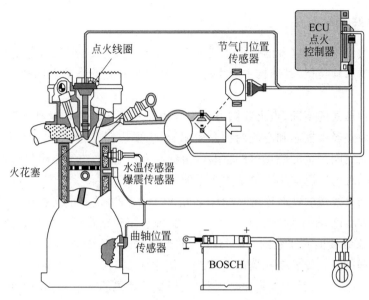

图 4-5　微机控制单独点火系统结构

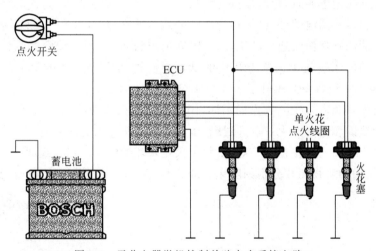

图 4-6　无分电器微机控制单独点火系统电路

一、点火开关

点火开关用来控制点火系统电路的接通与断开,车辆的点火开关通常有 LOCK、ACC、ON、START 四个挡位,如图 4-7 所示。LOCK 表示全车电器电路关闭;ACC 表示仪表,收音机等附件电路接通;ON 表示全车电器电路接通;START 表示起动电路接通。

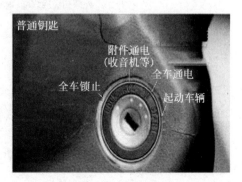

图 4-7　点火开关

二、点火线圈

点火线圈的作用是将电源的低电压变为 $15\sim20\mathrm{kV}$ 高电压,它利用电磁互感原理制成,与自耦变压器的原理类似,其结构主要由硅钢片叠成的铁芯及铁芯上的初级线圈和次级线圈组成。

按磁路结构形式的不同,点火线圈可分为开磁路式和闭磁路式两种。开磁路式点火线圈产生的磁场磁路经由铁芯和空气两种介质闭合,主要应用在传统点火系统中,现已淘汰;而闭磁路式点火线圈产生的磁场磁路主要经由铁芯介质闭合,空气磁路只有很少的空间,磁导率高,漏磁少,现已广泛应用于电子点火系统中。

闭磁路式点火线圈的铁芯通常呈"日"字形或"口"字形,铁芯上绕有初级线圈,在初级线圈外面绕有次级线圈,整个铁芯只有一个微小的气隙,闭磁路式点火线圈的能量转换效率达到 75% 以上。次级线圈的匝数约为初级线圈的近百倍,其升压原理类似于变压器,但与普通变压器不一样的是:普通变压器的工作频率固定为 $50\mathrm{Hz}$,又称工频变压器,而点火线圈则以脉冲形式工作,可以看成是脉冲变压器,它根据发动机的转速以不同的频率反复进行储能及放能。

当初级线圈接通电源时,随着电流的增长会产生一个很强的磁场,铁芯储存了磁场能;当开关装置使初级线圈电路断开时,初级线圈的磁场迅速衰减,次级线圈就会感应出很高的电压。初级线圈的磁场消失速度越快,断开瞬间的电流越大,两个线圈的匝比越大,则次级线圈感应出来的电压越高。通常十几伏的低电压经过初级线圈磁场变化,自感电压达到 $200\sim300\mathrm{V}$,再由次级线圈互感升至十几千伏至几十千伏的高电压。

根据点火方式和点火线圈数量的不同,闭磁路式点火线圈的结构形式又分为两类:单独点火式点火线圈和同时点火式点火线圈,也称为单火花点火线圈和双火花点火线圈。

单火花点火线圈与火花塞一一对应,每个火花塞都配有一个点火线圈,安装在火花塞正上方,其内部结构和实物照片分别如图 4-8 和图 4-9 所示。由于取消了高压线,能量传递损

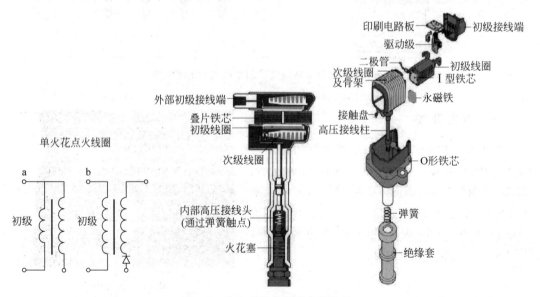

图 4-8　单火花点火线圈内部结构

失及漏电损失极小,而且各气缸的点火线圈和火花塞装配在一起,外用金属包裹,大幅减少了电磁干扰,可以保障发动机电控系统的正常工作。另外,由于点火线圈数量的增加,初级绕组允许通电的时间大幅增加,尤其适用于当前的高转速发动机,在发动机高速运转时,有足够的通电时间,因此能够提供更高的点火能量。

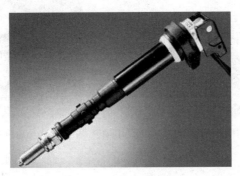

图 4-9　单火花点火线圈实物照片

　　根据发动机气缸数量和设计的需要,双火花点火线圈可以用高压电线与两个、四个或六个火花塞相连,如图 4-10 所示。每两个高压接线端为一组,分别与两个火花塞串联,使两缸同时点火,其中一个气缸活塞处于压缩上止点附近,火花塞正常点火;另一个气缸活塞处于进排气上止点附近,火花塞点火无效,连线示意图和内部结构如图 4-11 和图 4-12 所示。某六缸发动机双火花点火线圈的接线照片如图 4-13 所示。

图 4-10　分别与两个、四个或六个火花塞相连的双火花点火线圈

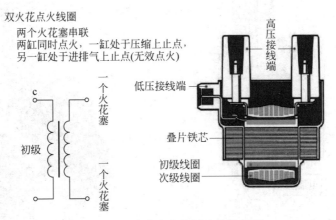

图 4-11　双火花点火线圈连线示意图

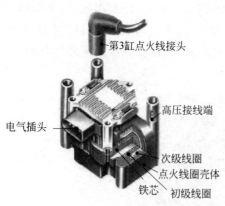

图 4-12　双火花点火线圈的内部结构

图 4-13　某六缸发动机双火花点火线圈的接线实例

三、火花塞

　　火花塞的作用是将点火线圈产生的点火高压引入发动机的燃烧室,在其电极间隙中形成电火花,点燃混合气。其结构主要由壳体、陶瓷绝缘体、中心电极和侧电极等组成,中心电极与侧电极之间的间隙称电极间隙,如图 4-14 所示。

　　中心电极和侧电极采用不同的镍铬或镍锰合金制成,具有良好的耐高温、耐腐蚀性能。火花塞的电极间隙过小会致使火花微弱,并且容易因产生积炭而漏电;但如果电极间隙过大,所需的击穿电压增高,发动机不易起动,且在高速时易发生"缺火"。电极间隙多为 0.6～0.8mm,采用高能电子点火装置时,电极间隙可增大至 1.0～1.2mm。火花塞电极间隙增大后有利于稀混合气点燃。火花塞的侧电极一般是一个,近年来火花塞的侧电极有两个或两个以上的,称为多极型火花塞,其优点是提高了点火可靠性,如图 4-15 所示。

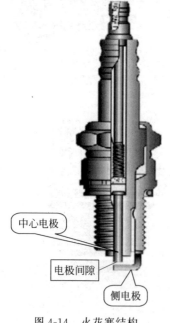

图 4-14　火花塞结构

图 4-15　多极型火花塞

火花塞的热特性是指火花塞陶瓷绝缘体的炽热端将热传导至发动机冷却系统的能力。实践证明,火花塞绝缘体裙部保持在 $500\sim600\,℃$ 时落在绝缘体上的油滴能立即烧去,在该温度下,火花塞不易形成积炭,称为火花塞的自净温度。低于这个温度时,火花塞因积炭而漏电,导致不点火;高于这个温度时,又容易产生炽热点火引起爆燃,甚至在进气行程中燃烧,产生回火现象。因此火花塞的热特性必须与发动机相适应,为使火花塞绝缘体裙部经常保持在自净温度,就要求火花塞吸收的热量与散出的热量达到一定的平衡状态,并在发动机转速和功率正常变化的范围内保持稳定。

火花塞的热特性主要取决于绝缘体裙部的长度。绝缘体裙部长的火花塞,其受热面积大,散热距离长,散热困难;反之,绝缘体裙部短的火花塞,其受热面积小,而散热距离短,散热较容易。习惯上以热值来定义火花塞的类型,分为低热值、中热值、高热值三种火花塞,所谓热值是指陶瓷绝缘体裙部吸热与散热的平衡性能,绝缘体裙部越长,其热值越低,如图 4-16 所示。低热值火花塞适用于功率小、转速低和压缩比低的发动机;高热值火花塞适用于功率大、转速高和压缩比大的发动机。根据国家专业标准 QC/T 430—2005《火花塞产品型号编制方法》的规定,我国火花塞绝缘体裙部的长度与热值之间关系如表 4-1 所示。

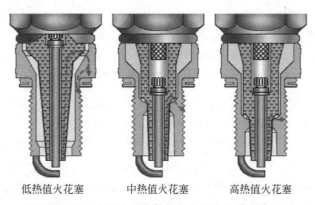

低热值火花塞　　　中热值火花塞　　　高热值火花塞

图 4-16　火花塞绝缘体裙部的长度及其热值

表 4-1　火花塞绝缘体裙部的长度与热值关系

裙部长度/mm	16.5	13.5	11.5	9.5	7.5	5.5	3.5
热值	3	4	5	6	7	8	9
热特性	热→冷						

四、点火信号发生器

点火信号发生器的功用是判定活塞在气缸中所处的位置,并将活塞位置信号转变成为脉冲电信号输送到点火控制器,点火控制器根据活塞上止点位置及点火提前角,产生点火信号电压,控制点火线圈初级电流的通断,从而保证火花塞在恰当的时刻点火。

按点火信号产生的原理,常见的电子点火系统分为磁感应式、霍尔式和光电式三种类型。点火信号发生器可以安装在分电器内,也可以由独立的曲轴位置传感器构成,适用于各类无分电器电子点火系统中。光电式点火信号发生器由于受环境条件(如灰尘、油污和光照)的影响较大,必须安装在密封良好的环境内,因此主要应用在有分电器的电子点火系统中。

1. 磁感应式点火信号发生器

磁感应式点火信号发生器,或称磁感应式曲轴位置传感器,主要由信号转子、感应线圈、铁芯和永久磁铁组成,其结构如图 4-17 所示。信号转子与曲轴直接或间接相连,直接相连的通常安装在发动机输出轴飞轮附近,或变速器输入轴附近;间接相连的常见于旧式的分电器轴上。

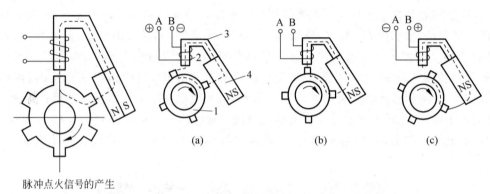

脉冲点火信号的产生

图 4-17　磁感应式曲轴位置传感器的磁路和工作原理

(a) 靠近时;(b) 对正时;(c) 离开时

1—转子;2—感应线圈;3—铁芯;4—永久磁铁

磁感应式曲轴位置传感器所形成的磁路和工作原理如图 4-17 所示。其磁路为:永久磁铁 N 极→空气气隙→转子→空气气隙→铁芯→永久磁铁 S 极。

当发动机运转时,信号转子随曲轴旋转,这时信号转子的凸齿与铁芯间的空气气隙将发生变化,使通过感应线圈的磁通发生变化,因而在感应线圈内产生交变电动势。信号转子的每个凸齿经过铁芯的同时,在线圈中感应出相应的电动势,产生一个信号脉冲。

以含有 4 个凸齿的信号转子为例,凸齿数与发动机的气缸数相等,分析它产生感应信号的具体过程:

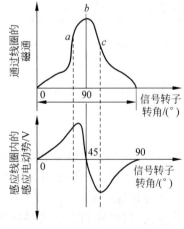

磁感应式
信号发生器

图 4-18　感应线圈的磁通和感应电动势的变化趋势

如图 4-17(a)所示,转子凸齿逐渐向铁芯靠近时,转子凸齿与铁芯间的空气气隙逐渐变小,磁路的磁阻逐渐变小,则穿过感应线圈的磁通逐渐增多,于是在感应线圈中便产生正的感应电动势。根据楞次定律,其感应电动势的方向总是阻碍磁通的增长,其大小与磁通的变化率 $d\Phi/dt$ 成正比。此时的磁通和感应电动势的变化情况如图 4-18 所示的 0°~45°的波形。显然,在信号转子转到铁芯位于信号转子两个凸齿之间的某一位置 a 点时,磁通的变化率 $d\Phi/dt$ 最大,则所对应的感应电动势最大,即有正的最大值。在信号转子转角为 0°~45°,感应线圈中的感应电动势表现在其 A 端为"＋"、B 端为"－"。

如图 4-17(b)所示,当信号转子的凸齿正好与铁芯对正时,转子凸齿与铁芯间空气气隙最小,则穿过感应线圈的磁通最大,磁路的磁阻最小,此时磁通的变化率 $d\Phi/dt$ 为 0,感应线圈中的感应电动势也为 0。如图中 b 点,对应的就是信号转子转角接近 45°时磁通和感应电动势情况。

如图 4-17(c)所示,当转子凸齿与铁芯由对正位置逐渐远离时,转子凸齿与铁芯间的空气气隙逐渐变大,磁路的磁阻逐渐变大,则穿过感应线圈的磁通逐渐减小,于是在感应线圈中便产生负的感应电动势。此时的磁通和感应电动势的变化情况如图 4-18 所示的 45°~90°的波形。当转至某一位置 c 时,其减少的磁通变化率最大,故线圈中的感应电动势最高,呈负的最大值。在信号转子转角为 45°~90°,感应线圈中的感应电动势表现在其 A 端为"一"、B 端为"十"。

可见在信号转子转动时,感应线圈内感应电动势的方向发生交替变化,因而信号转子每转一周即产生 4 个交变信号,将这 4 个正脉冲或负脉冲信号输出至点火控制器,以便分别准确地控制 4 个气缸的点火。

与曲轴直接相连的信号转子上的凸齿数量越多,测量的曲轴位置越精准。信号转子上的缺齿或额外的凸齿可作为曲轴位置的校准信号,如图 4-19 所示,信号盘分成 60 份,每两个凸齿间为 6°,缺 2 个凸齿所产生的大周期脉冲代表了第一、第四缸上止点前 114°。

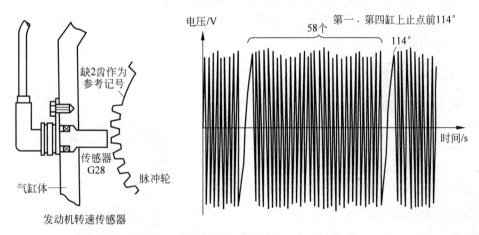

图 4-19　信号转子及感应线圈上产生的波形

磁感应式点火信号发生器的结构简单,但输出信号受发动机转速影响较大。发动机转速升高时,磁通变化率增大,感应电动势峰值也将增大;发动机转速较低时,磁通变化率较小,感应电动势峰值也随之减小,甚至峰值脉冲信号会被滤波器过滤而不能识别,因此在发动机低速时没有霍尔式点火信号发生器准确可靠。

2. 霍尔式点火信号发生器

霍尔式点火信号发生器用霍尔元件制成,又称为霍尔式曲轴位置传感器,其突出优点是输出信号为数字脉冲,准确可靠,不受发动机转速影响,是目前国内外应用最为广泛的点火装置,它的基本工作原理是霍尔效应。

霍尔效应是一种常见的电磁物理现象,1879 年由美国物理学家霍尔在实验中发现,他在矩形金属薄板两端通以电流,并在垂直金属平面方向上加以磁场,电子在磁场力,即洛伦兹力的作用下发生偏移,并与正电荷分别聚集在金属薄板两侧建立电场,直到磁场力与电场力相等时达到动态平衡。这时,金属薄板两侧聚集的电子和正电荷产生一个相对稳定的电场,称为霍尔电场 E_H,相应的电动势称为霍尔电动势,或称霍尔电压 U_H。

为了增强这一效应,用半导体薄片制成霍尔元件,当电流 I 通过放在磁场中的半导体基片(霍尔元件)且电流方向和磁场方向垂直时,则在该霍尔元件垂直于电流和磁场的方向上产生一个电压 U_H,称为霍尔电压,如图 4-20 所示。

$$U_H = \frac{R_H}{d}IB \tag{4-1}$$

式中: R_H——霍尔系数;

$\quad\quad d$——基片厚度;

$\quad\quad I$——电流;

$\quad\quad B$——磁感应强度。

常用的材料有硅、锗、锑化铟和砷化铟等,霍尔元件越薄(d 越小),霍尔电压 U_H 就越大,薄膜霍尔元件厚度只有 $1\mu m$ 左右。当霍尔元件的材料和基片厚度确定时,霍尔电压的大小与通过霍尔元件的电流及磁感应强度成正比。如果设置流经霍尔元件的电流为定值,则霍尔电压只与磁感应强度成正比。

霍尔式点火信号发生器的典型结构如图 4-21 所示。它由触发叶轮、霍尔元件、永久磁铁和信号触发电路组成。触发叶轮由曲轴带动,在霍尔元件和永久磁铁之间转动,其叶片数通常与气缸数相等。

霍尔式信号
发生器

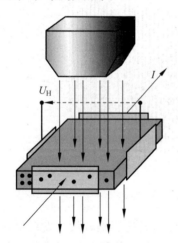

图 4-20   霍尔效应原理图

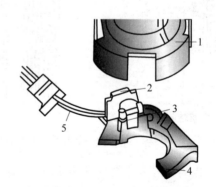

图 4-21   霍尔式点火信号发生器的典型结构
1—触发叶轮;2—霍尔元件;3—永久磁铁;4—触发开关板;5—专用插座

霍尔式点火信号发生器的工作原理如图 4-22 所示。图中的霍尔元件有 4 个接线端,A、B 分别为信号电流的输入端,C、D 则为霍尔电压 U_H 的输出端,永久磁铁产生的磁力线可穿过空气气隙垂直进入霍尔元件的正面,也可由叶片遮住而将霍尔元件旁路。

曲轴带动触发叶轮转动时,每当叶片进入永久磁铁与霍尔元件之间的空气气隙时,原来垂直进入霍尔元件的磁力线立即被叶片遮住,霍尔集成电路中的磁场即被触发叶轮的叶片所旁路(或称隔磁)。这时在霍尔元件的 C、D 输出端不能产生霍尔效应,$U_H = 0$,产生低电平输出信号。此时,集成电路放大器输出极导通,点火线圈初级绕组中有电流通过。

当触发叶轮的叶片离开空气气隙时,永久磁铁中的磁力线则可垂直进入霍尔元件,于是

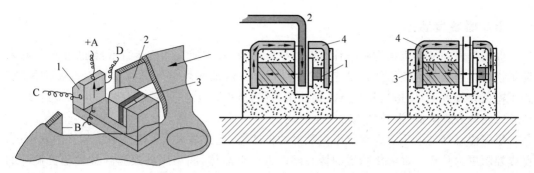

图 4-22 霍尔式点火信号发生器的工作原理

1—霍尔元件；2—触发叶轮叶片；3—永久磁铁；4—导磁板

在其输出端 C、D 便有霍尔电压 U_H 信号输出。这时产生高电平输出信号，集成电路放大器输出极截止，初级电流被切断，次级绕组便感应出高电压，实现点火。霍尔式点火信号发生器的集成电路原理如图 4-23 所示。

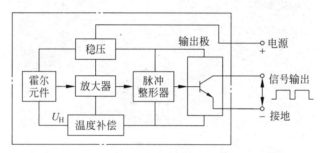

图 4-23 霍尔式点火信号发生器的内部集成电路图

在无分电器的电子点火系统中，霍尔式曲轴位置传感器直接安装在发动机机体中部，与铸造在曲轴上的信号盘对应，其工作原理与上述霍尔式点火信号发生器类似，也依赖于霍尔效应，确定曲轴位置信号，并传递给点火控制单元。

3. 光电式点火信号发生器

光电式传感器是利用发光源光二极管、遮光盘和光电转换元件（光敏晶体管）制成的传感器。由于发光元件和光电转换元件的工作性能受环境条件（如灰尘、油污和光照）影响较大，而汽车工作环境又十分恶劣，这就要求光电式传感器必须安装在密封良好的环境内。因此，光电式传感器一般用于有分电器的电子点火系统，并安装于分电器内部，在无分电器的电子点火系统中应用较少。

光电式传感器的工作原理为光电效应，如图 4-24 所示，当信号转子转动到某叶片遮挡住光源时，光敏晶体管截止；信号转子叶片离开时，发光源照射到光敏晶体管上，光敏晶体管导通。利用光敏晶体管输出的脉冲信号控制点火线圈初级电路的通断。

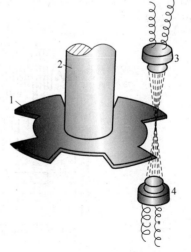

图 4-24 光电式传感器的工作原理

1—信号转子；2—转子轴；
3—发光源；4—光敏晶体管

光电式信号
发生器

五、爆震传感器

爆震是汽油发动机运行中一种有害的故障现象,轻则使发动机运行不稳定,重则导致发动机损坏。爆震与所使用的汽油辛烷值密切相关,汽油辛烷值越低越容易引起爆震燃烧。为了避免爆震发生,应适当减小点火提前角,延迟点火;但是,如果点火提前角调整过度,则会导致燃烧效率降低,混合气无法完全燃烧。

爆震传感器是电控点火系统中很重要的传感器,尤其是采用了进气增压装置的发动机,爆震控制更为重要。爆震传感器的核心部件为压电晶体,利用压电效应测量发动机振动的频率和幅度,通常安装在发动机缸体侧面,或以压电垫片的形式直接安装在火花塞上,其实物图片如图 4-25 所示。

图 4-25　爆震传感器实物照片

爆震传感器能够监测发动机是否发生爆震及爆震的程度,将发动机爆震信号反馈给ECU,ECU 根据爆震信号对点火提前角进行修正,让点火时刻保持在爆震临界曲线的附近,如图 4-26 所示,使发动机的燃烧处于接近爆震而不发生爆震的最佳状态,从而获得较高的燃烧效率。

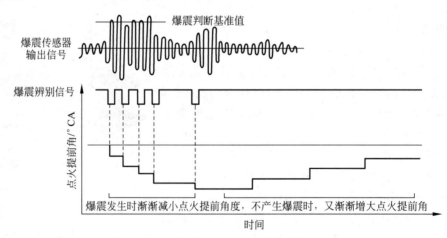

图 4-26　爆震传感器的输出信号及反馈控制

六、其他传感器

现代汽车电子点火控制系统对点火的控制越来越精密,除了上述用于曲轴位置检测和点火提前角反馈的两个基本传感器外,还有一系列的传感器用来检测与点火相关的发动机工作和状况信息,并将检测结果输入 ECU,作为计算控制点火时刻的依据。虽然各种类型汽车采用的传感器的类型、数量、结构及安装位置不尽相同,但其作用都大同小异,而且这些传感器大多与燃油喷射系统和其他电子控制系统共用。主要包括凸轮轴位置传感器、空气流量传感器、进气歧管压力传感器、进气温度传感器、节气门位置传感器、冷却液温度传感器等。

凸轮轴位置传感器,也称气缸识别传感器,或同步信号发生器,通常利用霍尔效应或磁阻效应确定配气凸轮轴的位置,产生与曲轴位置传感器信号对应的同步信号,使 ECU 识别第 1 缸的压缩上止点,从而进行顺序喷油控制、点火时刻控制和爆震控制。此外,凸轮轴位置信号还用于发动机起动时识别出第一次点火时刻,以及可变气门机构中监控进排气凸轮位置。

空气流量传感器,或进气歧管压力传感器,用于直接或间接确定发动机进气量的大小,除了用于计算基本喷油时间之外,还用作负荷信号来计算和确定基本点火提前角。

进气温度传感器信号反映了发动机吸入空气的温度,在计算机控制电子点火系统中,ECU 利用该信号对基本点火提前角进行修正。

节气门位置传感器将节气门开启角度转换为电信号输入 ECU,ECU 利用该信号和车速传感器信号来综合判断发动机所处的工况(怠速、中等负荷、大负荷以及加减速状态),并对点火提前角进行修正。

冷却液温度传感器信号反映了发动机工作温度的高低。在计算机控制点火系统中,ECU 除了利用该信号对基本点火提前角进行修正之外,还要利用该信号控制发动机起动和暖机期间的点火提前角。

七、点火控制器

点火控制器又称为点火控制模块、点火器或功率放大器,是电控点火系统的一个执行部件,它接受 ECU 输出的点火信号并进行功率放大,控制点火线圈初级电路通断,从而使点火线圈产生高电压。点火控制模块还可以用于控制初级电流和闭合角大小,以及实现停车断电保护、过压保护、反向保护等。以意大利 SGS-THOMSON 公司生产的 IA97 专用点火集成模块为例,它应用在大众汽车多种车型上,其集成电路如图 4-27 所示。

1. 初级电流上升率的控制

该点火控制器如果检测到点火线圈初级绕组中的电流小于额定电流较多时,控制电路便迅速提高初级电流的上升率,使初级电流恒定在额定电流值(7.5A),保证点火能量恒定。

2. 闭合角控制

控制末级大功率晶体管 VT 的导通时间,使初级电流恒定在额定电流值,保证点火系统的可靠工作。

3. 停车断电保护

当汽车发动机停止工作但点火开关仍接通时,点火线圈初级绕组处于长时间通电状态,

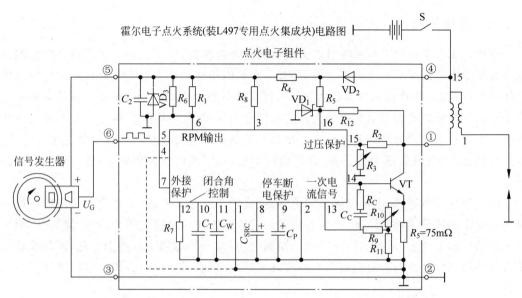

图 4-27　意大利 SGS-THOMSON 公司生产的 IA97 专用点火集成模块电路

线圈易过热,甚至烧毁。当点火控制器高电压信号的时间比设定的时间长(设定时间为 1～2s)时,断电保护控制电路将切断初级电流。

4. 过电压保护

对末级大功率晶体管 VT 进行电流过载保护及瞬间反向过电压保护。

案例分析

大学生方程式汽车大赛赛车点火电路

中国大学生方程式汽车大赛(简称"中国 FSC")是一项由高等院校汽车工程或汽车相关专业在校学生组队参加的汽车设计与制造比赛。各参赛车队按照赛事规则和赛车制造标准,在一年的时间内自行设计和制造出一辆在加速、制动、操控性等方面具有优异表现的小型单人座休闲赛车,能够成功完成全部或部分赛事环节的比赛。从 2010 年开始举办第一届比赛,除新冠疫情期间停赛两年,每年均如期举办一届。从原来单一的燃油车组,发展到包含电动车和无人驾驶车组在内的三大组别的赛事。

在燃油车组中,为了让发动机更好地匹配赛事运行工况,采用 MOTEC M800 替代原装发动机 ECU,需要对燃油喷射系统、点火系统等电路进行改造,并加装部分传感器。电路改造结束后,再针对赛事工况对相应的系统参数进行标定。

原装发动机仅装有磁电式曲轴位置传感器,无法产生判缸信号,只能采用双缸同时点火的方式。改装了 MOTEC M800 后,可以增加一个凸轮轴位置传感器,通过两个位置传感器的相位关系产生判缸信号,再结合曲轴位置与其他传感器信号进行点火和喷油正时控制,改造后的发动机电路如图 4-28 所示。

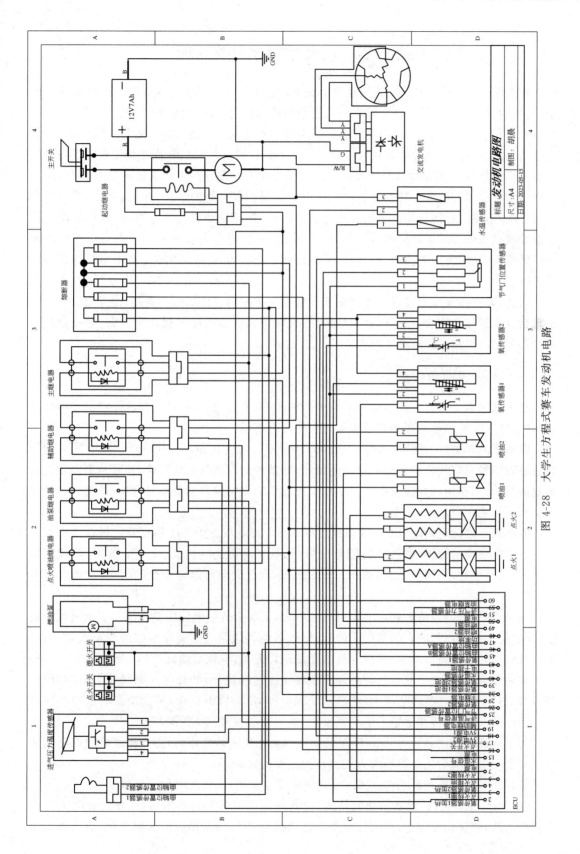

图 4-28　大学生方程式赛车发动机电路

第三节　点火控制过程及原理

根据图 4-1 所示的电子点火系统工作流程,结合上一节所述的点火系统各组成部分的功能,发动机的点火过程如下:首先由各类传感器采集信息,传递给 ECU 或点火控制模块,包括点火信号发生器或曲轴位置传感器确定基本点火信号;凸轮轴位置传感器、空气流量传感器、进气歧管压力传感器、进气温度传感器、节气门位置传感器、冷却液温度传感器等确定点火修正信号。其次,由 ECU 或点火控制模块计算处理并产生点火脉冲信号,通过点火模块中功率晶体管的开关特性来控制相应点火线圈初级电路的通断,从而在次级线圈中产生高电压,击穿火花塞间隙产生电火花。最后,为了保障发动机持续可靠的运行,由爆震传感器检测点火燃烧后发动机的振动情况,并通过 ECU 或点火控制模块对点火脉冲信号进行反馈修正,从而使点火控制过程在发动机运行工况参数和振动闭环反馈中不断调整和持续进行。

因此,理解点火控制过程的关键在于掌握点火脉冲信号是如何产生的,而点火脉冲信号又包括点火提前角控制、点火闭合角控制、点火顺序和爆震反馈控制四个方面,这就是汽车电子点火系统控制过程的主要内容。

一、点火提前角控制

点火提前角是指从火花塞电极间跳火到活塞运行至上止点时这一段时间内曲轴所转过的角度,它在发动机起动期间和正常运行期间略有不同。

发动机刚起动时,其转速较低,一般 ECU 判定其转速在 500r/min 以下,此时进气管压力传感器信号和空气流量传感器信号不稳定,通常根据发动机工作特性,预置一个固定的点火提前角,称为初始点火提前角。初始点火提前角的设定因发动机而异,但一般为压缩行程中活塞到达上止点前 10°左右。

发动机正常运行期间,ECU 要根据实测的有关发动机各种工况信息确定最佳点火提前角。点火提前角的修正,由各种传感器信号,包括发动机进气温度、冷却液温度、节气门位置、混合气空燃比、空调开关、起动开关等,对基本点火提前角做出相应的修正,从而改善点火性能。

如果点火过迟,当活塞到达上止点时才点火,则混合气的燃烧主要在活塞下行过程中完成,即燃烧过程在容积增大的情况下进行,使炽热的气体与气缸壁接触的面积增大,因而转变为有效功的热量相对减少,气缸内最高燃烧压力降低,导致发动机过热,功率下降。

如果点火过早,由于混合气的燃烧完全在压缩过程进行,气缸内的燃烧压力急剧升高,当活塞到达上止点之前即达最大,使活塞受到反冲,发动机做负功,不仅使发动机的功率降低,并有可能引起爆震和运转不平稳现象,加速运动部件和轴承的损坏。

为了保证在上止点后 5°~15°曲轴转角时气缸中出现最高压力,点火提前角应能随曲轴转速和发动机负荷变化。影响点火提前角的主要因素如下:

(1) 当气缸内的温度、压力高时,混合气燃烧速度快,点火提前角应该减小。

(2) 当转速一定时,随着负荷的增大,进入气缸的可燃混合气增多,压缩终止时的压力和温度增高,燃烧速度加快,点火提前角应适当减小;反之,发动机负荷减少时,点火提前角应当增大。

（3）当负荷一定，发动机转速升高时，相同时间内曲轴将转过较大的转角，应适当增大点火提前角。因此点火提前角应随发动机转速的提高而增大。

发动机正常运行期间的点火提前角由基本点火提前角和修正的点火提前角共同确定。

1. 基本点火提前角

基本点火提前角是发动机最主要的点火提前角，是设计计算机控制点火系统时确定的点火提前角。由于发动机本身的结构复杂；影响点火的因素较多，理论推导基本点火提前角的数学模型比较困难，而且很难适应发动机的运行状态。因此，国内外普遍采用台架试验方法，即利用发动机最佳运行状态下的试验数据来确定基本点火提前角，发动机在不同转速和不同负荷条件下的点火提前角数据，经离散后存放在 ROM 中，通常称为点火 MAP 图，如图 4-29 所示。

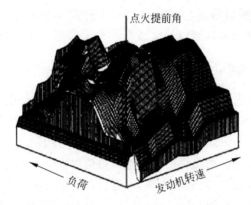

点火提前角

负荷　　发动机转速

图 4-29　点火 MAP 图

当汽车行驶时，ECU 根据发动机转速信号和负荷信号，从 ROM 中查询、匹配出相应的基本点火提前角，从而对点火时刻进行控制。其中发动机转速信号由曲轴位置传感器确定，发动机负荷信号由空气流量传感器和节气门位置传感器确定，发动机起动时，还往往有凸轮轴位置传感器信号用于识别出第一次点火时刻。

2. 修正点火提前角

为使实际的点火提前角能适应发动机的运转状况，以便得到良好的动力性、经济性和排放性能，还必须根据发动机的怠速工况、冷却液温度、进气温度等相关因素，适当增大或减小点火提前角，对点火提前角进行必要的修正。包括以下几个方面：

暖机修正：指节气门位置传感器的怠速触点（IDL）闭合，且发动机冷却水温度变化时，对点火提前角进行的修正。当冷却水温度低时，应当增大点火提前角，以促使发动机尽快暖机；当冷却水温度升高后，点火提前角应相应减小。

怠速修正：它是为了保证怠速运转稳定而对点火提前角进行的修正。发动机怠速运转时，由于负荷变化，ECU 会将怠速转速调整到设定的目标转速。例如，动力转向开关或空调开关接通，发动机实际转速低于规定的目标转速时，ECU 将根据转速之差，相应地减小点火提前角，使怠速运转平稳，防止发动机怠速熄火。怠速稳定修正信号主要包括发动机转速信号、节气门位置信号、车速信号、空调开关信号等。

过热修正：发动机正常运行时，若冷却液温度过高，为避发动机过热产生爆燃，应减小点火提前角;但当发动机处于怠速工况时,若冷却液温度过高,为了避免发动机长时间过热,则增大点火提前角。控制过热修正量的主要信号有冷却液温度信号和节气门位置信号。

空燃比反馈修正:当燃油喷射系统的氧传感器进入闭环控制时,ECU 通常根据氧传感器的反馈信号对空燃比进行修正。随着修正喷油量的增加或减少,发动机的转速在一定范围内波动。为了提高发动机转速的稳定性,当反馈修正喷油量减少而导致混合气变稀时,点火提前角应适当地增加;反之,当反馈修正喷油量增加而导致混合气变浓时,点火提前角应适当地减少。

发动机的实际点火提前角是基本点火提前角与各种修正点火提前角之和。通常,发动机每经过一个工作循环,也即曲轴旋转两圈,ECU 计算处理后就输出一个基本点火提前角信号;当传感器检测到发动机转速、负荷、水温发生变化时,ECU 就会自动调整点火提前角。当 ECU 确定的点火提前角超过允许的最大提前角或小于允许的最小点火提前角时,发动机很难正常运转,此时 ECU 则以最大或最小点火提前允许值进行控制。

二、点火闭合角控制

闭合角是指在一个点火触发信号周期内,点火线圈初级电路电流持续时间所对应的曲轴转角,也就是点火器控制初级电路的大功率三极管导通期间所对应的曲轴转角,所以也称导通角。

点火闭合角的大小取决于发动机转速和电源供电电压的大小,在不同的转速、不同的供电电压下,都应维持有一定的初级断电电流,以保证足够的点火能量。随着发动机转速的升高,应适当增大闭合角,延长初级线圈的通电时间,以防止初级断电电流减小、点火线圈储能下降,造成次级电压下降而点火困难。电源电压变化时,也会影响初级断电电流的大小,当电源电压下降时,在相同的通电时间内初级电流所能达到的值会减小,此时应较早地将初级电路接通,即增加通电时间,增大闭合角。

由于点火线圈采用了高能点火线圈,即初级绕组的电阻很小,在发动机转速下降和蓄电池电压较高时,为防止初级电流过大烧坏点火线圈,点火控制器必须控制末级大功率开关管的导通时间,适当减小闭合角,即缩减初级线圈的通电时间,使初级电流控制在额定电流值,确保点火线圈的安全。

点火控制系统对闭合角进行控制时,ECU 的内存中储存了根据电源电压和发动机转速确定的点火闭合时间三维数据库,也称点火闭合角 MAP 图,如图 4-30 所示。在发动机的

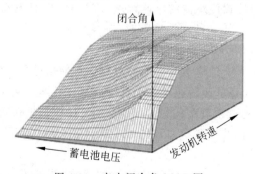

图 4-30　点火闭合角 MAP 图

实际工况中,ECU通过查找这个数据库内的数据,再根据发动机转速换算成曲轴的转角,就可计算确定最佳的点火闭合角。

三、各气缸点火顺序控制

传统的点火系统依靠分电器盖与分火头的机械连接,按照旋转的既定顺序逐一将高电压分配给各缸火花塞。现代汽车电子控制点火系统中,各气缸点火顺序控制由低压控制模块中的逻辑电路完成,按照单独点火式点火线圈和同时点火式点火线圈的不同,点火顺序的控制也略有不同。单独点火式点火线圈,每缸对应一个点火线圈,点火控制同时需要曲轴转角信号和凸轮轴相位的判缸信号;同时点火式点火线圈,两缸共用一个点火线圈,点火控制只需要曲轴转角信号即可。

对于同时点火式点火线圈,每个点火线圈与两气缸火花塞相连,使两气缸同时点火,其中一个气缸活塞处于压缩上止点附近,火花塞正常点火;另一个气缸活塞处于进排气上止点附近,火花塞点火无效。以丰田皇冠六缸双火花点火系统为例,由两个数字脉冲信号 IGdA 和 IGdB 控制点火顺序,两个数字脉冲信号共有四组输入(00、01、10、11),设定其中三组输入分别控制三个功率晶体管 VT_1、VT_2、VT_3 的截止状态,依次实现各气缸点火,如图 4-31 所示。

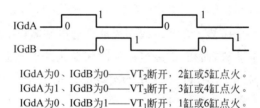

IGdA为0、IGdB为0——VT_2断开,2缸或5缸点火。
IGdA为1、IGdB为0——VT_3断开,3缸或4缸点火。
IGdA为0、IGdB为1——VT_1断开,1缸或6缸点火。

图 4-31 丰田皇冠六缸双火花点火信号

四、闭环爆震控制

ECU 根据安装在缸体上的爆震传感器信号对点火提前角进行闭环修正,当发动机有爆震倾向时,将点火提前角减小,延迟点火;当发动机没有明显的爆震倾向时,增大点火提前角,提前点火;从而使点火提前角保持在发动机接近爆震而不发生爆震的最佳值。闭环爆震控制流程如图 4-32 所示。

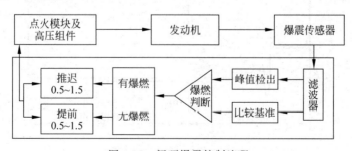

图 4-32 闭环爆震控制流程

第四节　点火系统的正确使用和故障诊断

汽车电子点火系统的使用几乎是自动完成的,日常按照汽车使用说明书的规范要求,定期对正时链条或齿轮带的张紧度进行检查和调整,橡胶皮带适时更换;定期对火花塞进行检查与更换。

发动机电子电路出现故障时,首先要确定故障是在燃油供给系统还是点火系统。可以将火花塞取出,以侧电极搭铁,转动曲轴,通过观察高压线是否跳火,来判断点火系统是否有故障。点火系统出现故障通常会造成发动机无法起动、怠速不稳、加速不良和爆燃等现象。

当确定点火系统有故障后,就要确定故障的具体部位,关键是要确定故障是在低压电路还是在高压电路。点火系统低压部分、高压部分的变化过程是有规律的,因此,把实际测得的点火系统点火电压波形与正常情况下的点火电压波形进行分析比较,可以判断点火系统的技术状况及故障所在。对点火信号的检测主要是利用示波器或发动机综合性能分析仪,分析点火线圈次级电压波形,以及测量和分析点火提前角,进而判断点火系统的工作情况。

点火线圈相当于一个变压器。在初级线圈周期性通电和断电的过程中,初、次级线圈都因电流变化而产生感应电动势,而初、次级电压随时间变化的规律也是相似的。因为次级电压对发动机正常工作至关重要,所以重点分析次级电压的波形。初级线圈的电压波形如图 4-33 所示,次级电压的电压波形如图 4-34 所示。

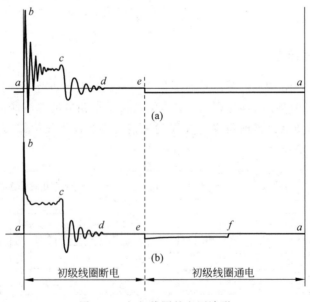

图 4-33　初级线圈的电压波形

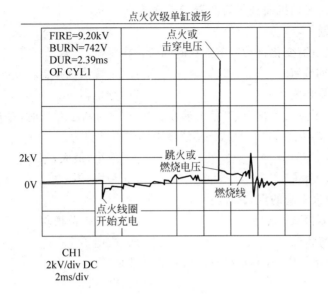

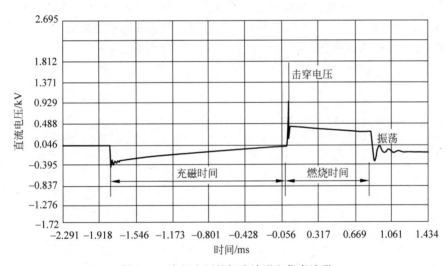

图 4-34　次级电压的标准波形和仿真波形

习　　题

一、判断题

1. 电子点火系统是指利用晶体三极管或晶闸管作为开关,控制点火线圈次级电流通或断的点火系统。　　　　　　　　　　　　　　　　　　　　　　　　　　　　　　（　　）

2. DLI 表示 Distributorless Ignition,无分电器点火系统。　　　　　　　　　　（　　）

3. 霍尔式点火信号发生器输出的是数字脉冲波,而磁感应式点火信号发生器输出的是模拟信号。　　　　　　　　　　　　　　　　　　　　　　　　　　　　　　　　（　　）

4. 离心式点火提前装置根据发动机转速变化,自动调节点火提前角。转速增高,点火提前角自动增大。　　　　　　　　　　　　　　　　　　　　　　　　　　　　　　（　　）

5. 正常工作时,发动机曲轴每转两周,各气缸轮流点火一次。　　　　　　　　（　　）

二、单项选择题

1. 根据发动机负荷变化自动调节点火时间的机构是（　　）。

A. 真空提前装置　　　　　　　　　　　B. 辛烷值选择器

C. 离心提前装置　　　　　　　　　　　D. 配电器

2. 在磁电式电子点火系统中,当信号转子凸极正好与铁芯对正时,穿过传感线圈内磁通（　　）,此时磁通变化率为（　　）,传感线圈中感应电动势为（　　）。

A. 最小,零,零　　　　　　　　　　　B. 最小,最大,零

C. 最大,最大,零　　　　　　　　　　　D. 最大,零,零

3. 微机控制点火系统的点火时间由（　　）控制。

A. 电子控制模块　　　　　　　　　　　B. 真空提前模块

C. 离心提前装置　　　　　　　　　　　D. 配电器

4. 在电子点火系统中,控制初级电流通断的元件是（　　）。

A. 触点　　　　　　B. 二极管　　　　　　C. 电容器　　　　　　D. 三极管

5. 汽车电子点火系统通过晶体管的开关特性,控制（　　）的通断产生高压电。

A. 点火开关　　　　　　　　　　　　　B. 点火线圈初级电流

C. 点火线圈次级电流　　　　　　　　　D. 次级电压

第五章　照明与信号系统

学习目标

1. 能够识别和描述汽车照明与信号系统的组成，并说明主要照明与信号灯的功能和特点；

2. 能够阐述汽车前照灯系统的结构和原理，对比分析常见的几种汽车前照灯灯源的性能及特点；

3. 能够自主学习前照灯自动控制系统的原理和实现方式，包括延时控制系统、自动变光控制系统等。

第一节　照明与信号系统的组成

为了方便汽车行驶，保证行车安全，在汽车上都装有多种照明及信号设备。对汽车照明及信号系统的要求日趋完备、可靠、实用、美观，同时还要求结构合理，经济耐用，保修方便。

汽车照明及信号系统构成了汽车电器中一个独立电路系统。一般轿车有 15～25 个外部照明或信号灯，以及多个内部照明灯和仪表灯，这就说明该系统在现代汽车上的重要作用。汽车主要照明及信号灯的安装位置如图 5-1 所示，外部照明灯主要有前照灯、防雾灯、牌照灯、倒车灯等；内部照明灯主要有仪表照明灯、阅读灯、顶灯等。在所有照明装置中，前照灯是最重要的照明装置。汽车常见的信号灯包括转向信号灯、示宽灯或示廓灯、制动灯、日间行车灯、驻车灯和仪表信号指示灯，另外，倒车灯除照明功能外，也具有提醒后方车辆和行人的作用。

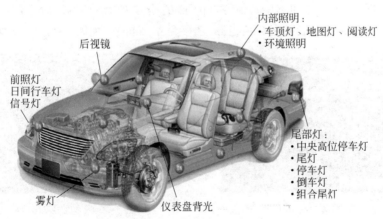

图 5-1　汽车照明及信号系统组成

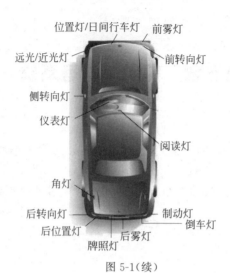

位置灯/日间行车灯　前雾灯

远光/近光灯　前转向灯

侧转向灯

仪表灯

阅读灯

角灯

后转向灯　制动灯

后位置灯　倒车灯

后雾灯

牌照灯

图 5-1(续)

一、照明灯

汽车照明灯的功能是在夜间或能见度低的情况下,向驾驶员、乘客和交通管理人员提供照明;夜间行车时也作为行车信号,提醒周边的车辆和行人。

1. 前照灯

前照灯主要用于夜间或光线昏暗路面上汽车行驶时的照明,装于车头,也称为前大灯或

图 5-2　前照灯

头灯,功率为 40~60W,如图 5-2 所示。国家交通法规规定:机动车前照灯必须具备远光和近光两种照明方式,并可通过变光装置转换;当前照灯由远光变为近光时,所有远光灯须同时熄灭。

2. 雾灯

雾灯主要用于雾、雪、暴雨或尘埃等恶劣条件下汽车行驶时的照明,装于车头和车尾其他灯具的下方,分别称为前雾灯、后雾灯。因为黄色光波较长,穿透性好,雾灯一般采用黄色光源,功率为 35~55W,如图 5-3、图 5-4 所示。

图 5-3　前、后雾灯标识及开关旋钮

图 5-4　汽车前雾灯外观

3. 仪表照明灯

仪表照明灯用于夜间行车时车内仪表板的照明,装于仪表板总成内,灯光为白色,便于驾驶员观察汽车和发动机的工作状况,功率为 2~8W,如图 5-5 所示。汽车仪表板中还有用

于各种装置的信息显示、故障警示类标识,通常由 LED 灯和图示符号贴片组成,如图 5-6 所示。

图 5-5　汽车仪表照明灯

图 5-6　汽车仪表中各类灯具显示标识

4. 顶灯(阅读灯)

汽车顶灯或阅读灯用于夜间或光线昏暗时汽车车内的照明。装于车厢内前后排座位的顶部,功率为 5～8W,如图 5-7 所示。

5. 牌照灯

牌照灯用于汽车夜间行驶时照亮尾部的牌照,装于汽车牌照的上方或两侧,功率为 5～15W,如图 5-8 所示。牌照灯的光线不应外射,其亮度应保证在 25m 以外能认清牌照号码。

图 5-7　汽车阅读灯或顶灯

图 5-8　汽车牌照灯

6. 工作灯

工作灯用于夜间或光线昏暗时检修汽车使用,位于发动机舱。有些车辆仅安装专用插座,配带移动式灯具。

二、信号灯

1. 转向信号灯

在汽车转弯时,转向信号灯发出明暗交替的闪光信号,用来指示车辆行驶趋向,包括主转向灯和侧转向灯(图 5-9)。主转向灯一般安装于车头、车尾的左右两侧,通常与示宽灯或尾灯制成双丝灯泡;侧转向灯安装在车身前端两侧或后视镜上。转向信号

图 5-9　位于后视镜上的左转向信号灯

灯光源的光色为琥珀色或橙色,主转向灯功率一般为 20～25W,侧转向灯功率为 5W。在紧急遇险状态,或需其他车辆注意避让时,可通过危险报警灯开关控制全部转向灯同时闪烁。

2. 仪表报警及指示灯

仪表指示灯与汽车仪表一起,用于向驾驶员显示汽车和发动机的工作状况,包括充电指示灯、转向指示灯、远光指示灯、挡位指示灯和 ABS/ESP 等相关控制系统指示灯,如图 5-6 所示;仪表报警灯用于向驾驶员警示汽车和发动机可能出现的故障或应急信息,包括机油压力报警灯、冷却水温度报警灯、燃油不足报警灯和 ABS/ESP 等相关控制系统故障报警灯。仪表报警及指示灯功率约为 2W,其中报警灯一般为红色或黄色;指示灯一般为绿色或蓝色。

3. 倒车灯

倒车灯装于汽车尾部,当变速器挂入倒车挡时,自动照亮车后侧,同时警示后方车辆行人注意安全。倒车灯的光色为白色光源,功率一般为 21W。

4. 制动信号灯

制动灯,俗称刹车灯,装于汽车尾部,当踩下制动踏板时,发出较强红光,以示制动,警告尾随的车辆,防止追尾。为避免尾随的大型车对轿车碰撞的危险,轿车后窗内可加装由发光二极管成排显示的高位制动灯,也称第二制动灯。制动信号灯的光色为红色,功率 21W,灯罩透光面积较大,以保证夜间 100m 以外能够看清楚。

5. 示廓灯(示宽灯、示位灯、小灯)

示廓灯安装于汽车前、后两侧边缘的四角上,当夜间行驶接通前照灯时,示廓灯与仪表照明灯、牌照灯同时点亮,以向外界标示车辆的形位,功率为 5～10W。有些示廓灯加装了反光片,警示效果更佳。位于汽车前面的称为小灯、示宽灯或示位灯,光色为白色或黄色;位于汽车后部的示廓灯往往与尾灯制为一体,光色为红色;有些车辆还装有侧位灯,光色为琥珀色。

6. 驻车灯(停车灯)

驻车灯是在临时停车熄火时对车辆、路人等周边环境起安全提醒作用的警示灯,以向外界标示车辆的形位,功耗非常低。驻车灯与示廓灯通常为同一灯具,但控制开关不一样,示廓灯由汽车行驶时灯光开关控制,而驻车灯在点火开关关断时,由停车灯开关控制。

7. 日间行车灯

日间行车灯(daytime running lamps,DRL)安装在汽车前端的两侧,使车辆白天行驶时更容易被辨识,如图 5-10 所示。当汽车发动机起动时,日间行车灯自动开启,并不断增加亮度以引起路上其他机动车、非机动车以及行人的注意。打开近光灯后,日间行车灯则自动熄

图 5-10   日间行车灯

灭。日间行车灯的使用对提高道路安全性、减少交通事故起到了积极有效的作用。安装了日间行车灯的车辆，其可见性得到明显提升，尤其在雨、雪、雾霾等恶劣天气下，极大地提高行车安全性，约可降低 10% 的意外事故。

日间行车灯通常应用 LED 技术，白色光源，能耗较低，仅为普通近光灯的 10%。

8. 门控灯

当车门打开时，门控灯可以为下车的地方提供些许照明；同时警示后面的车辆和行人，防止碰撞，如图 5-11 所示。

图 5-11　门控灯

9. 锁孔灯与起动按钮灯

为了方便驾驶员夜间插入机械钥匙和起动车辆，一些车辆还装有锁孔灯与起动按钮灯，如图 5-12 所示。

图 5-12　锁孔灯与起动按钮灯

10. 专用警示灯

一般装于车顶部，用来标示车辆特殊类型。如消防车、警车用红色，救护车用蓝色，旋转速度为 2～6 次/s。

三、组合灯具

为使汽车的外形美观，目前汽车普遍采用组合式外部照明灯，将前照灯、前转向灯、前示位灯等组合在一起，构成前组合灯；将倒车灯、制动灯、后转向灯、后示位灯等组合在一起，构成后组合灯，如图 5-13 所示。鉴于发光二极管（LED）具有省电、环保、寿命长等优点，在汽车组合灯中的应用比较广泛。

四、汽车灯光的开关电路

灯光开关一般安装在仪表板或转向柱上。最常用的灯光开关一般有 Off（关闭）挡、Park（小灯）挡和 Head（前照灯）挡三个挡位，如图 5-14 所示。

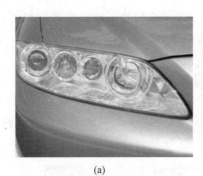

(a)　　　　　　　　　　　　　(b)

图 5-13　汽车组合灯具

（a）前组合灯；（b）后组合灯

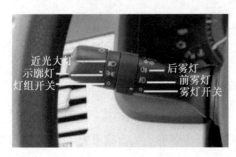

图 5-14　汽车灯光开关（操纵杆型和选按钮型）

Off 挡时，关断所有的灯泡电路；Park 挡时，接通小灯、尾灯、牌照灯和仪表灯；Head 挡时，接通前照灯电路，同时 Park 挡电路继续接通；Head 挡时，驾驶员可通过变光开关控制前照灯的远光和近光，开关电路原理如图 5-15 所示。

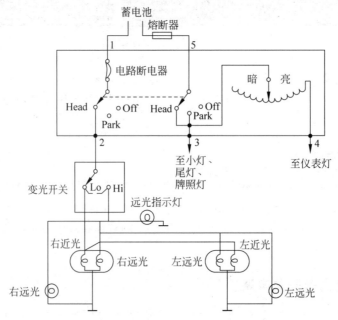

图 5-15　前照灯远近变光开关电路原理图

危险报警信号灯与转向信号灯通常共用相同的灯泡,其开关电路如图 5-16 所示。

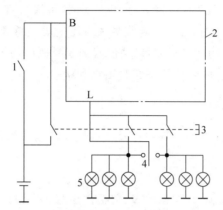

图 5-16　转向信号灯及危险报警信号灯开关电路

1—点火开关;2—闪光器;3—危险报警开关;4—转向灯开关;5—转向信号灯及转向指示灯

第二节　前照灯的结构和原理

光度学于 1760 年由朗伯建立,并逐步定义了光通量、发光强度、照度、亮度等主要光学参数。

在整个电磁波谱中,光波只占了较小的一部分,而可见光,即人眼可感受到的光,只有从 380~780nm 波长内的辐射能,在此范围内的光向周围空间辐射的功率称为光通量,符号通常记为 Φ,单位为流明(lm)。光通量与光源功率的比值称为发光效率,例如,功率为 100W 的白炽灯,光通量为 1250lm,则其发光效率为 12.5lm/W。发光效率的物理最大极限值是 683lm/W。

光强是发光强度的简称,表示光源在单位立体角内光通量的多少,代表了光的强弱程度,即光源向空间某一方向辐射的光通密度。国际单位是 candela(坎德拉),简写为 cd,如果设球面度单位为 sr,则 1lm＝1cd×sr。光强概念的示意图见图 5-17。

光照度表达了物体表面被照亮的明暗程度,用物体单位表面所接收到的光通量表示,单位为勒克斯(lx)。在现代汽车灯具的设计中,光照度是十分重要的概念,可以用于评估远、近光灯及倒车灯的路照效果,且在路照分布评估时具有一定的数值要求。

在满足光的直线传播特性和能量守恒定律的基本前提下,光度学遵循距离平方反比法则:被垂直光照射面中一点的照度与照射光强成正比,与光源和被照射点之间的距离成反比。根据这一法则,可以估算出汽车前照灯在远场下的照度分配,而近距离范围下可以直接用固定格栅进行测量。

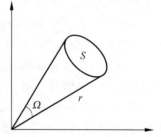

图 5-17　光强概念的示意图

为了确保夜间行车安全,世界各国都以法律的形式明确规定了前照灯的照明标准,其基本要求如下。

(1)前照灯必须保证汽车前方有明亮而均匀的照明,使驾驶员能看清车前 100m 以外的路段及其物体,现代高速汽车的照明距离应达到 200～250m。

（2）前照灯必须具备远光和近光两种照明方式,并可通过变光装置转换；同时应具有防止眩目功能,以免夜间会车时,使对方驾驶员眩目而造成交通事故。

（3）光束横向应有一定的散射宽度,以便能看清车身侧面物体及转弯照明。

（4）满载时,照明效果不应因车灯高度变化而下降。

一、前照灯的结构

为了实现上述要求,前照灯的光学组件及结构也较其他照明灯具复杂,其光学组件包括灯泡、反射镜和配光镜三部分。

1. 灯泡

灯泡是汽车前照灯的光源,其类型较多,包括白炽灯、卤素灯、氙气灯、LED 灯和激光等类型。光源的发光原理本质上都是一样的,发光体元素的电子经过一定的方式吸收能量,当它从高能量状态转化为低能量状态时,会将多余的能量以电磁波的形式释放出来。

随着新技术的不断发展,白炽灯已被淘汰,现代汽车的前照灯以卤素灯、氙气灯为主,在高端车型中 LED 灯和激光也逐步开始应用。为了实现远、近光灯的变换,前照灯通常有远、近两个光源,远光灯光源恰好位于反射镜抛物面的焦点上,而近光灯光源位于焦点的前上方。

（1）卤素灯

卤素灯与白炽灯一样,都是以钨丝加热进入白炽状态作为发光源。白炽灯是将灯泡内空气抽出,再充以氩（86%）和氮（14%）的混合惰性气体,以减少钨丝的蒸发,延长灯泡使用寿命。虽然灯泡中充满惰性气体,但钨丝仍会有少量蒸发并沉积在灯泡上,使灯泡发黑,卤素灯是在灯泡内的惰性气体中渗入某种卤族元素,如碘、溴、氯、氟等,利用再生循环反应原理防止钨丝蒸发和灯泡发黑。

从灯丝蒸发出来的气态钨原子与卤素原子相遇反应,生成挥发性的卤化钨,当卤化钨接触到白热化的灯丝时,在高温下又会分解还原为钨和卤素,钨又重新回到灯丝中,卤素则继续扩散参与下一次循环。如此循环反复,灯丝几乎不会烧断,灯泡也不会发黑,所以它要比传统的白炽前照灯寿命更长、发光强度更高。

卤素灯的钨丝常制成螺旋状,以利于聚光。作为前照灯时,一般为双灯丝,功率较大的为远光灯丝,灯丝较粗；功率较小的为近光灯丝,灯丝较细。

钨丝灯泡的发光效率受温度和电源电压的影响较大,温度或电源电压越高,热能向光进行转换的效率也越高。但由于钨丝的熔点约为 2650K,限制了其发光效率,即使在熔点温度下,也只有 24%的能量以可见光的形式释放出来。而电源电压升高,会使灯泡的寿命大大降低,通常卤素灯泡的设计使用寿命远低于气体放电式的氙气灯。

（2）氙气灯

氙气灯（图 5-18）,又称高亮度弧光灯或气体放电灯（high intensity discharge lamp, HID）,它在石英管内充满了氙气与其他惰性气体的混合气。氙气灯与卤素灯的显著区别是没有灯丝,石英管内装有两个电极,通过一个电子镇流器,极短的时间内在电极之间产生约为 23kV 的引弧电压,使氙气电离而导电发光。氙气灯发出的光色成分和日光灯非常相似,亮度是卤素灯的 2～3 倍,而能耗仅为卤素灯的 2/3,寿命可达卤素灯的 5～10 倍。

图 5-18　氙气灯

　　氙气灯发光亮度强、节能效果好，光线色温更接近日光，能有效提高驾驶员对物体轮廓的辨识能力，清楚地看到远距离的物体，夜间行驶更加安全。但是氙气灯白光的穿透力较弱，尤其高温时泛蓝光，在雨雾天的效果反而不如卤素灯。图 5-19 对比了氙气灯与卤素灯的发光效果。

　　另外，由于氙气灯需要镇流器启动，存在启动延迟现象，通常需要 2～3s 才能将绝大多数氙气分子电离，从而达到最佳亮度，所以不能直接用于远、近光灯的变换。现有的氙气远光灯采用随时"预热"的方式，或将氙气灯和卤素灯配合共同作用，形成以氙气灯为近光灯、卤素灯为远光灯的四前照灯系统，来消除启动延迟的弊端。还有在北美常用的一种反射型双光电子气体放电前照灯系统，通过机电定位机构，在远、近光切换时，改变氙气灯灯泡在反射器中的姿态，从而产生不同的投射角度，分别形成远光和近光，而无需随时启动氙气灯。

　　（3）LED 大灯

　　LED 又称发光二极管，利用固体半导体作为发光材料，通过载流子发生复合引起光子跃迁而直接发光。LED 需要的电压很低，发出的光谱有固定的波长，具有亮度高、颜色种类丰富、功耗低、寿命长的特点，而且占用体积小，适宜于灯具造型设计，如图 5-20 所示。由于 LED 发出的光为冷光源，能实现电能到光能的直接转换，光电转化效率高；亮灯响应速度快，达到纳秒级。

图 5-19　氙气灯与卤素灯的发光效果对比　　　　图 5-20　LED 大灯结构

　　LED 通常应用在车内照明、刹车灯、转向灯、示廓灯和日行灯等灯具中，近年来，LED 前照灯不断在中高端车型中推出。2012 年 1 月 1 日，国内首个 LED 汽车前照灯的强制认证检测标准——《汽车用 LED 前照灯》(GB 25991—2010)开始实施，标志着我国 LED 前照灯市场应用开启了新的起点。具有 ADB 功能的新型矩阵式 LED 前照灯,通过分组控制单颗 LED 光源,能够根据行驶路况适时自动调节照明范围及角度,还可以实现多通道防眩目。

　　LED 属于半导体光源,不耐高温。而汽车前照灯使用的 LED 是大功率器件,且在密闭空间使用,不利于热量发散,容易导致 LED 芯片温度持续升高,降低其发光效率。因此,LED 前照灯需要风扇、散热带或液冷方式散热。另外,LED 灯的空间光色及显色性不均匀,对汽车安全行驶也留下了隐患。

　　目前,汽车前照灯常见的几种光源性能参数如表 5-1 所示。

表 5-1　几种常见的汽车前照灯光源性能比较

光源	寿命	前大灯功耗/W	启动时间	亮度(光照度)/lm
白炽灯	800～1000h	60	100～300ms	1000
氙气灯	3000h	35	3～5s	3500
LED 灯	5万～10万h	<30	300μs	3000

　　(4) 激光光源

　　激光的单色性很好,只发出固定颜色的光,通过多个激光源合成或采用荧光功能材料,可以将单色激光转换成白色光。激光大灯以激光二极管(Laser diode)为光源,单个激光二极管元件的长度可以做到 $10\mu m$,仅为常规 LED 元件(管芯)的 1/100,而其发光效率达 170lm/W,具有单色性好、方向性强、响应速度快、亮度高等优点,多用于汽车前照灯。近年来,宝马、奥迪等品牌汽车先后配备了激光大灯,功率比 LED 高约 1000 倍,而能耗仅有 LED 前照灯的 60%,它代表了未来汽车前照灯光源的发展方向。

　　激光大灯虽然有着不可替代的优势,但同时也存在一定的弊端。激光光源的效率很高,但产生的热量也巨大,如何控制好激光的散热问题,使其在适合的工作温度下工作,是激光光源技术进一步发展的突破口。

　　2. 反射镜

　　反射镜又称反光镜,其作用是最大限度地将灯泡发出的光线聚合成强光束射向远方,将前照灯的光亮度增强至几百倍至上千倍。将前照灯的光源位于反射镜的焦点上,绝大部分光线向后射在立体角 ω 范围内,经反射镜反射后将平行于主光轴的光束射向远方,如图 5-21

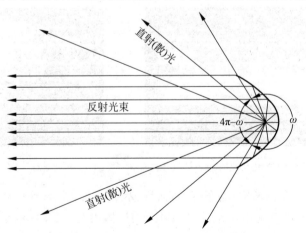

图 5-21　散光直射光线与反射光束对比

所示。试验证明，一个装有 45～60 W 灯泡的前照灯，如果不装反射镜，其直射（散）光的亮度只能照亮车前 6 m 左右的路面，而加装反射镜后，能照亮车前 100～150 m 内的路面。

反射镜一般用 0.6～0.8 mm 的冷轧薄钢板冲压而成，呈旋转抛物面形状，其内表面经精工研磨后镀铬、铝或银再抛光。由于镀铝的反射系数可达 94% 以上，机械强度也较好，所以现代汽车前照灯的反射镜多采用真空镀铝工艺制成；镀银反射系数可达 95%，但成本高。

3. 配光镜

配光镜又称散光玻璃，是由透光玻璃或塑料压制而成的棱镜和透镜的组合体。由于反射光光束太窄，照明范围有限，将配光镜装于反射镜之前，使反射出的平行光通过配光镜折射而扩大光照范围，按照车辆行驶的需求在水平方向扩散光线，使车前路面和路缘都有良好而均匀的照明。图 5-22 所示为反射光线与配光后的光形分布对比。

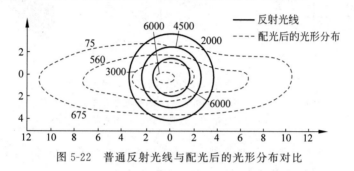

图 5-22　普通反射光线与配光后的光形分布对比

现代汽车前照灯通常为全封闭式，配光镜与反光镜制成一个整体，可以避免反射镜受到外界的污染，因而反射率高，寿命长；但灯泡出现故障时需要更换整个光学组件，成本较高。

二、前照灯的防眩目设计

眩目是指人的眼睛突然被强光照射时，视网膜上的视觉神经受刺激，来不及收缩瞳孔，造成视盲的现象。发生眩目现象时，人会本能地闭上眼睛或只能看清亮处而看不见暗处物体。如果夜间两车迎面相会，对方驾驶员因前照灯的光束而产生眩目，这时极易引发交通事故。所以必须采取有效的防眩目措施。

我国交通法规中明确规定：夜间会车，须在距离对面来车 150 m 以外关闭远光灯，改用近光灯，不准使用防雾灯。据相关部门统计，交通事故中，发生在夜间的达 60% 以上，其中由于远光灯的滥用达 30% 左右。

课程思政

汽车电器及相关产品的设计和制造既要以产品的性能质量为目标，也要以人文关怀为主导。汽车是为人类服务的工具，既要让它方便了我们的生产生活，也要考虑到它在使用过程中对周边环境和其他人的影响。

前照灯的照明效果直接影响夜间行车驾驶的操作和交通安全，但过亮的前照灯光束会对迎面而来的人眼产生眩目，同样也易引发交通事故。虽然交通法规对会车时前照灯的操作有着严格的要求，前照灯的设计者们也要从产品自身的照明特点上去降低眩目的影响。

常见的防眩目设计包括以下几点：

1. 采用双丝灯泡或双灯泡

双丝灯泡中功率较大的远光灯丝位于反射镜的焦点，并与光轴平行；近光灯丝位于焦点上前方。远光灯丝通电时，灯泡光线由反射镜反射后与光轴平行射向远方，可获得较远的照射距离和较小的散射光束；近光灯丝通电时，灯泡光线经反射镜反射的主光束投向路面，可避免对方驾驶员眩目，如图 5-23(a)、(b)所示。

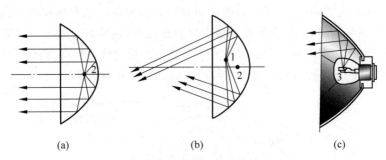

图 5-23　前照灯双丝灯泡远、近光灯光束对比
(a) 远光灯光束；(b) 近光灯光束；(c) 带配光屏的近光灯光束
1—近光灯丝；2—远光灯丝；3—配光屏

随着 LED 等光源可以设计得越来越小，前照灯内可以安装多个光源，直接用双灯泡光源来实现远、近光灯，其原理与双灯丝类似，但效果更好。

2. 在近光灯丝下方设配光屏

从图 5-23(b)中可以看出，普通双丝灯泡的近光灯光束中有一部分光线向斜上方照射，降低了防眩目的效果。在近光灯丝下方装一配光屏，它可挡住近光灯丝射向反射镜下半部的光线，从而消除了近光灯光束斜向上方照射的部分，使防眩目效果更好，如图 5-23(c)所示。当使用远光灯时，配光屏不起作用，反射光仍直射前方。

3. 采用非对称近光灯光形

近光灯加装配光屏后，眩目问题基本解决了，但使用近光灯会车时，由于近光灯照射距离较近，势必降低车速。为了既能防眩目，又能改善近光灯的照明条件，将配光屏单边倾斜15°，使其近光的光形分布不对称，近光灯丝发出的光线经反射镜和配光镜后就得到了形似"L"的非对称近光光形，如图 5-24(b)所示。由于这种配光符合联合国经济委员会制定的ECE 标准，也被称为 ECE 形配光。

L 形非对称近光光形与图 5-24(a)所示的对称光形相比，有一条明显的明暗截止线，即左上方是一个明显的暗区，处于迎面驾驶员眼睛位置附近，可以防止迎面驾驶员眩目；下方及右上方 15°是一个亮区，可将车辆前方和右方人行道照亮。图 5-24(c)展示了另外一种被称之为 Z 形的非对称配光，将右侧光线较高的部分截去，这样不仅可以防止左侧迎面驾驶员眩目，还可以防止车辆右前方迎面而来的行人和非机动车使用者眩目。

随着人类科技水平的进步和人们对生活品质的要求日益提高，科研工作者要本着以人为本的理念，科学和理性地分析人类、科技产品和环境系统中不同要素及相互关系，合理应用人机工程的理论和方法，设计出更适合人类需求的产品。

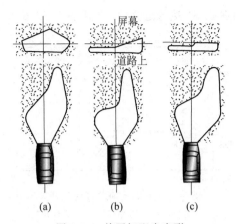

图 5-24 前照灯配光光形

(a) 对称光形；(b) L 形非对称光形；(c) Z 形非对称光形

第三节 前照灯自动控制系统

为了方便驾驶员行驶时对前照灯的控制，遵守会车交通规则，确保行车安全，前照灯电子控制装置逐渐得到应用。根据所要实现的控制功能，电子控制装置有前照灯会车自动变光控制、昏暗环境自动开启、延时关闭控制和前照灯光束自动调节、转向自动调节、坡道自动调节等，统称为前照灯自适应系统(adaptive front-lighting systems，AFS)，我国在 2014 年开始实施 AFS 的国家标准。

前照灯会车自动变光控制、昏暗环境自动开启、延时关闭控制的基本结构大致相同，通常由光敏器件、电子控制器、电磁继电器(执行机构)和前照灯等组成。前照灯的工作电流较大，如果由车灯开关直接控制前照灯，容易将车灯开关烧坏，因此需要通过继电器控制。光敏器件一般采用光敏电阻、光敏二极管、光敏三极管或光敏可控硅，其功能是进行光电转换，根据汽车前方灯光或自然光的强弱，将光信号转成电信号，并送至电子电路的输入端，作为控制器的输入信号。

一、前照灯会车自动变光控制电路

汽车前照灯会车自动变光器，顾名思义，即在夜间行车的过程中，与对面来车会车前 $150\sim200m$ 时，能自动将前照灯的远光变为近光，会车后再自动由近光变为远光的电子控制装置。采用该装置的明显优点首先是不需要驾驶员操纵机械式变光控制器，避免分散驾驶员的注意力或错误的操作；其次是体积小、性能稳定可靠、灵敏度高。

汽车在夜间行驶时，会车前迎面驶来车辆的灯光一旦照射到本车自动变光器上，来车的灯光信号被自动变光器上的光敏元件接收，自动变光器应即刻自动变光，把前照灯原来的远光变为近光，从而有效地避免了前照灯的远光给对方驾驶员所带来的眩目、看不清路面等危害安全的现象。待两车交会后，该变光器又自动恢复前照灯的远光，汽车即可恢复原来的速度在夜间正常行驶。

自动变光器主要由感光器 CDS、晶体管放大电路 VT、变光继电器 K 和变光开关 S1/S2 组成，如图 5-25 所示。在夜间行车无迎面来车灯光照射时，光敏元件 CDS 内阻大，VT 截止,继电器 K 不通电,常闭触点 S1 接通远光灯,常开触点 S2 断开。

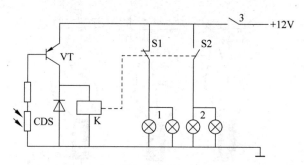

图 5-25　光电式前照灯变光开关
1—远光灯；2—近光灯；3—前照灯开关

当有迎面来车或道路有较好的照明度时,光敏元件 CDS 因受迎面灯光照射而使其电阻下降,VT 导通,继电器线圈通电,控制铁芯吸合,使其常闭触点 S1 打开,断开远光灯；常开触点 S2 闭合,接通近光灯,前照灯由远光自动切换为近光。

会车结束后,光敏元件 CDS 因无强光照射而电阻增大,使 VT 又截止。为了避免会车过程中由于光照突变而引起的频繁变光,以提高近光会车的可靠性,通常还会在变光继电器 K 的两端并联一个大容量电容 C 和电位器 R_n。VT 截止时,电容 C 持续给继电器 K 供电 $2 \sim 5s$,延时恢复远光,延时的时间可通过电位器 R_n 进行调整。

二、前照灯延时控制电路

延时控制电路可使前照灯在关闭点火开关及灯光控制开关后,继续照亮一段时间后自动熄灭,以便给司乘人员离开停车场所提供照明。

前照灯延时控制电路的原理与会车变光的远光灯延时原理类似,都是通过电容充放电来控制继电器的开闭。前照灯打开时,电源对电容 C 充电,电容充电过程中,三极管 VT 基极电位升高,三极管导通,继电器线圈通电而使其触点闭合,接通前照灯电路。关闭前照灯开关后,由电容的放电维持三极管的导通,前照灯保持通电照明,一直到电容电压下降至三极管截止时,继电器断电,前照灯熄灭。调整前照灯延时电路中的电容、电阻参数,可改变前照灯延时关闭的时间。

三、前照灯昏暗环境自动开启装置

前照灯昏暗环境自动开启装置的作用是在汽车并非夜间行驶过程中,当汽车前方自然光的强度减低到一定程度,如汽车通过隧道、地下车库、高架桥、林荫道、森林或突然乌云密布天气昏暗等,发光器便自动将前照灯电路接通,开灯行驶以确保行车安全。

该装置主要由光电传感器和晶体管放大电路两大部分组成。光电传感器通常安装在前挡风玻璃下,应注意将光敏元件的感光面朝上,用以接收从汽车挡风玻璃射进来的自然光。其光通量的大小可由传感器前面的光阀进行调整,以适应各种情况(包括季节)的变化。

自动发光控制系统电路见图 5-26。汽车行驶时,当外界环境光足够照亮时,光电传感器中光敏电阻 R_2 的阻值很低,呈导通状态,晶体管 T1 截止,继电器触点保持常开状态。当外界环境光的强度降低时,光敏电阻 R_2 的阻值增加,呈高阻状态,晶体管 T1 导通,继电器触点 K1、K2 闭合，接通前照灯电路，前照灯自动开启。

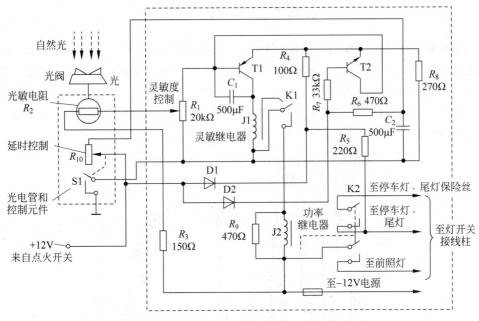

图 5-26　昏暗自动发光控制系统电路

四、主动自适应式前照灯系统

保时捷自动
转向照明
系统

　　从福特公司最早提出前照灯 AFS 的概念至今，AFS 不但可以在会车时主动切换远、近光，还可将大灯在上下左右四个方向旋转调节。它主要通过前照灯自身的光学元件构造，来改善不同道路驾驶环境时的照明强度和角度，以此减少视觉盲区。为防眩目现象，在靠右侧行驶的地区，汽车前照灯光束往往设计成左低右高，这会造成前方左侧路面的光照效果差，若遇左转弯道路时，不能照亮弯道中的路况，无法辨识道路情况。

　　AFS 主动转向式前照灯可以随车辆转向调整光束方向，通过步进电机带动前照灯模块转动，实现照明范围的自适应调节。传感器监测车速和方向盘转角等信息，并传递给控制单元，计算出所需要的转角和转动速度，控制步进电机执行相应的操作。同时，传感器监测前照灯实际转过的角度，避免对迎面来的车辆造成眩目。例如，在欧洲交通法规下，保时捷 AFS 主动转向式前照灯在左转弯时，前照灯会向左偏转最多达 15° 的转角；在右转弯时，前照灯以最大 5° 的偏转角度向右照射。

　　前照灯光束自动调节系统能够根据车身的荷载分布和车速高低自动调整投射角度。当汽车的荷载分布不均导致车身姿态偏移时，系统会通过位置传感器信息计算光线投射角度的偏移量，并调整投射式灯组的角度来维持正确的照射方向。为适应车速对前照灯夜间照明的影响，光束自动调节系统在车速高时将光束照得远些，让驾驶员能看清较远距离的路况，以便及时做出反应；在车速低时将光束照得近些，以防止造成对面车辆驾驶员、行人眩目。

　　近年来，一种新型前照灯自适应远光系统（adaptive driving beam，ADB），通过实时主动调节远光光形来避免其他道路使用者眩目；同时，能够根据背景环境需求，主动调节大灯的功率。具有 ADB 功能的矩阵式 LED 大灯，同时实现了照明范围及角度的自动调节。

第四节　夜视系统

　　汽车夜视系统采用红外光热成像原理,由红外摄像机和光学显示系统两个部分组成。红外光是波长为 $0.78\sim1000\mu m$ 的电磁波,是光波中的一种。由于大气对红外辐射的吸收,只留下三个重要的"窗口"区,即 $1\sim3\mu m$、$3\sim5\mu m$ 和 $8\sim13\mu m$ 可让红外辐射通过,因而在实际应用上,分别将这三个波段称为近红外、中红外和远红外,$8\sim13\mu m$ 还称为热波段,如图 5-27 所示。

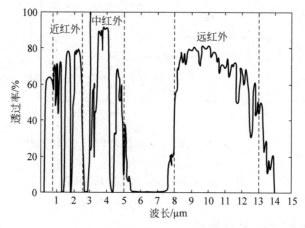

图 5-27　红外波波长与透光率的关系

　　任何温度大于绝对零度的物体都会向外辐射红外线,不同温度的物体辐射红外线能量是不一样的,人类、动物和移动的车辆比周围环境辐射出更多的能量。另外,物体辐射的能量密度等于辐射率与辐照度之积,例如,人的辐射率约是 98%,磨削后的金属辐射率约是 5%,由于辐射率随物质及表面状态的不同而不同,因此,即使在同样温度下,不同物体所辐射的红外线能量也有所不同。汽车夜视系统通过检测特征物体所辐射的红外线能量来进行识别,尤其是夜间步行者,步行者的脸在 $10\mu m$ 附近的远红外区辐射能量为最大值,如图 5-28 曲线 3 所示。

　　红外热成像就是将物体辐射出的红外线经过光学系统聚焦到红外探测器阵列上,探测器再将强弱不等的辐射信号转换成相应的电信号,然后经过放大和视频处理,形成可供肉眼观察的视频图像,并在显示屏上清晰地呈现出来。

　　夜间,因车辆自身前照灯的照明能力有限或是因对面来车前照灯引起的眩目的影响,夜间视觉能力下降。实验证明,在夜间前照灯 20m 处,司机仅能看见行人的下半身,而在同样的场合下,利用红外线技术可以检测到行人、动物、车辆发动机及排气管等,特别是可以捕捉到行人温度较高的脸部。

　　夜视系统可以在夜间探测到数百米外距离,给驾驶员夜间行驶带来了极大的安全感。此外,夜视系统的热红外技术是全天候的电子眼,在雨雪、浓雾天气也有较强的透视效果。

　　传感器检测出人脸辐射出的红外线,通过图像处理分析,判断出夜间难以发现的行人,在风窗玻璃上显示行人的存在及方向并发出警报,以提高司乘人员的视觉功能。预警信息通过设置于仪表板上 LED 灯发出的光反射到风窗玻璃上来实现可视化,如图 5-29 所示。

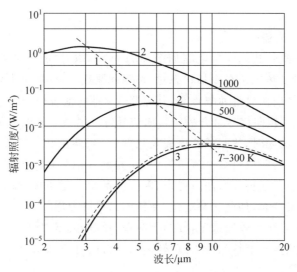

图 5-28　红外波波长与辐射照度的关系

报警系统在接收到传感器信号后,需要做出以下信息处理:

(1) 以人脸温度为中心将测得的红外线图像信号在 ±1℃ 的范围内进行分选;

(2) 对选定的热源对象决定外接方形窗口的尺寸;

(3) 计算方框内选定热源对象所占的比例;考虑脸的朝向、移动的方位和速度;

(4) 在车辆的前进方向上事先设定危险区,确定热源对象的准确距离,设定远近区域分级;

(5) 在适当场合下,对人及判断出的位置方向亮灯。

宝马
夜视系统

图 5-29　红外夜视系统

第五节　汽车信号系统

一、转向信号灯

转向信号灯由闪光继电器和转向开关控制,当所有转向信号灯同时闪烁时,作为危险警报信号,由危险警报信号开关控制,如图 5-30 所示。

图 5-30　危险警报信号开关

汽车转向信号灯的闪烁是通过闪光器来实现的,按照结构原理的不同可分为电热式、电容式、翼片式、水银式、电子式等。普通电热式闪光器结构简单,制造成本低,但闪光频率不够稳定,使用寿命短,转向信号灯的亮暗不够明显,已逐步被翼片式闪光器所取代;电子式闪光器闪光频率稳定,转向信号灯的亮暗分明、清晰,无发热元件,寿命长、工作可靠,目前已广泛应用在汽车上。

1. 电热翼片式闪光器

一种典型的电热翼片式闪光器电路如图 5-31 所示,翼片为弹性钢片,热胀条是热膨胀系数较大的合金钢带。热胀条在冷却状态时,将翼片紧成弓形,使触点处于闭合状态。接通转向信号灯开关时,转向信号灯通电点亮,其电路为:蓄电池正极→接线柱 B→翼片→热胀条→触点→接线柱 L→转向信号灯开关→转向信号灯→搭铁→蓄电池负极。

转向信号灯点亮的同时,热胀条通电而受热伸长,当伸长到一定长度时,翼片在自身弹力作用下使触点断开,转向信号灯电流被切断,于是转向信号灯灭。触点断开后,热胀条因断电而冷却收缩,最终又使翼片弯曲成弓形,触点又闭合。触点闭合时,再次接通转向信号灯电路,转向信号灯又亮起,如此交替变化,使转向信号灯闪烁。

翼片式闪光器闪光频率较为稳定,其结构简单、体积小,翼片工作时突然伸直和弯曲所发出的弹跳声,可以从声音上给驾驶人以"转向信号灯已打开"的提示。

2. 电容式闪光器

电容式闪光器主要由电磁式继电器和一个电容器所构成,与前照灯延时控制开关类似,都是通过电容的充放电延时特性,控制继电器触点按某一频率开闭而使转向信号灯闪烁。一种典型的电容式闪光器的结构简图如图 5-32 所示。闪光器触点通过弹簧片的弹力保持常闭,线圈 1 与转向信号灯电路串联,电阻较小;线圈 2 与电容器串联后,再与转向信号灯电路并联,其电阻较大。

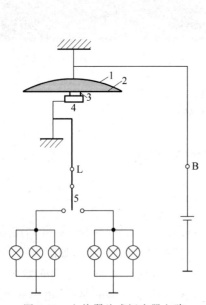

图 5-31　电热翼片式闪光器电路　　　　图 5-32　电容式闪光器电路
1—翼片;2—热胀条;3—动触点;4—静触点;5—转向灯控制开关

当接通转向信号灯开关时,电流经蓄电池正极→电源开关→接线柱 B→串联线圈 1→触点→接线柱 L→转向信号灯开关→转向信号灯→搭铁→蓄电池负极,形成回路,此时并联线圈 2、电容器及灭弧电阻被触点短路。当电流通过串联线圈 1 产生的电磁吸力大于弹簧片的作用力时,触点迅速被打开,转向信号灯短暂地闪亮后立即变暗。

触点打开后,蓄电池通过并联线圈 2 向电容器充电,电流仍流经转向信号灯。但由于并联线圈 2 的电阻较大,充电电流小不足以使转向信号灯亮,转向信号灯仍处于暗的状态。同时,充电电流通过串联线圈 1 和并联线圈 2 产生的电磁吸力方向相同,使触点继续打开。

随着电容器的充电,电容器两端的电压逐渐升高,其充电电流逐渐减小,串联线圈 1 和并联线圈 2 产生的电磁吸力也逐渐减小,触点在弹簧片的作用下闭合。触点闭合后,电流又形成初始的回路,转向信号灯和指示灯处于亮的状态,与此同时,电容器放电使并联线圈 2 与串联线圈 1 的磁场方向相反。

随着电容器的放电,电容器两端的电压逐渐下降,其放电电流减小,并联线圈 2 产生的磁场作用减弱,串联线圈 1 的电磁吸力增加,触点又打开,灯光变暗。如此反复,电容器不断地充电放电,使继电器的触点不断开闭,从而使转向信号灯和指示灯闪烁。

电容充放电回路中 R、C 参数决定了转向信号灯闪亮的频率,灭弧电阻与触点并联,用来减小触点火花,延长触点的寿命。

3. 电子式闪光器

电子式闪光器由晶体管的导通和截止,配合电容器的充放电来控制转向信号灯电路,可以分为有触点和无触点两种。有触点的电子式闪光器电路如图 5-33 所示,当接通转向信号灯开关 S 时,电流由蓄电池正极→R_0→继电器的常闭触点 K→接线柱 S→转向信号灯→搭铁→蓄电池负极,转向信号灯亮。当电流流过 R_0 时,在 R_0 两端产生电压降,晶体管 VT 因正向偏置而导通,集电极电流通过继电器的线圈,使继电器常闭触点 K 立即断开,转向信号灯熄灭。

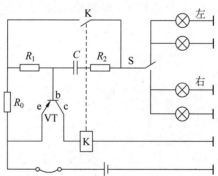

图 5-33　有触点的电子式闪光器电路

在晶体管导通的同时,其基极电流向电容器充电,随电容器电荷的积累,充电电流逐渐减小,晶体管 VT 的集电极电流也随之减小,当此电流不足以维持衔铁的吸合时,继电器的常闭触点又重新闭合,转向信号灯再次变亮。这时电容通过电阻 R_1,继电器常闭触点 K、电阻 R_2 形成闭合回路放电。放电电流在 R_1 上产生的电压降又为晶体管 VT 提供正向偏置电压使其导通。这样,电容 C 不断地充电和放电,晶体管 VT 不断地导通与截止,控制继电器的触点反复闭合与断开,使转向信号灯发出一明一暗的闪光。

无触点式电子闪光器电路如图 5-34 所示,它有 VT_1、VT_2、VT_3 三个晶体管,接通转向信号灯开关后,电源通过 R_2、R_1、C 向 VT_1 提供正向偏置电压而使 VT_1 饱和导通,VT_1 导通后,VT_2 基极无足够的导通电压而截止,VT_3 随之截止。VT_1 的导通电流经转向信号灯

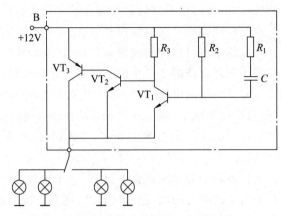

图 5-34　无触点式电子闪光器电路

形成回路,但由于通过 VT_1 的集电极电流需经过大电阻 R_3 而很小,所以 VT_1 在导通时,转向灯不亮。

同时,电源通过对电容 C 充电,两端电压逐渐增大,VT_1 的基极电位则逐渐下降。当 VT_1 基极电位降至其导通电压以下时,VT_1 截止。VT_2 通过 R_3 得到正向偏置电压而饱和导通,VT_3 也随之导通,转向信号灯变亮。

VT_1 截止后,电容 C 经 R_2 和 R_1 放电,随着放电电流的逐渐减小,VT_1 基极电位又开始升高,并最终又使 VT_1 导通,VT_2 和 VT_3 截止,转向信号灯又变暗。如此循环,使转向信号灯闪烁。

如果将多个晶体管集成在一个芯片上,即集成电路电子闪光器,如图 5-35 和图 5-36 所示。

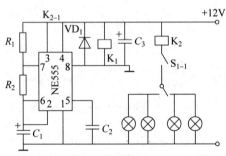

图 5-35　NE555 集成电路电子闪光器电路

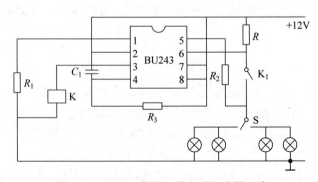

图 5-36　BU243 集成电路电子闪光器电路

二、汽车喇叭

喇叭是汽车的音响信号装置。在汽车行驶过程中,驾驶员根据需要和规定发出必要的音响信号,警告行人和引起其他车辆注意,以保证交通安全。

汽车喇叭按声音动力分为气喇叭和电喇叭两种;按外形分为筒形、螺旋形和盆形三种;按发声频率分为高音喇叭和低音喇叭两种。大、中型商用车多采用气喇叭,而乘用车、电动汽车多采用电喇叭,其中,电喇叭又分为有触点式和无触点式两种。

汽车电喇叭是通过电磁力带动金属膜片的振动从而发出声音,它由铁芯、磁性线圈、膜片和共鸣板等组成,如图 5-37 所示。无论有、无触点,其原理都是通过控制电磁线圈中励磁电流的通断,从而使铁芯(或衔铁)以一定频率上下移动,并带动金属膜片振动而产生声音,共鸣板与膜片刚性连接,可使振动平顺,发出声音更加悦耳。

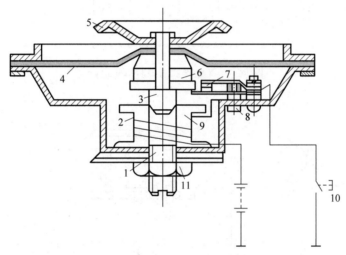

图 5-37　汽车电喇叭的结构组成

1,3,9—铁芯;2—线圈;4—膜片;5—共鸣板;6—衔铁;7—触点;8—调整螺母;10—按钮;11—锁紧螺母

触点式电喇叭利用机械触点的闭合与断开控制励磁电流,而无触点式电喇叭利用晶体管电子电路来控制励磁电流。无触点式电喇叭因克服了触点式电喇叭的触点烧蚀、氧化而使喇叭变音的缺点,从而更加耐用,而且它的音色和音量比触点式电喇叭容易调整,因此在现代汽车中使用广泛。

无触点式电喇叭的电子电路由振荡电路和功率放大电路两部分组成,典型的电路原理如图 5-38 所示,虚线左侧为振荡电路,由 C_1、C_2 两个电容器形成正反馈;虚线右侧为功率放大电路。

为了得到更加悦耳的声音,在汽车上常装有两个不同音调(高、低)的喇叭。其中,高音喇叭膜片厚,扬声简短;低音喇叭则相反。有时甚至用 3 个(高、中、低)不同音调的喇叭。装用单只喇叭时,喇叭电流是直接由按钮控制的,按钮大多装在转向盘的中心。当汽车装用双喇叭时,因为消耗电流较大(15～20A),用按钮直接控制时,按钮容易烧坏。为了避免这个缺点,采用喇叭继电器,其结构和接线方法如图 5-39 所示。

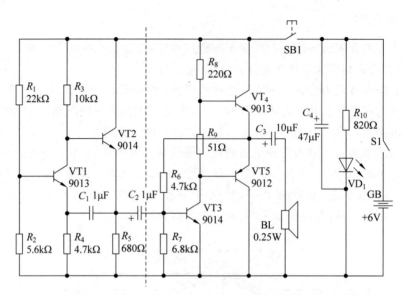

图 5-38　无触点式电喇叭电子电路

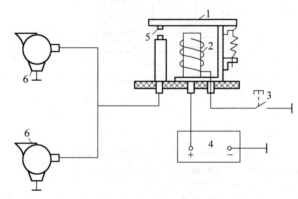

图 5-39　喇叭继电器的结构原理

1—触点臂；2—线圈；3—按钮；4—蓄电池；5—触点；6—喇叭

习　题

单项选择题

1. 普通双丝灯泡前照灯的近光灯丝位于反射镜焦点的(　　)。

　　A. 下方　　　　　　　　B. 上方　　　　　　　　C. 右方　　　　　　　　D. 左方

2. 开前照灯后,灯光暗淡的原因可能是(　　)。

　　A. 熔断器断开或熔丝熔断　　　　　　　　B. 灯丝烧断

　　C. 接头松动或锈蚀　　　　　　　　　　　D. 调节器电压过高

3. 汽车侧面转向信号灯光色为( )，制动灯光色为( )。

    A. 红色、红色   B. 黄色、白色   C. 黄色、红色   D. 黄色、黄色

4. 汽车的雾灯要求光线波长较大，有较好的穿透性，一律为( )。

    A. 红色   B. 蓝色   C. 黄色   D. 白色

5. 下列不属于汽车前照灯的主要结构组成的是( )。

    A. 灯泡   B. 聚光灯   C. 反射镜   D. 配光镜

第六章 仪表显示系统

学习目标

1. 能够掌握汽车常见仪表的结构和工作原理,并阐述主要仪表的功能和特点;
2. 能够说明汽车仪表常见的报警及指示灯信号含义;
3. 能够阐述汽车仪表常见的显示系统,对比分析其特点。

第一节 汽车仪表

汽车仪表大多集中安装在方向盘前方的仪表板上,相当于汽车使用性能的监控器,使驾驶员能随时了解汽车的行驶情况和动力系统的工作状况,以便正确使用汽车,提高行车安全,及时发现和排除可能出现的故障。

不同车型的仪表板外观也不同,但基本结构却大同小异,包括各种仪表和指示灯。仪表的样式通常分为三类:一是传统指针类,主要采用机械式结构,已逐步退出市场;二是传统指针仪表嵌套电子屏幕;三是纯电子虚拟显示。图 6-1(a)所示为第二种形式,图 6-1(b)所示为第三种形式。常用的仪表有车速里程表、发动机转速表、冷却液温度表、燃油表和电池电量表等。

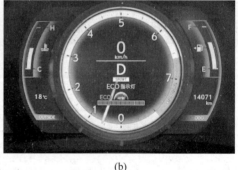

(a)   (b)

图 6-1 汽车仪表
(a) 指针仪表嵌套电子屏幕;(b) 纯电子虚拟显示仪表

现代车辆通常将上述基本仪表(车速里程表、发动机转速表、燃油表、水温表)和各种报警灯、指示灯及仪表灯等集成在仪表盘内,形成组合仪表,有些还带有电源稳压器和报警蜂鸣器。

车辆在中低速行驶时,驾驶员有足够的闲暇时间低头查看仪表盘信息。但在高速行驶时,驾驶员需要高度集中注意力,且视角更为狭窄。为避免驾驶员低头或转头查看仪表和中控面板,现代汽车还装备了平视显示系统,又称抬头显示系统(head up display,HUD),直接将重要的信息映射在前挡风玻璃上。

一、车速里程表

车速里程表用来指示汽车行驶速度和累计行驶的总里程,由车速表和里程表两部分组成。传统的车速里程表是机械式的,随着电子技术的发展,现在很多轿车已经使用电子车速里程表。

机械式车速里程表如图 6-2 所示,其中车速表由与驱动轴紧固在一起的永久磁铁、装有指针的铝罩和固定在外壳上的刻度盘等组成,驱动轴通过软轴与变速器输出轴相连,其转速与变速器输出轴转速相同,与汽车行驶车速成正比。当汽车停止时,铝罩在盘形弹簧的作用下保持在初始位置,车速表指示为"0"。当汽车行驶时,驱动轴带动永久磁铁转动,铝罩在永久磁铁旋转磁场的作用下产生涡流,涡流产生的磁场使铝罩产生转矩,使铝罩克服盘形弹簧的弹力转动。当车速提高时,永久磁铁旋转加速,铝罩上产生的涡流增大,作用于铝罩上的转矩增大,铝罩偏转角度增大,带动指针指示的车速示值增大;反之,当车速降低时,作用于铝罩上的转矩减小,铝罩偏转角度减小,车速示值减小。

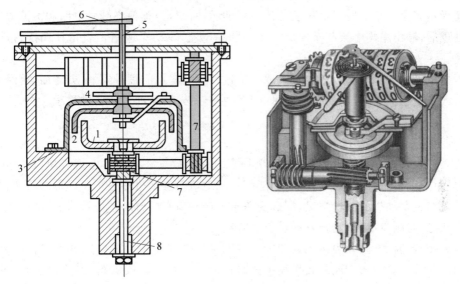

图 6-2　机械式车速里程表结构

1—永久磁铁;2—铝罩;3—铁罩;4—盘形弹簧;5—针轴;6—指针;7—蜗轮蜗杆;8—驱动轴

里程表由三对蜗轮蜗杆机构和 6 位数字的十进位数字轮组成。汽车行驶时,驱动轴经三对蜗轮蜗杆驱动里程表最右边的第 1 数字轮,当汽车行驶 1km 时,第 1 数字轮正好转一周。每两个相邻的数字轮的齿轮传动比为 1：10,即当第 1 数字轮转动一周,相邻左面的第 2 数字轮转 1/10 周,呈十进位递增,从右往左单位依次为 1/10km、1km、10km,以此类推累计出行驶里程数,最大读数为 9999.9km。

电子式车速里程表由车速传感器、电子电路、车速指示表和里程指示表组成。

图 6-3 所示为奥迪 100 型轿车的车速传感器,由一个舌簧开关和一个有 4 对磁极的转子组成。当转子转动时,永久磁铁的磁场发生变化,舌簧开关的触点交替断开和闭合,电路中不断产生电压脉冲信号。转子每转一周,舌簧开关的触点交替开闭 8 次,产生 8 个脉冲信号输入电子电路。

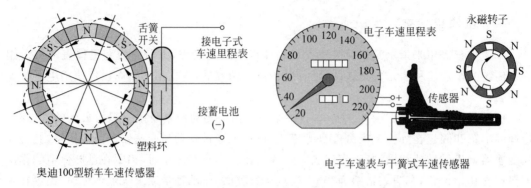

奥迪100型轿车车速传感器   电子车速表与干簧式车速传感器

图 6-3 奥迪 100 型轿车电子式车速里程表与车速传感器

奥迪 100 型轿车车速里程表的电子电路主要包括稳压电路、单稳态触发电路、恒流源驱动电路、64 分频电路和功率放大电路等。其作用是将反映车速的脉冲信号进行整形、分频及放大等处理后,驱动车速指示表和里程指示表。

车速指示表是一个电磁式电流表。传感器的脉冲信号经单稳态触发电路和恒流源驱动电路的处理后,输出平均电流与车速成正比的脉动电流,驱动车速指示表指针偏摆,指示相应的车速。

里程指示表由数字轮和步进电机组成。车速传感器输出的信号经 64 分频后,再经功率放大器放大到足够的功率,驱动步进电机,带动数字轮转动,从而记录行驶里程。

二、发动机转速表

转速表一般设置在仪表板内,与车速里程表对称地放置在一起。转速表单位 $1/\min\times1000$,即显示发动机每分钟转多少千转。能够直观地显示发动机在各个工况下的转速,驾驶员可以随时知道发动机的运转情况,配合变速器挡位和节气门(油门)位置,使发动机保持最佳的工作状态,对减少油耗、延长发动机寿命有利。

转速表按其结构不同分为机械式和电子式两种。现代轿车一般采用电子式转速表,有指针式和液晶数字显示式。液晶数字显示式转速表内有数字集成电路,将点火线圈、飞轮、正时齿轮或发电机转速传感器信号中采集的电压脉冲,经过计算后驱动指针移动或数字显示。由于发电机转速信号受传动带打滑等因素影响,数值不太精确。

图 6-4 所示为从点火系统获取转速信号的电子转速表电路。当触点闭合时,晶体管 VT 无偏压而处于截止状态,电容 C_2 被充电。充电电路为蓄电池正极 $\rightarrow R_3 \rightarrow C_2 \rightarrow VD_2 \rightarrow$ 蓄电

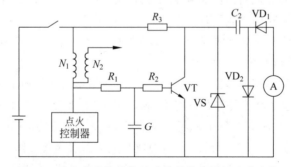

图 6-4 从点火系统获取转速信号的电子转速表电路

池负极,构成回路。当触点分开时,晶体管的基极得到正电位而导通,此时 C_2 便通过导通的晶体管 VT、电流表和 VD 构成放电回路,从而驱动电流表。

当发动机工作时,初级电路的电流不断开闭,其开闭次数与发动机转速成正比。所以当初级电路导通时,对电容 C_2 不断进行充放电,其放电电流平均值与发动机转速成正比,于是将电流表刻度值经过标定刻成发动机转速即可。稳压管 VS 起稳压作用,使 C_2 再次充电电压不变,以提高测量精度。

三、冷却液温度表

冷却液温度表由安装在仪表板上的温度指示表和安装在发动机气缸盖水套上的温度传感器组成,用于指示发动机冷却液温度,发动机正常工作水温应在 75~90℃。温度指示表有电热式和电磁式两种;温度传感器有电热式和热敏电阻式等不同形式。

1. 电热式冷却液温度表

电热式冷却液温度表由左侧的电热式稳压电路、中间的螺旋双金属片指针和右侧的热敏电阻式冷却液温度传感器三部分组成,如图 6-5 所示。左侧双金属片上绕有加热线圈,加热线圈一端通过触点后搭铁相连。冷却液温度传感器的热敏电阻置于发动机冷却液出水管中,当发动机冷却液温度升高时,热敏电阻阻值减小,流经双金属片上缠绕的加热线圈电流增大,使双金属片受热向上弯曲,触点的压力减小,传感器加热线圈通电较短时间就可使触点断开,而双金属片的冷却则很慢,使触点的闭合时间相对较短,电路中电流脉宽较小,平均电流较小,温度指示表双金属片变形较小,指针偏转角度小,温度指示值增大。反之,当发动机冷却液温度降低时,触点的闭合时间相对较长,电路中电流脉宽较大,平均电流较大,温度指示表双金属片变形较大,指针偏转角度大,温度指示值减小。

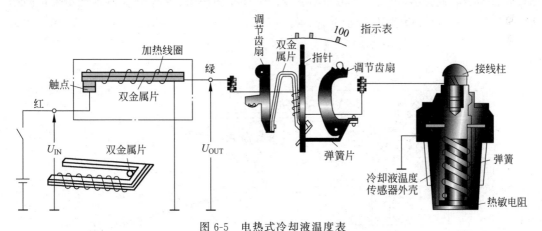

图 6-5　电热式冷却液温度表

2. 电磁式冷却液温度表

当冷却液温度发生变化时,热敏电阻传感器直接控制右侧线圈中的电流大小,打破两个铁芯作用于衔铁上的电磁力平衡,从而带动指针偏转,指示相应的温度值,如图 6-6 所示。

当发动机冷却液温度升高时,热敏电阻阻值减小,流经右侧线圈中的电流增大,L_2 产生的电磁力增大,大于 L_1 的电磁吸力,指针向右侧偏转,温度读数增大。反之,冷却液温度降

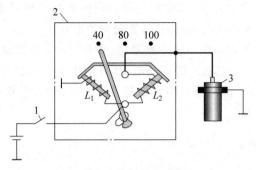

图 6-6　电磁式冷却液温度表

1—点火开关；2—冷却液温度表；3—冷却液温度传感器

低时，指针向左侧偏转，温度读数减小。

四、燃油表

燃油表用来指示油箱内储蓄油量的多少，由安装在油箱中的油量传感器和仪表盘上的燃油指示表两部分组成。燃油指示表也有电热式和电磁式两类，指针指向"F"，表示满油，指向"N"，表示无油；也有用 1、1/2、0 分别表示满油、半箱油和无油。油量传感器有多种形式，电容电介质液位、电极棒以及最简单的滑片电阻式都可以实现。

1. 电磁式燃油表

电磁式燃油表的指示表原理与电磁式水温指示表类似，其传感器则由可变电阻器和浮子组成，如图 6-7 所示。当油箱内油位高低变化时，浮子随液面高低上下移动，带动滑片移动，从而改变电阻大小，相当于热敏电阻感受温度变化的作用。右侧电磁线圈与可变电阻串联，当液位上升，油量增多时，浮子上升，滑片电阻器阻值降低，右侧线圈电流增大，指针读数增大。

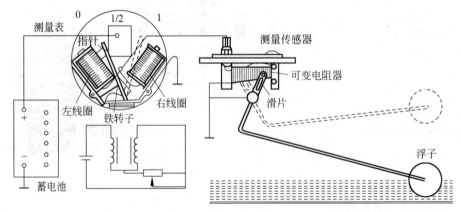

图 6-7　电磁式燃油表结构及电路

2. 电热式燃油表

油量多时，浮子上升，传感器阻值减小，流过表中电热线圈的电流增加，双金属片变形大，指针指向燃油多的一侧；反之指向燃油少的一侧。

由于流经加热线圈的电流，除与可变电阻值有关外，还与供电电压有关，汽车运行时主要的供电源为发电机,发电机的端电压虽然经调节器调整,但受负载电流的影响仍较大,因此,电源电压变化必然影响双金属片电热式仪表的测量精度。因此,凡是用双金属片做指示表的,都必须加稳压器。

图 6-8 左边长方形框内所示即为双金属片电热式稳压器。当电源电压提高时,稳压器中加热线圈中的电流增大、双金属片温度升高,使触点间接触压力减小,闭合时间缩短,打开时间增长,从而使加热线圈中的电流减小,端电压下降。反之,当电源电压下降时,稳压器中加热线圈中的电流减小、双金属片温度降低,使触点闭合时间增长,打开时间缩短,加热线圈中平均电流增大,端电压提高。这样,就使仪表始终在一个比较稳定的电压下工作,减少了电源电压波动的影响。

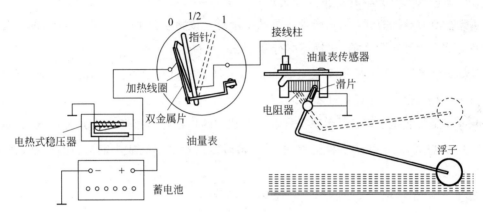

图 6-8 电热式燃油表结构及电路

第二节 仪表报警及指示灯

现代汽车为了保证行车安全、提高车辆的可靠性,在汽车仪表板上安装了许多报警装置,如机油压力报警灯、冷却液温度报警灯、燃油不足报警灯、制动液不足报警灯等,灯亮以提醒驾驶员注意,采取相应的措施。

现代汽车多数采用发光二极管作为报警灯光源,报警灯灯泡功率一般为 1~4W,在灯泡前设有滤光片,使报警灯发出红光或黄光,滤光片上通常有标准图形符号。汽车报警及指示灯按颜色区分可以分为三大类:第一类是红颜色的报警指示灯,称为故障灯,这类灯点亮后,不是发动机无法起动,就是起动后不能安全行驶,必须先排除故障后方可安全驾驶,属于最高级别的警报;第二类是黄颜色的报警指示灯,称为警示灯,这类灯点亮后,代表某个功能进入失效状态,提醒驾驶员车辆已经发生故障,但可以继续行驶至维修单位进行检查维修,起到提醒警告作用;第三类是蓝色或绿色的指示灯,称为行车灯,这类灯点亮代表某个功能已经开启,起到提醒指示的作用。

常见的报警及指示灯符号与说明如下。

◎或▣ 驻车指示灯:驻车制动手柄(俗称手刹)拉起时,该指示灯点亮。驻车制动手柄被放下时,该指示灯自动熄灭。在一些中高档车型中,驻车制动采用脚刹,其指示灯通常为右图符号。

◎ 制动盘报警指示灯：显示制动片磨损情况的指示灯。正常情况下该指示灯熄灭，点亮时提示车主应及时更换故障制动片或磨损过度的制动片，修复后熄灭。

机油报警灯：显示发动机机油压力的指示灯。该指示灯亮起时表示润滑系统失去压力，可能有渗漏，此时需立即停车关闭发动机进行检查。

O/D位指示灯：显示自动挡的O/D位(over-drive，超速挡)的工作状态。OD位指示灯闪亮，说明O/D位已锁止。

冷却液温度报警灯：用于发动机冷却液温度过高的报警指示。该指示灯点亮报警时，应立即停车并关闭发动机，待冷却至正常温度后再继续行驶。

燃油油量报警灯：指示燃油不足的指示灯。该指示灯亮起时，表示燃油即将耗尽，一般从亮起到燃油耗尽之前，车辆还能行驶50km左右。

安全带指示灯：显示安全带状态的指示灯。按照车型不同，该指示灯会亮起数秒进行提示，或者直到系好安全带才熄灭，有的车还会有声音提示。

安全气囊指示灯：显示安全气囊工作状态的指示灯。接通点火开关后该指示灯点亮，3～4s后熄灭，表示系统自检正常，起动自检时该指示灯不亮或车辆运行时长亮，都表示系统存在故障。

ABS指示灯：接通点火开关后该指示灯点亮，3～4s后熄灭，表示系统正常。该指示灯不亮或长亮则表示系统出现故障，此时可以继续低速行驶，但应避免紧急制动。

车门状态指示灯：显示车门是否完全关闭的指示灯。车门打开或未能关闭时，相应的指示灯亮起，提示驾驶员车门未关好，车门关闭后指示灯灭。

充电指示灯：显示蓄电池工作状态的指示灯。接通电路后指示灯亮起，发动机起动后该指示灯熄灭。如果该指示灯不亮或长亮应立即检查发电机及电路。

发动机自检灯：显示发动机工作状态的指示灯。接通点火开关后该指示灯点亮，3～4s后熄灭说明发动机工作正常。该指示灯不亮或长亮表示发动机出现故障，需及时进行检修。

胎压不足报警灯：用于汽车轮胎压力过低的报警指示。该指示灯点亮报警时，应立即停车检查轮胎充气状态，更换备胎或缓慢行驶至附近补胎地点。

VSC指示灯：显示车辆VSC系统(电子车身稳定控制系统)的工作状态，多出现在日系车上。当该指示灯点亮时，说明VSC系统已被关闭。

TCS指示灯：显示车辆TCS(牵引力控制系统)的工作状态，也多出现在日系车上。当该指示灯点亮时，说明TCS已被关闭。

EPC电子油门指示灯：多见于大众公司的车型中，车辆开始自检时，该指示灯会点亮数秒，随后熄灭，如出现故障，该指示灯亮起，应及时进行检修。

自动变速器故障报警灯：该指示灯点亮表明变速器系统存在故障或自动变速器

油量不足,通常检查自动变速器是否漏油,再用故障解码器分析电路系统故障。

或 转向助力报警灯:该指示灯点亮表明助力转向系统存在故障,转向助力减小或失效,液压助力或电动助力系统故障原因不一致。

或 巡航指示灯:绿色或黄色显示,该指示灯点亮表明车辆进入巡航控制状态。巡航关闭时该指示灯熄灭。

未检测到车钥匙指示灯:顾名思义,车辆防盗控制系统未检测到车钥匙,或遥控车钥匙电池电量不足时,该指示灯点亮。

车辆保养指示灯:提示车主车辆已到保养里程或时间,需要尽快进行保养。

第三节　电子显示装置

随着汽车电子技术的飞速发展,汽车电子控制系统所用的传感器不断增多,汽车仪表的电子显示系统已经逐步发展成为可以对各种信息进行分析计算、加工处理的综合信息系统。就传统的车辆而言,驾驶员在行车过程中仍有 40％ 的空闲时间,可以从汽车仪表的综合信息系统中获取所需的信息;自动驾驶和无人驾驶汽车中的汽车仪表成为人机交互的重要窗口。

目前市场上可见的显示屏种类非常多,如 CRT 屏、LCD 屏、LED 屏、VFD 屏、PDP 屏和近来比较流行的 3D 显示屏等,如图 6-9 所示,其中 CRT 屏、LCD 液晶屏、LED 屏和 VFD 屏常用于现代轿车中。

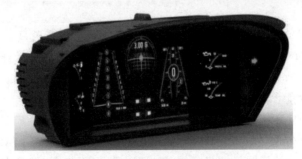

图 6-9　多功能式仪表显示系统

CRT 屏学名为"阴极射线显像管",是一种较早的显示器,阴极发出的电子经加速、偏移,撞击显示壳体上的荧光粉,然后发光。由于 CRT 是电子枪扫射荧光粉来显示图像,故CRT 屏几乎都是呈矩形的;同时,电子枪发射的电子需要加速、偏转,所以 CRT 屏一般比较厚,可造型性比较差,目前只在部分大型客车上使用。

LCD 屏就是我们经常说的液晶屏,也是目前使用最广泛的显示屏。显示屏后边有发光体,通过改变液晶两端电压改变液晶排列,形成通断,从而使发光体发出的光能显示出来。LCD 屏通常可以做得很薄,但一般只有固定的尺寸可供选择。

LED 屏是自发光屏。LED 屏大约有两种方式,一种是显示屏还是 LCD 的,只有背光使用 LED 发光装置,这种可以说是一种"伪"液晶屏;另一种是使用发光二极管作为显示材料的显示屏,在单个发光二极管两端加上规定电压,就可以自己发光,通过改变这种方式来显示。

由于 LED 屏是自发光屏,不需要背光装置,所以 LED 屏可以比 LCD 屏更薄。因为 LED 屏是由一个个发光二极管组成的,所以理论上讲,LED 屏可以做成各种形状。

VFD 屏的学名为"真空荧光显示屏",也是一种自发光显示屏。VFD 屏的工作方式类似电子管,高速电子撞击屏幕上的荧光粉发光,从而显示图像。VFD 屏可以做成很多形状,所以汽车需要造型好的显示屏一般使用 VFD 屏。LED 屏和 VFD 屏在造型方面是最好的。

现代轿车上一般使用 2~3 块显示屏,一块用来显示行车信息,安装在驾驶座仪表板位置;另一块用来显示车载多媒体和空调信息,多媒体显示屏通常安装在中控面板上,如图 6-10 所示。越来越多的汽车仪表显示屏开始采用触摸屏,有些还采用了语音控制系统,使人机交互更加便捷。

图 6-10　车载多媒体显示系统

行车信息显示屏的造型差异很大,并且只需要几种色彩的彩色显示即可,所以更倾向于用 VFD 屏,当然 LED 屏也可以,不过成本会更高。车载多媒体显示屏需要的色彩度比较高,造型性要求不高,所以更倾向于使用 LCD 屏。

显示屏的主要性能参数包括点距、亮度值、色彩度和响应时间。

1. 点距

点距是屏幕上相邻两个同颜色像素单元的距离,可以说点距越小越好,但是过小的点距会影响显示屏的稳定性,不同尺寸显示屏的点距一般也不相同,但是点距一般不会相差太大,通常在 0.2~0.5mm。CRT 屏的点距在 0.25mm 左右;比较好的 LCD 屏的点距一般在 0.3mm 以内;LED 屏的点距比较大,比较好的 LED 屏的点距一般也在 0.4mm 以上了;VFD 屏主点距一般在 0.5mm 左右,比较好的才能做到 0.3mm。点距小于 0.28mm 时,用于显示视频才会有较好的效果。

2. 亮度值

亮度值是显示屏表面发光强弱的值,越高的亮度值代表表面发出越多的光。过高的亮度值会刺伤眼睛,过低的亮度值容易导致视觉疲劳,甚至在太阳光下就会看不清楚。所以选择合适的亮度值非常重要。

CRT 屏亮度可以做到很高,也可以做到很低,亮度范围很广;LCD 屏为透光式显示屏,亮度值不会太高,普通显示器在 300~500cd 内;LED 屏和 VFD 屏都是自发光显示屏,亮度值一般很大,特别是 VFD 屏,能达到很高的亮度。

3. 色彩度

色彩度就是显示屏能显示出的色彩种类。理论上自然界的颜色,CRT 屏都能显示,所以 CRT 屏的色彩度为无穷;对于顶级的 LCD 屏来说,可以显示 1600 多万种颜色,对于绝大多数人来说,这和无穷种颜色没什么区别了;色彩度是 LED 屏的弱项,可显示的色彩种类远少于 LCD 屏和 CRT 屏,特别是对于红色而言,显示得不是很清晰;VFD 屏的色彩度更少,只能显示几种颜色。

4. 响应时间

响应时间反映了显示屏的反应速度,响应时间越短,显示效果越好,响应时间超过 10ms 一般就会出现残影。CRT 屏的响应时间仅为 1~3ms,相当优越;现在的 LCD 屏响应时间大约能做到 5ms;LED 屏的响应时间和 CRT 屏的响应时间差不多,都非常好;VFD 屏的响应时间为 10μs。

从以上几项性能来看,几种车用显示屏的响应时间和亮度值都能满足要求,虽然有一定差别,但是不会影响使用。消费者对汽车的舒适性要求越来越高,如果要得到细致的、高质量的显示画面,对点距的要求会比较高,所以播放器,尤其是显示画面等的显示屏,最好使用 LCD 屏和 CRT 屏。

案例分析

大学生方程式赛车仪表显示电路

大学生方程式赛车仪表主要显示车速、发动机转速、冷却液温度和挡位信号,采用春风 650 发动机专用显示器,如图 6-11 所示。其中,发动机的转速信号由磁电式曲轴位置传感器检测,将既定的时钟脉冲内产生的拾波信号数量转换成转速。冷却液温度传感器是一个

图 6-11　春风 650 发动机专用显示器

具有负温度系数的半导体热敏电阻,随着发动机水温升高,热敏电阻阻值减小。春风650发动机变速箱为序列式变速箱,空挡位于一挡和二挡之间,通过检测信号盘与负极之间的电阻值,转换为对应的挡位数字进行显示。

　　由于原仪表中车速里程信号来源于发动机输出轴转速传感器,而方程式赛车需要对发动机输出轴进行改装,安装小链轮传递动力至后轴。按照赛事规则加装的链传动保护罩与车速传感器位置干涉,只能摒弃原车速传感器,另行设计轮速信号模块来显示实际车速。

图6-12　霍尔轮速传感器

　　该轮速信号模块通过霍尔传感器检测赛车前轮齿轮盘的旋转频率,经过89C52单片机的计算处理,最终显示在LCD1602液晶显示屏上。霍尔传感器的输出信号为方波信号,频率与车速成正比,当轮齿正对霍尔元件时,传感器输出低电平,齿轮远离霍尔元件时输出高电平,如图6-12所示。将信号的下降沿设置为单片机计数器T0的触发信号,同时使用计时器T1进行计时,通过计数每秒内的脉冲来计算出实际车速。

　　在实际安装过程中,传感器对检测距离要求较高,齿轮盘齿轮与传感器信号发生器之间的间隙仅为1～2mm。

　　主控芯片作为整个模块系统的核心,接受外部输入的信号,同时输出信号驱动液晶显示屏显示。51系列单片机采用成熟的CMOS工艺,工作可靠性高,采用大规模集成电路技术,生产成本也较低;同时,STC系列的单片机可以在线编写程序和调试硬件。因此,选择51系列单片机中的STC89C52单片机作为模块的主控芯片,图6-13和图6-14分别为STC89C52单片机的引脚图和实物图。

U1	
1　P1.0	VCC　40
2　P1.1	P0.0　39
3　P1.2	P0.1　38
4　P1.3	P0.2　37
5　P1.4	P0.3　36
6　P1.5	P0.4　35
7　P1.6	P0.5　34
8　P1.7	P0.6　33
9　RST	P0.7　32
10　(RXD)P3.0	$\overline{EA}$/VPP　31
11　(TXD)P3.1	ALE/$\overline{PROG}$　30
12　(INT0)P3.2	$\overline{PSEN}$　29
13　(INT1)P3.3	P2.7　28
14　(T0)P3.4	P2.6　27
15　(T1)P3.5	P2.5　26
16　($\overline{WR}$)P3.6	P2.4　25
17　($\overline{RD}$)P3.7	P2.3　24
18　XTAL2	P2.2　23
19　XTAL1	P2.1　22
20　GND	P2.0　21

图6-13　STC89C52单片机引脚图

图6-14　STC89C52单片机实物图

　　LCD液晶显示屏利用液晶材料的光电效应进行显示,显示效果清晰、准确、具有真实感,与LED数码管相比,接口数量更多且价格较高。但LCD不需要移位寄存器进行移位而动态扫描显示,因此功耗更低,本设计选用LCD1602液晶显示屏进行显示。

LCD1602 液晶显示屏与单片机 STC89C52
进行连接,P1.2、P1.1、P1.0 分别与 LCD 的 E、
R/W、RS 进行连接,P0 口作为数据线接口。其
中 E 是下降沿触发的片选信号,R/W 是读写控
制信号,RS 是寄存器选择信号,LCD1602 液晶
模块的引脚信息如图 6-15 所示。

LCD1602 液晶显示屏的主要工作模式见
表 6-1。

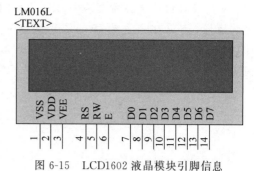

图 6-15 LCD1602 液晶模块引脚信息

表 6-1 寄存器控制信号

RS	R/W	操 作 说 明
0	0	写入指令寄存器(清除屏等)
1	0	写入数据寄存器(显示各字型等)
1	1	从数据寄存器读取数据

轮速显示模块原理图由单片机最小系统、输入信号和液晶显示屏组成,如图 6-16 所示。
外界频率信号直接输入单片机 P3.4 口,液晶显示屏与单片机连接控制线和数据线。单片
机最小系统包括单片机、时钟电路、复位电路和电源电路。时钟电路为单片机提供时间基准,
在统一的时钟控制下读取指令、分析指令、执行指令。单片机的复位电路,是指按下复位按键
之后或重新上电之后,单片机初始化,所有数据变量进入确定的起始状态并从此处开始工作。
由于 P0 口内部结构为漏极开路,与其他 I/O 口结构不同,因此要外加上拉电阻才能正常使用。

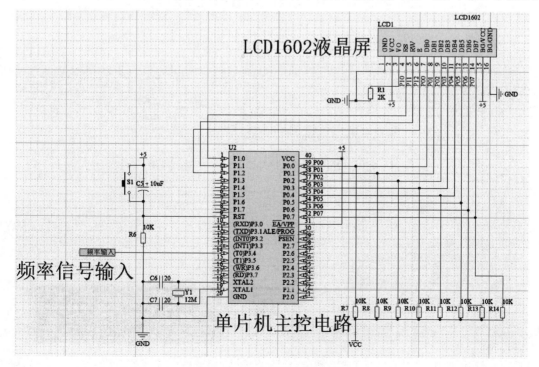

图 6-16 轮速显示模块原理图

对所设计的轮速显示模块电路进行仿真调试,验证其功能,使用 Proteus 绘制出模块仿真电路图,使用信号发生器对单片机输入 130Hz 的方波信号,液晶显示屏显示车速为 19km/h,如图 6-17 所示。当输入信号为 320Hz 时,液晶显示屏显示车速为 47km/h,如图 6-18 所示。方程式赛车仪表的实物布局如图 6-19 所示。

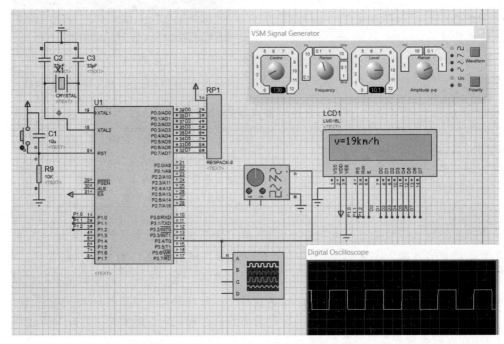

图 6-17 输入 130Hz 方波信号时的仿真

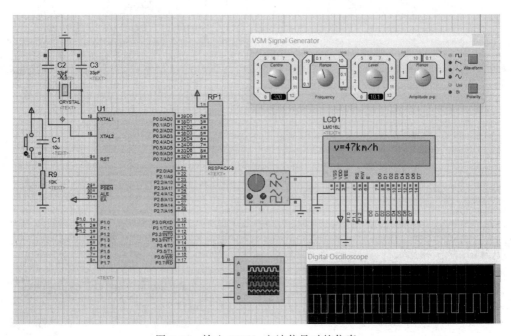

图 6-18 输入 320Hz 方波信号时的仿真

仪表显示器　　　　　LCD液晶显示屏

图 6-19　仪表布局

习　题

一、判断题

1. 电磁式水温表由电磁式水温指示表和负温度系数的热敏电阻组成。　　　　（　　）

2. 发动机正常工作时,水温一般应为 75～90℃。　　　　　　　　　　　　　（　　）

3. 用热敏电阻测量冷却水温度时,温度升高,电阻值也升高。　　　　　　　　（　　）

4. LED 与 CRT 是发光显示器。　　　　　　　　　　　　　　　　　　　　　（　　）

5. 仪表中充电指示灯亮,表明蓄电池处于充电状态。　　　　　　　　　　　　（　　）

二、单项选择题

1. 热敏电阻式水温表,当水温低时（　　　）。

　　A. 热敏电阻阻值变小　　　　　　　　　　B. 双金属片变形小

　　C. 双金属片变形大　　　　　　　　　　　D. 双金属片不变形

2. 机油压力表中,双金属片变形越大,指示的油压值（　　　）。

　　A. 越低　　　　　　　B. 越高　　　　　　C. 不变　　　　　　D. 不确定

3. 电子式转速表的转速信号不可以从（　　　）获取。

　　A. 点火系统　　　　　　　　　　　　　　B. 飞轮（或正时齿轮）转速

　　C. 发电机转速　　　　　　　　　　　　　D. 车轮转速

4. 下列图示中表示发动机水温过高预警的是（　　　）。

　　A. 🛢️　　　　　B. CHECK　　　　　C. 🌡️　　　　　D. ⛽

5. 现代汽车仪表的主要信息包括（　　　）（不定项选择）。

　　A. 燃油表　　　　　　　　　　　　　　　B. 发动机水温表

　　C. 发动机转速表　　　　　　　　　　　　D. 车速里程表

第七章　汽车附属电器

学习目标

1. 熟悉并能够阐述汽车常见附属电器装置的基本结构和工作原理,包括电动后视镜、电动门窗与电动天窗控制系统、电动雨刮器与风窗玻璃洗涤器、电动座椅、中控门锁系统以及汽车空调与电控除霜系统;

2. 能够熟练操控汽车常见附属电器装置的组合控制开关,达到舒适驾驶的目的。

第一节　电动后视镜

后视镜的主要作用是确保行车或倒车安全,包括车内、车外后视镜,通常所谓的电动后视镜,仅指左、右外后视镜。电动后视镜可使驾驶人坐在车内通过调节开关调整后视镜镜面角度,使后视镜调节变得十分方便。

电动后视镜由组合调整开关、两个双向电机、传动机构等组成。电动后视镜镜面后方装有两套电机驱动装置,分别操纵后视镜镜面上下及左右角度的转动,如图 7-1 所示。双向电机旋转并带动相应方向的塑料板偏转,促使镜面转动,如图 7-2 所示。有的电动后视镜还具有伸缩功能,由伸缩开关控制伸缩电机工作,使整个后视镜回转伸出或缩回,以便在狭窄空间内停车时减小车辆横向占用空间,如图 7-3 所示。

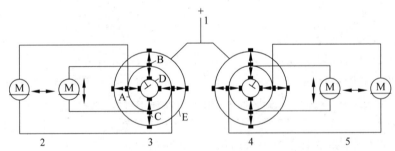

图 7-1　电动后视镜控制系统的基本原理

1—接电源;2—左后视镜;3—左后视镜开关;4—右后视镜;5—右后视镜开关

图 7-2　后视镜镜面推动底板

图 7-3　可伸缩的电动后视镜

组合控制开关包括左、右后视镜选择开关，转动控制开关，折叠和电加热开关等，如图7-4所示。首先通过选择开关选择需要调整的左侧或右侧后视镜，然后通过后视镜转动控制开关调整被选后视镜的镜面角度。左、右转动控制开关用来调整后视镜的左右视角，上、下开关则用来改变后视镜的上下视角。后视镜加热器与风窗玻璃除霜器电路接通，可实现后视镜的除霜。

某电动后视镜控制系统电路如图7-5所示。

图7-4　组合控制开关

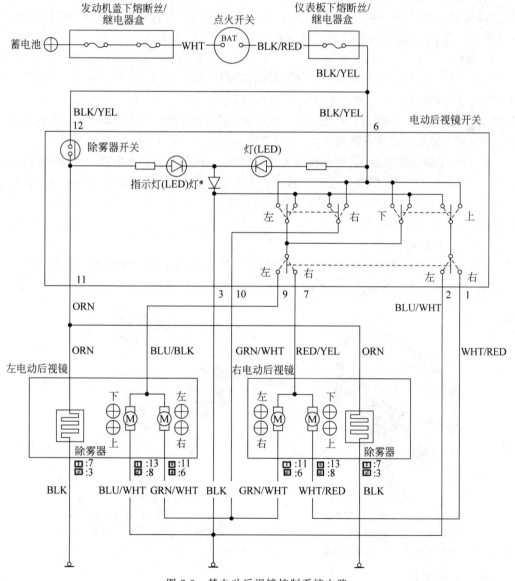

图7-5　某电动后视镜控制系统电路

第二节　电动门窗与电动天窗控制系统

一、电动门窗

汽车的电动门窗通常指车门上可升降移动的玻璃窗,也称电动车窗,通过控制开关或遥控开关控制电机,带动玻璃窗升降运动。电动车窗系统主要由车窗玻璃、玻璃导轨、电机、电动玻璃升降器和开关等装置组成,如图 7-6 所示。

玻璃导轨和窗框共同组成玻璃导向与保护机构,导轨内与玻璃接触的部位装有玻璃呢槽,玻璃呢槽主要起到导向、密封功能,在行车和关闭车门时吸收玻璃的振动,同时玻璃呢槽还能起到美化、减小玻璃与车门外板的高度差、降低空气阻力的作用。

1. 电机

电动车窗一般使用双向永磁或双绕组串励式电机,每个车窗安装一个电机,通过开关控制其电流方向,从而实现车窗的升降。电动车窗系统一般装有两套控制开关,一套为主开关,由驾驶员控制每个车窗的升降;另一套为分开关,分别装在每个车门上,由乘客进行操纵。一般在主开关上还装有断路开关,如果它断开,分开关就不起作用。

另外,为了防止电机过载,在电路或电机内装有一个或多个热敏电路开关,用来控制电流,当车窗玻璃上升到极限位置或由于其他外力而使车窗玻璃不能自由移动时,即使持续按动控制开关,热敏开关也会自动断路,避免电机通电时间过长而烧坏,也可以防止乘客肢体不小心被夹住的小概率事件。

2. 电动玻璃升降器

电动玻璃升降器有钢丝滚筒式、齿扇或齿条式等形式,目前轿车车窗以钢丝传动的形式为主,其结构与运动原理如图 7-7 所示。

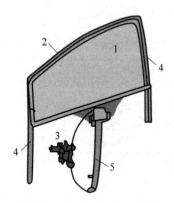

图 7-6　电动车窗系统组成
1—车窗玻璃；2—玻璃呢槽；3—电机；
4—玻璃导轨；5—电动玻璃升降器

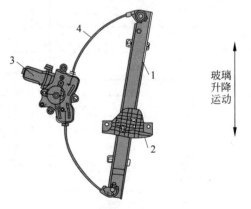

图 7-7　电动玻璃升降器总成
1—滑道；2—玻璃托架；3—电机；4—钢索

二、电动天窗

汽车天窗安装于车顶,能够有效地使车内空气流通,增加新鲜空气的进入,同时汽车天窗也可以开阔视野以及满足移动摄影摄像的拍摄需求。汽车天窗按照运动及开启方式,可大致分为外滑式、内藏式、外翻式和全景式天窗等。

汽车天窗改变了传统的换气形式。尤其在汽车高速行驶时,空气从车顶快速流过,当天窗打开时,车顶外侧就形成一片负压区,将车内空气抽出,达到换气的目的,有效避免了侧窗打开时的风噪和侧风的困扰。汽车天窗对于乘员舱的刚度和密封性有着更大的考验。

汽车电动天窗主要由天窗玻璃、电机及传动机构、滑动机构和控制开关等组成。传动机构通常包括蜗轮蜗杆和齿轮传动两部分,齿轮传动机构接受电机的动力,改变旋转方向,并减速增矩后将动力传给滑动螺杆,使天窗实现开闭,同时也将动力传给凸轮产生限位。

第三节　电动雨刮器与风窗玻璃洗涤器

一、电动雨刮器

电动雨刮器用于消除风窗玻璃上的雨水、雪花、尘土等,保证驾驶员在雨雪天有良好的视线,确保行车安全。电动雨刮器通常安装在前后挡风玻璃上,也有些高档轿车还装在前大灯灯罩上。

电动雨刮器由电机、雨刮片、控制开关和一套传动机构组成,电机驱动传动机构作往复运动,从而带动雨刮片左右摆动。传动机构的形式多种多样,各有优缺点,如图7-8所示。

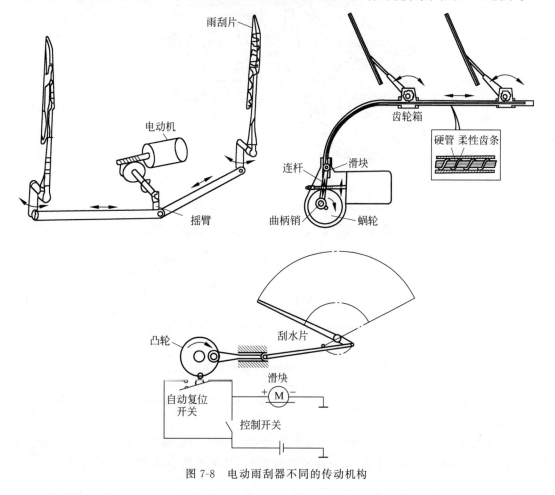

图 7-8　电动雨刮器不同的传动机构

1. 雨刮电机及调速原理

电动雨刮器的电机通常为永磁式,定子磁极为铁氧体永久磁铁,如图7-9所示。永磁电机体积、质量小,构造简单,工作可靠且价廉。根据不同雨量的天气情况,电动雨刮器通常设计有2~3个不同的工作速度,根据第三章直流电机的电压平衡方程

$$n = \frac{U - I_a R_a}{C_e \Phi} \qquad (7-1)$$

式中: C_e——电机结构参数。

$$C_e = \frac{PZ}{2\pi a} \qquad (7-2)$$

式中: P——磁极对数;

Z——正负电刷之间串联的导体数;

a——电枢绕组支路对数。

从上式可知,虽然永磁电机的磁场强弱不能改变,但可以通过改变正负电刷之间串联的导体数的方式,对直流电机实现变速。当增大电刷间的导体数时,电机转速降低;当减小电刷间的导体数时,电机转速升高。

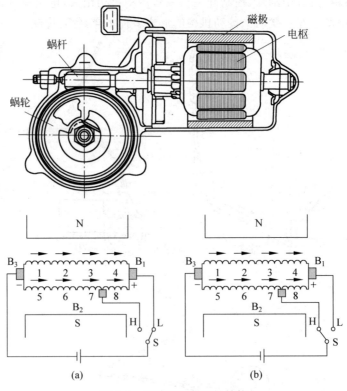

图7-9 电动雨刮器电机结构

在电机外加电压 U 不变的情况下,通过改变电机产生的反电动势的大小,达到改变电机转速的目的。

直流电机旋转时,电枢绕组内产生反电动势,其方向与电枢电流方向相反。当电枢转速 n 上升时,反电动势也相应上升,要使电枢持续旋转,外加电压 U 必须大于反电动势 E。在

忽略电枢绕组内部电压降的情况下,只有当外加电压 U 几乎等于反电动势 E 时,电机的转速才趋于稳定。

电枢绕组的反电动势 $E=C_e n\Phi$,永磁电机的磁场强度几乎不变,反电动势的大小与转速、正负电刷之间串联的导体数成正比。

雨刮器通常采用三刷式电机,当开关 S 拨向 L 时,电源电压加在 B1 和 B3 之间,在电刷 B1 和 B3 之间有两条并联支路,一条是由线圈 1、2、3、4 串联起来的支路,另一条是由线圈 5、6、7、8 串联起来的支路,电枢绕组产生的反电动势较大。此时电机转速降低,以减小反电动势,当这两路线圈产生的全部反电动势与电源电压平衡时,电机稳定转动。

当开关 S 拨向 H 时,电源电压加在 B2 和 B3 之间,此时,电枢绕组一条由 5 个线圈 1、2、3、4、8 串联,另一条由 3 个线圈 5、6、7 串联。其中线圈 8 与线圈 1、2、3、4 的反电动势方向相反,互相抵消后,只有 3 个线圈串联的反电动势与外电压 U 相平衡,故电机转速升高,使反电动势增大才能达到新的电压平衡。

2. 电动雨刮器的自动复位

为了不影响驾驶员的视线,要求电动雨刮器的雨刮片能够自动复位,即无论在什么时候关闭电动雨刮器或切断电源,雨刮片都能自动回到并停止在风窗玻璃的下部。

当外电源断开,且雨刮片没有运动到规定的位置时,由于电枢的转动惯性,电机不能立即停下来,电机以发电机方式运行而发电。当雨刮片运动到规定的位置,即复位位置时,凸轮开关转至图 7-10 所示位置,电枢内电路导通。因为电枢绕组所产生反电动势的方向与外加电压的方向相反,所以反电动势电流回路产生制动扭矩,电机迅速停止转动,使雨刮片停止在风窗玻璃下部。

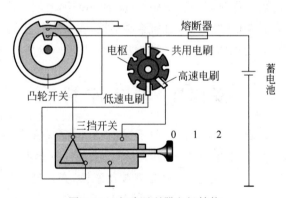

图 7-10　电动雨刮器电机结构

3. 间歇式电动雨刮器

汽车在细雨、雾天或小雪天气中行驶时,如按上述的雨刮器速度进行刮拭,那么风窗玻璃上的微量水分和灰尘就会形成一个发黏的表面,不仅不能将风窗玻璃刮拭干净,反而会使玻璃模糊不清,留下污斑,影响驾驶员视线。因此,现代汽车上一般都增设了电子间歇系统。在碰到上述情况时,开动间歇开关,使雨刮器按一定周期自动停止和刮拭,即每刮拭一次停止 $2\sim12s$,这样,可使驾驶员获得良好的视野。

间歇式电动雨刮器电子电路通常由电容器充电电路和继电器组成,与电子闪光器或振荡器电路相类似,电路可以设计成多种形式,这里不再一一介绍。

二、风窗玻璃洗涤器

为了及时消除风窗玻璃上的尘土和污物,使驾驶员有良好的视线,在汽车的雨刮系统中增设了清洗装置。风窗玻璃洗涤器由储液罐、电动洗涤泵、软管、喷嘴及控制开关等组成,如图 7-11 所示。

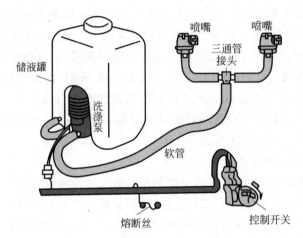

图 7-11 风窗玻璃洗涤器结构组成

电动洗涤泵是最主要的电器设备,由微型永磁直流电机和离心式水泵组成。喷嘴安装在风窗玻璃下面,方向通常可调整,喷嘴直径一般为 0.7～1.0mm,喷水压力为 70～160kPa。电动洗涤泵连续工作时间一般不超过 5s,使用间隔时间不小于 10s。无洗涤液时,不开动洗涤泵。使用洗涤器时,先喷水,雨刮器再刮拭,在喷水停止后,雨刮器应继续刮 3～5 次,这样可以把风窗玻璃上的水滴刮干。所以洗涤器电路一般都与雨刮器开关联合工作。

第四节 电动座椅

汽车座椅的主要功能是为驾驶员提供便于操作、舒适而又安全的驾驶位置;为乘员提供不易疲劳、舒适而又安全的乘坐位置。电动座椅应满足以下要求:

(1)座椅在车厢内的布置要合适,尤其是驾驶员座椅,必须处于最佳的驾驶位置。座椅应具有各种调节机构,以确保不同驾驶员在不同条件下获得最佳驾驶位置。

(2)按人体工程学的要求,座椅必须具有良好的静态与动态舒适性。其外形必须符合人体生理功能,在不影响舒适性的前提下,力求美观大方。

(3)座椅应采用最经济的结构,尽可能地减少质量。

(4)座椅是支撑和保护人体的构件,必须十分安全可靠,应具有足够的强度、刚度与耐久性。可调的座椅,要有可靠的锁止机构,以保证安全。

(5)座椅应具有良好的振动特性,能吸收从车厢地板传来的振动。

作为人和汽车之间联系部件的座椅,对其性能的要求越来越高,多功能动力调节座椅具有前后调节、上下调节、座位前部的上下调节、靠背的倾斜调节、侧背支撑调节、腰椎支撑调节以及靠枕调节等八种调节功能。

电动座椅前后方向的调节量为 100～160mm,上下方向的调节量为 30～50mm。电动座椅一般由双向电机、传动装置和座椅调节控制开关等组成,如图 7-12 所示。

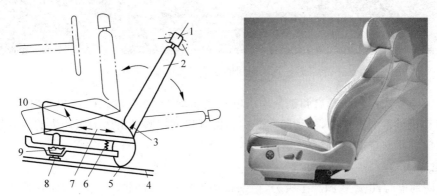

图 7-12 汽车电动座椅的结构组成

1—头枕;2—靠背;3—靠背调整;4—地板;5—倾斜锁挡;6—弹簧;
7—前后调整;8,9—上下调整;10—座椅调节控制开关

1. 电机

电机的数量取决于电动座椅的类型,通常每个方向的调节由一个双向电机实现。大多数电动座椅使用永磁式电机,为防止电机过载,大多数永磁电机内装断路器。

2. 传动机构

电机的旋转运动,通过传动机构改变座椅的空间位置。传动机构通常由蜗杆、蜗轮、齿条、导轨等组成。

为了方便不同的驾驶员快速切换至最佳的驾驶位置,电动座椅往往带有存储功能。座椅调定位置后,驾驶员按下存储按钮,以多个电位计组成的电子控制装置就把这些电压信号存储起来,作为重新调整位置时的基准。使用时,只要驾驶员按相应的按钮,就能按存储时的状态调整座椅位置,方便、快捷。

一些电动座椅还可以调整坐姿,通过采用可调整的支撑块对驾驶员的坐姿进行调整,使驾驶员感觉更加舒适和安全。

第五节 中控门锁系统

随着轿车对乘用舒适性、操纵方便性、使用安全性的要求提高,现代轿车都采用了电控中央门锁系统,并使用了电子技术和无线电技术,有的还接入汽车中央微电脑控制系统,与起动、点火系统相连接进行防盗控制。

电控门锁可分为机械电控门锁、无线电遥控门锁和红外线遥控门锁,目前应用较广泛的是无线电遥控门锁。汽车电控门锁系统主要由遥控钥匙或控制开关、门锁控制器和执行机构三大部分构成。遥控钥匙带有无线信号发射器,用以发出门锁开启和锁紧的指令;门锁控制电路中含有无线信号接收器,通过编译接收信号驱动门锁执行机构做出相应的动作。

除了遥控钥匙外,还可以通过电子或机械控制开关驱动门锁执行机构,如图 7-13 所示。

按电控门锁的执行机构分类,电控门锁可分为电磁式门锁、直流电机式门锁以及气动膜

图 7-13   汽车门锁的电子或机械控制开关

盒式门锁。电磁式门锁的开启和锁紧均由电磁铁驱动,直流电机式门锁的开启和锁紧则是由电机带动机械系统实现的,气动膜盒式门锁的开启和锁紧是由压力泵产生的气压带动的。目前电控门锁正向智能化、全自动方向发展。

1. 电磁式

当线圈通电时,电磁线圈产生吸力,衔铁带动连杆左移,即锁门；反之,即开锁,如图 7-14 所示。

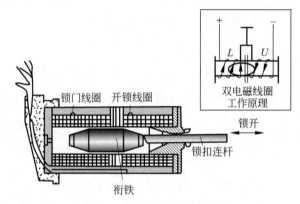

图 7-14   电磁式门锁执行机构

2. 直流电机式

采用可逆式电机。当电机转动时,蜗杆带动齿轮转动,齿轮推动锁杆,车门被锁紧或打开,如图 7-15 所示。直流电机式执行机构体积小、耗电少、动作较迅速。

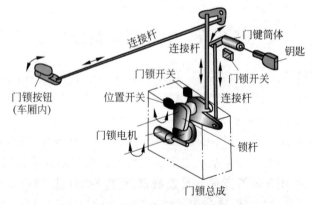

图 7-15   直流电机式门锁执行机构

第六节 汽车空调及电控除霜系统

一、汽车空调系统

汽车空调系统是实现对车厢内空气制冷、加热、换气和空气净化的装置。它能为乘车人员提供舒适的乘车环境,降低驾驶员的疲劳强度,提高行车安全。

夏季,人感到最舒适的温度是 $22\sim28℃$,相对湿度是 $50\%\sim60\%$,在冬季则是温度 $16\sim18℃$,相对湿度 $40\%\sim50\%$。同时,人体面部所需求的温度比足部略低,即要求"头凉足暖",温差大约为 $2℃$。

由于车内空间小,乘员密度大,全封闭空间的空气极易产生缺氧和二氧化碳浓度过高。汽车发动机排气中的一氧化碳、道路上的粉尘、野外有刺激性的花粉都容易进入车内,造成车内空气混浊,严重时会影响乘员的身体健康。另外,人在流动的空气中比在静止的空气中要舒服,这是因为流动的空气能促进人体向外散热。所以,空气流速也是汽车空气调节的重要内容之一,通常空气流速在 $0.2m/s$ 以下的低速流动为佳。通常轿车的进排风口设计及换气通道如图 7-16 所示。

图 7-16 汽车进排风口及换气通道

汽车空调系统一般由制冷系统、取暖系统、通风系统、空气净化系统和电子控制系统组成。

(1)制冷系统。由压缩机、储液干燥器、膨胀阀、蒸发器、冷凝器、散热风扇、鼓风机、制冷管道、制冷剂等组成,用于对车内空气或由外部进入车内的新鲜空气进行冷却或除湿,使车内空气变得凉爽舒适。

(2)取暖系统。由加热器、鼓风机、水管、发动机冷却液等组成,利用汽车发动机冷却液、废气的余热产生热量,通过加热器将进入车内的空气加热,以提高车内的温度。

(3)通风系统。由鼓风机、导风管和风挡模式开关组成,利用汽车迎面通风和空调系统的鼓风机的强制通风来进行换气。

(4)空气净化系统。由空气过滤装置、静电除尘装置、灭菌装置、除臭装置等组成,用于除去车内空气中的尘埃、臭味、烟气及有毒气体,使车内空气变得清洁。

(5)电子控制系统。由传感器、控制器及执行机构组成,用于自动调节车内空气的温度、湿度、流量和流向,使车内形成冷暖适宜的气流,实现车内环境的最佳调节。

汽车空调系统中最主要也最为关键的是制冷系统,汽车空调制冷系统由压缩机、冷凝器、膨胀阀、蒸发器四大部件和一些辅助元件,用制冷管道连接而成,如图 7-17 所示。

压缩机是制冷系统中低压和高压、低温和高温的转换装置,也是推动制冷剂在制冷系统

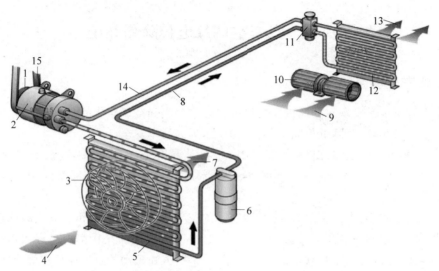

图 7-17　汽车空调蒸汽压缩制冷系统

1—电磁离合器；2—压缩机；3—轴流式冷却风机；4—车外冷空气；5—冷凝器；6—储液干燥器；
7—热空气（吹向发动机）；8—高压管路；9—车内热空气；10—离心式冷却风机；11—节流膨胀阀；
12—蒸发器；13—冷空气（吹入车内）；14—低压管路；15—压缩机驱动皮带

中不断循环的动力。

冷凝器把来自压缩机的高温高压气体通过管壁和翅片将其中的热量传递给冷凝器周围的空气，从而使高温、高压的气态制冷剂冷凝成高温、高压的液体。液态制冷剂在蒸发器内沸腾汽化，吸收蒸发器周围空气的热量而降温。

制冷系统使用的制冷剂（亦称工质、冷媒），国际上用英文字母 R 表示（取英文制冷剂 Refrigerant 的第一个字母），目前车用空调常见的制冷剂为 R134a。制冷系统工作时，制冷剂以不同的状态在这个密闭系统中循环流动，每个循环有四个基本过程。

（1）压缩过程。压缩机吸入蒸发器出口处的低温、低压的制冷剂气体，把它通过压缩机压制成高温、高压的制冷剂蒸汽，然后通过高压软管送入冷凝器。

（2）冷凝、放热过程。冷凝器中高温、高压的制冷剂气体，与车外温度差较大，在冷凝风扇的作用下，冷凝器中制冷剂的大量热量被车外空气带走，高温高压的制冷剂气体因大量放热而冷凝成高温、高压的液体。液态制冷剂进入干燥瓶，进行过滤和干燥，除去制冷剂中的杂质和水分，再送入节流膨胀阀。

（3）节流、膨胀过程。温度和压力较高的制冷剂液体通过膨胀阀后体积突然变大而汽化，使压力和温度急剧下降，变成低温、低压的细小液滴形式，以雾化状态进入蒸发器。

（4）蒸发、吸热过程。制冷剂汽化时吸收蒸发器管外空气中的热量，从而使流经蒸发器的空气温度降低，产生制冷降温效果。汽化后的制冷剂变成低温、低压的气体再次吸入压缩机。

如此反复进行，使蒸发器周围的温度降低，经鼓风机吹出冷风，起到了制冷的效果。

二、电控除霜系统

冬季车辆内外温差较大时，驾驶室风窗玻璃的外面往往会结上一层冰霜，妨碍驾驶员视线,影响行车安全,故在现代汽车上都装有暖风和电加热除霜装置。

1. 暖风装置

以发动机冷却水作为热源的吸风式水暖内循环结构。通常在风窗玻璃的下方设置暖风管或散热器,利用发动机风扇向车内及风窗玻璃吹暖气,获得防冰霜和提高车内温度的双重效果。

2. 电加热除霜装置

电加热除霜装置利用特殊的电阻丝通电发热,直接使风窗玻璃受热升温,达到防霜、除冰霜的目的,常见的有电加热框、电热夹层玻璃和金属镀膜玻璃几种形式。整套系统由开关、自动除霜传感器、自动除霜控制器、除霜热线和连接线路等组成。

电加热框式除霜装置将 2~3 根镍铬电阻丝制成与风窗玻璃大小相同的方框,利用橡皮框架的吸附作用再涂以甘油,让方框紧贴于风窗玻璃内表面,通过开关控制电阻丝加热。

习 题

一、判断题

1. 装有空调的汽车上,在挡风玻璃的下面装有暖气通风管,利用风扇向挡风玻璃吹暖风,可以有效地防止结霜。 ( )

2. 电动车窗使用的电机是单向的。 ( )

3. 电动座椅一般由双向电机、传动装置和座椅调节器等组成。 ( )

4. 汽车空调系统的工作循环是:压缩、冷凝、干燥、膨胀、蒸发。 ( )

5. 汽车空调系统常用的冷媒材料是 R1314。 ( )

二、单项选择题

1. 永磁电动雨刮器是靠( )来实现调速的。

    A. 改变两电刷间的导体数   B. 改变磁通

    C. 改变电源极性   D. 改变电机常数

2. 桑塔纳 2000GSi 轿车的危急报警闪光灯为( )。

    A. 红色   B. 蓝色   C. 黄色   D. 绿色

3. 汽车电动天窗的优势包括( )。

    A. 提高驾驶舱刚度   B. 提高驾驶舱密封性

    C. 增加车辆高速行驶时的空气流通   D. 增加车辆碰撞安全系数

4. ( )是制冷系统中低压和高压、低温和高温的转换装置,也是推动制冷剂在制冷系统中不断循环的动力来源。

    A. 冷凝器   B. 压缩机   C. 鼓风机   D. 蒸发器

5. 汽车中控门锁的输入信号源通常包括( )(不定项选择)。

    A. 机械钥匙   B. 电子或机械按钮

    C. 汽车车速   D. 遥控钥匙

第八章　汽车电器电路分析

学习目标

1. 能够阐述汽车电器电路的表示方法及其特点,包括汽车电路原理图、线路图、线束图和接线图等;

2. 理解并能够掌握汽车电器电路分析的基本原则及电路结构特点,能够分析汽车独立电气系统的原理图;

3. 能够认知并掌握汽车导线及线束、汽车电路的连接以及电路保护装置的特点。

第一节　汽车电器线路的表示方法

汽车电路图用于表示汽车电气线路的结构与电路原理,汽车电路图可分为原理图、线路图和线束图。

一、汽车电路原理图

汽车电路原理图用于表示汽车电气系统的工作原理及电器之间的连接关系,它利用电器符号将各个系统合理连接起来,不考虑用电设备的形状、位置和导线走向,简单易懂,便于分析电路的功能。汽车电路原理图包括整车电路原理图和局部电路原理图。

整车电路原理图对全车电路有完整的概念,能够详细描述整个电路,并将电源电路、起动电路、点火电路、照明电路、信号与仪表电路、电子控制电路以及辅助电器电路在整车电路中的位置及与相关电路的联系都表达出来。

局部电路原理图是从整车电路原理图中抽出某个需要研究的局部电路,将重点部位进行放大、绘制并加以说明,用电设备少、简单明了、易读易绘。

汽车电路原理图尽可能减少电线的曲折与交叉,要布局合理,图面简洁、清晰,电器符号可以结合元器件外形与内部结构,便于读者联想、分析,易读、易画。图 8-1 所示为某汽车电

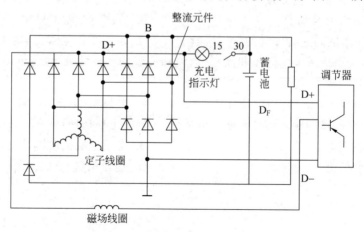

图 8-1　汽车电源系统电路原理图

源系统电路原理图,图 8-2 为某汽车起动系统电路原理图。

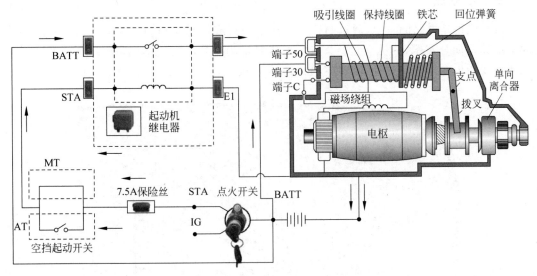

图 8-2 汽车起动系统电路原理图

二、线路图

线路图是用电设备之间用导线相互连接的真实反映。它是一种专门用来标记接线的实际位置线路走向、线型色码等的指示图。它所连接的用电设备的安装位置、外形和线路走径都与实际情况一致,便于汽车电器故障的判断和排除。但线路图中线路密集、复杂,不利于分析电路。如图 8-3 所示为微型汽车铃木羚羊世纪星汽车的整车线路图,该车的用电设备相对较少,但整车线路图已经相当复杂。

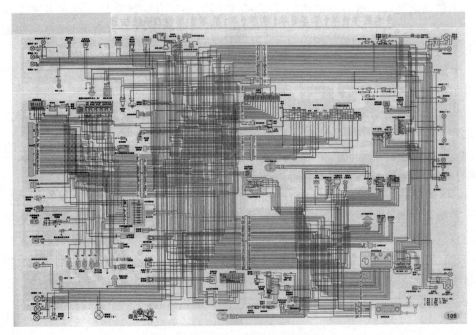

图 8-3 铃木羚羊世纪星整车线路图

三、线束图

汽车线束是电路的主干,通过插接件与汽车电器或传感器相连。线束图就是汽车导线的汇集和走向分布图,其优点是:全车的电器数量明显且准确,线束的分段、走向及线束各部连接器的位置清楚,便于循线跟踪,如图 8-4 所示。

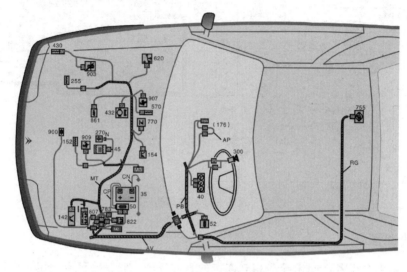

图 8-4　汽车部分线束图

第二节　汽车电路的分析原则

汽车电器线路与一般直流电路相比,既有共同之处又有其特殊性。由于各种车型的结构型式、用电设备的数量、安装位置、接线方法不同,汽车总电路也各有差异,但一般都遵循以下基本特点和分析原则。

(1) 分析汽车电路前,要熟悉和掌握汽车电路的特点,包括双电源、低压、直流、并联、单线制及负极搭铁。

(2) 分析汽车电路图要从汽车电器入手,熟悉电器的结构原理、外形特征、图形符号及安装位置;了解接线端子的标注和常见电路图中缩略语的含义。

(3) 掌握并能独立分析汽车电子系统电路,包括电源电路、起动系统电路、点火系统电路、照明与信号电路、仪表系统电路等。

(4) 能够区分汽车电路各部分的功能与作用,包括电源电路、接地电路、信号电路、控制电路。一般电源线在图上方,搭铁线在图下方,电流自上而下,各电器和开关都处于开路状态。

(5) 运用回路原则。任何一个完整的电路都是由电源、熔断器、开关、控制装置、用电设备和导线组成的。电流必须从电源正极出发,经过熔断器、开关、控制装置和导线到达用电设备,再经过导线搭铁回到电源负极。

第三节　汽车电路的连接及配件

一、导线

常用的导线按材料不同分为铜线和铝线。铜线具有电阻率小、机械强度大等优点,铝线质量小、价格便宜,但机械强度小、较脆。汽车电路和移动电器接线一般用铜线。

汽车常用导线按所加电压不同分为低压导线和高压导线。高压导线用于传送高压,如点火系统的高压导线,工作电压一般在 15kV 以上,外面有较厚的绝缘保护层。对于单火花独立点火线圈的车辆,高压线路集成在点火线圈内,无高压连接导线。

新能源汽车动力驱动电路的高压强电也要求使用高压线束,既要实现绝缘保护,又要做好信号屏蔽设计。高压电路包括驱动电机电路、电源控制电路等。图 8-5 所示为新能源汽车高压线束及其连接装置。

汽车低压导线包括普通低压导线、起动电缆和搭铁线。普通低压导线流经的电流小,截面积较小;起动电缆用于连接蓄电池与起动机的主接线柱,导线截面积大,允许通过的电流达 500~1000A。蓄电池的搭铁电缆通常采用由铜丝织成的扁形软铜线,应搭铁可靠,以满足大电流起动的要求。

图 8-5　新能源汽车高压线束

为了便于识别和维修,汽车导线一般会对线径、颜色做出标注,汽车用导线截面积最小不得小于 $0.5mm^2$。由于日久、高温会使导线绝缘层老化、褪色,在导线绝缘层上印刷出颜色代码,以便查找导线。

二、线束

在汽车电路中,为使线路排列整齐,便于安装、拆卸和绝缘保护,避免振动和牵拉而引起导线损坏,一般都将汽车各电器之间的导线按最短路径排列,并用绝缘带把同一路径的若干导线包扎成束,称为线束。

汽车用低压导线除蓄电池导线外,都用绝缘材料(如薄聚氯乙烯带)缠绕包扎成束以避免水、油的侵蚀及磨损。在线束布线过程中不允许拉得太紧,线束穿过洞口或绕过锐角处都应有套管保护。线束位置确定后,应用卡簧或扎带固定,以免松动损坏。

线束图主要表明电线与各电器的连接部位、接线柱的标记、线头、插接器的形状及位置等,线束布置图是汽车电路图最直观的表达。

三、接插件

接插件由插头和插座组成,是线路与各用电设备之间、线路与线路之间的连接部件,也称连接器或插接器。现代汽车由于采用了线束间接插件,使线束设计的自由度增加,线束的数量也可较多,给安装、检修和更换带来了方便。

车辆不同位置所用接插件的端子数目、几何尺寸和形状各不相同。为保证连接可靠,接插件设有锁止装置。大多数接插件具有良好的密封性,以防止油污、水及灰尘等进入而使端子锈蚀。在车辆电路图上接插件用特定的图形符号表示,不同汽车公司的接插件符号也有所不同。连接器上往往有多个插脚,所以必须通过插脚排列图来明确各插脚的含义,以便能追踪各条接入导线的用途。图 8-6(a)所示为常见的汽车接插件,图 8-6(b)所示为某插脚排列。

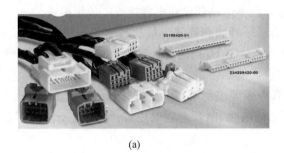
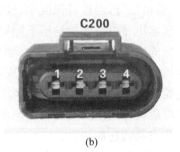

(a)   (b)

图 8-6 汽车接插件

(a) 常见的汽车接插件;(b) 某接插件的插脚排列

汽车接插件最常见的故障在于振动或温度变化等引起的接触点处的磨损,磨损会导致氧化,从而使接触电阻增大,而且由于接触电阻增大导致的各类信号故障,往往在普通的故障检测仪中难以识别。

四、开关

作为汽车电路的控制器件,除传统的手动开关外,现代汽车还使用了压力开关、温控开关等电子控制器件。例如,在汽车制动系统、空调系统及发动机润滑系统中都使用了由气压或液压控制的压力开关,在汽车散热器冷却风扇电机中以及空调系统中使用了温控开关。

汽车上的开关种类较多,结构各异,最复杂的是点火开关。

1. 点火开关

汽车点火开关用于控制充电、点火、起动以及绝大多数的辅助电气设备。点火开关在电路图中的表示方法有多种,常见的有结构图表示法和表格表示法。

2. 组合开关

汽车组合开关安装在汽车转向柱上,是由两个以上用以控制汽车的灯光、信号、操控电器等部件的开关组成的装置。其外形如图 8-7 所示。

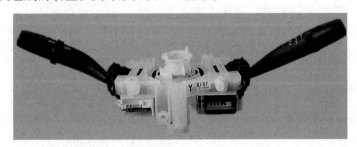

图 8-7 汽车方向盘组合开关

五、电路保护装置

1. 继电器

继电器是自动控制电路中常用的一种器件,是用较小电流来控制较大电流的一种自动开关,在电路中起自动操作、自动调节、安全保护等作用。相较于工业控制中使用的中间继电器、热继电器等,汽车电气系统中所使用的继电器体积较小,触点控制电流也较小,通常为电磁继电器,如图 8-8 所示。例如,起动继电器是汽车起动电路中典型的保护装置,用以减小起动开关触点的电流负荷。

图 8-8　汽车电磁继电器

2. 熔断器

在电路中流过超过规定的电流时,熔断器的熔丝自身发热而熔断,切断电路,防止烧坏电路连接导线和用电设备。目前汽车熔断器的常见结构形式为插片式,如图 8-9 所示,不同功率或许用电流的熔断器采用不同的颜色,以许用电流数字形式标注于熔断器侧面。

为了便于检查和更换继电器和熔断器,汽车上将各电路的继电器和熔断器集中安装在一起,形成电路保护盒,也称中央接线盒,将其安装在仪表台下方或发动机舱内,某轿车的中央保护盒如图 8-10 所示。

图 8-9　汽车熔断器

图 8-10　汽车中央接线盒

汽车熔断器使用时一定要注意以下事项:

(1) 熔断器熔断后,必须找到故障的真正原因,彻底排除故障。

(2) 更换熔断器时,一定要与原规格相同。汽车上增加用电设备时,不要随意改用容量大的熔断器,最好再另安装熔断器。

(3) 熔断器支架与熔断器接触不良会产生电压降和发热现象,安装时要保证接触良好。

汽车行驶途中如果熔断器熔断,可用熔断器盒中相同容量的备用熔断器临时替换。

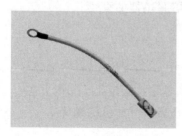

图 8-11　汽车易熔线

3. 易熔线

易熔线是一种大容量的熔断器,其作用是保护汽车电源电路或其他大电流电路,易熔线不是所有车上都有。如果通过易熔线的电流超过额定电流,易熔线熔断。图 8-11 所示为易熔线的外观。

习 题

一、判断题

1. 电路图是用来表示电路中的实物及电路连接情况的图。 （　　）

2. 线束图是用来表示电路中接线的实际位置、线路走向的指示图。 （　　）

3. 短路是指电路中某处断开，不成通路的电路。 （　　）

4. 开路又称断路，此时电路中无电流。 （　　）

5. 在标准画法的线路图中，开关的触点处于断开状态。 （　　）

6. 在阅读电路图时，应掌握回路原则，即电路中工作电流是由电源正极流出，经用电设备后流回电源负极。 （　　）

7. 点火高压线的选择主要以耐压为依据。 （　　）

8. 拆卸蓄电池时，应先拆下正极接线。 （　　）

9. 连接蓄电池与起动机的导线以工作电流的大小来选定。 （　　）

10. 低压线主要根据用电设备工作电流来选择。 （　　）

二、单项选择题

1. 一般工作电流大、工作时间短的用电设备的电流不经过（　　）。

    A. 开关　　　　　　　B. 熔断器　　　　　　　C. 继电器　　　　　　　D. 电流表

2. 电路图中在电路的中断处（或线的上方）有"-1.0R-"（或 1.0R），"1.0"表示该导线（　　），"R"表示该导线（　　）。

    A. 标称截面积为 $1.0mm^2$ 　　　　　　　　B. 标称截面积为 $0.1mm^2$

    C. 是红色的　　　　　　　　　　　　　　D. 是黑色的

3. 起动电缆线为（　　）。

    A. 高压线　　　　　　　B. 低压线　　　　　　　C. 屏蔽线　　　　　　　D. 绝缘线

4. 大部分用电设备都通过（　　）形成许多条并联的支路。

    A. 继电路　　　　　　　B. 配电器　　　　　　　C. 电容器　　　　　　　D. 熔丝盒

5. 汽车的手动电源总开关一般安装在（　　）。

    A. 蓄电池和电流表之间　　　　　　　　　B. 蓄电池搭铁和车架之间

    C. 车灯、小灯和尾灯的总火线上　　　　　D. 蓄电池和起动机之间

6. 电路图上部的 4 根导线分别称为"30""15""X""31"，其中"30"表示（　　），"15"表示（　　）。

    A. 常火线　　　　　　　　　　　　　　　B. 接小容量电器的火线

    C. 接大容量电器的火线　　　　　　　　　D. 接地线

7. 一般电路的基本组成有电源、开关、连接导线和（　　）。

    A. 负荷　　　　　　　B. 电容器　　　　　　　C. 电阻器　　　　　　　D. 熔断器

8. 线束端子一般由黄铜、紫铜、铝材料制成，它与导线的连接均采用（　　）的方法。

    A. 焊接　　　　　　　B. 插接　　　　　　　C. 冷铆压合　　　　　　　D. 缠绕

参 考 文 献

[1] 郭医军,于红花.新能源汽车电力电子技术[M].北京:北京理工大学出版社,2021.

[2] 史立伟,尹红彬,雷雨龙.汽车电机及驱动技术[M].北京:机械工业出版社,2021.

[3] 孙宏图,梁桂航,孙德林.电动汽车电器与电子技术[M].北京:机械工业出版社,2022.

[4] 罗素云,王旭,朱利静,等.汽车电气与电子技术[M].北京:清华大学出版社,2020.

[5] 杨亚萍,张永辉,乔晓亮,等.汽车电器与电控技术[M].北京:清华大学出版社,2019.

[6] 杨保成.汽车电器与电子控制技术[M].北京:清华大学出版社,2016.

[7] 阮观强,张振东.汽车电器与电子控制技术[M].北京:机械工业出版社,2021.

[8] 贝绍轶,王奎洋,唐金花.汽车电器与电子控制技术[M].北京:北京大学出版社,2021.

[9] 鲁植雄.汽车电子控制基础[M].3版.北京:清华大学出版社,2021.

[10] John G. Hayes,G. Abas Goodarzi.电驱动系统:混动、纯电动与燃料电池汽车的能量系统、功率电子和传动[M].刘亚彬译.北京:机械工业出版社,2021.

[11] Chu Jun,et al. Deep Integration between Innovative & Entrepreneurship Education and Specialized Engineering Education[J],2019. DOI:10.4236/CE.2019107113.

[12] Konrad Reif. 汽车电子学[M].李裕华,李航,马慧敏译.西安:西安交通大学出版社,2011.

[13] Konrad Reif. BOSCH汽车电气与电子[M].2版.孙泽昌等译.北京:北京理工大学出版社,2014.

[14] Barry Hollembeak. 汽车电气与电子系统[M].韦焕典,卢勇威译.北京:北京理工大学出版社,2011.

[15] 赵福堂.汽车电器与电子设备[M].3版.北京:北京理工大学出版社,2009.

[16] 郑尧军,蒋璐璐.汽车电气电控技术[M].杭州:浙江大学出版社,2017.

[17] 唐文初,张春花.汽车电器与电子设备[M].北京:北京大学出版社,2015.

[18] 姜久春.电动汽车动力电池应用技术[M].北京:北京交通大学出版社,2016

[19] 董宏国.汽车电路分析[M].3版.北京:北京理工大学出版社,2013.

[20] 李智超,王辉,等.汽车电气与电子设备[M].合肥:合肥工业大学出版社,2011.

[21] 姚胜华.汽车电器与电子控制技术[M].广州:华南理工大学出版社,2010.

[22] 孙骏.汽车电子工程学[M].合肥:合肥工业大学出版社,2011.

[23] 王艾萌.新能源汽车新型电机的设计及弱磁控制[M].北京:机械工业出版社,2014.

[24] 朱玉龙.汽车电子硬件设计[M].北京:北京航空航天大学出版社,2011.